O Eden i Baradwys

'aith drwy'r Beibl;
enesis i Lyfr y Datguddiad

gan

D. HUGH MATTHEWS

Cyflwynedig
i
Tegid a Gethin
ac i gofio Verina

Testun gwreiddiol: D. Hugh Matthews
Golygydd Cyffredinol: Aled Davies
Cynllun y Clawr: Rhys Llwyd

Argraffwyd yng Nghymru.

Cyhoeddwyd gan
Cyhoeddiadau'r Gair, Cyngor Ysgolion Sul Cymru,
Ael y Bryn, Chwilog, Pwllheli, Gwynedd LL53 6SH.
www.ysgolsul.com

CYNNWYS

Yr Hen Destament

Y Testament Newydd

'Ardderchog iawn:
cryno, cynhwysfawr, cyfoethog.'

Robin Gwyndaf

...beth a ddywedaf wrthynt os gofynnant am ei enw? (Exodus3:13)

RHAGAIR

Pan oedd y plant yn fach, fe geisai Verina, fel Mam ac Athrawes, drefnu gwyliau a fyddai'n ddiddorol ond hefyd yn addysgiadol - er bod hynny'n air rhy grand ar gyfer yr hyn a wnawn. Byddai mynd ar daith dramor yn y cynllun, ac ymweld â lleoedd a fyddai o ddiddordeb i'r bois oedd y nod - a chael blas o unrhyw fwydydd oedd yn wahanol i'r hyn a gawn gartre, wrth gwrs!

Taith drwy'r Beibl, o Lyfr Genesis i Lyfr y Datguddiad, a geir yma, gydag ambell gilfach lle teimlwyd y byddai'n dda i aros, a cheisio rhoi blas o'r hyn sydd ar gael yn y llyfr. Fel gyda phob llyfr taith, ceisir dweud gair am y lle ble'r arhoswn, a thynnu sylw at rywbeth o ddiddordeb ymhob llyfr o'r Hen Destament a'r Newydd, gan gynnwys y llyfrau a anwybyddir gennym yn aml. Ceisiwyd dewis stori sy'n anghyfarwydd, ac os digwydd ein bod yn cofio'r stori ei hun, ceisir tynnu sylw at rywbeth hynod ynddi. Nid oes cyfle i aros yn hir ym mhobman, ond ceisiwyd ymweld â phob un o'r 66 o lyfrau a geir yn y Beibl.

Mewn casgliad o 66 llyfr - dros 80, os derbynir fod pum llyfr yn y Salmau, gydag Eseia yn gyfuniad o dri llyfr, &c. - nid yw'n syndod fod peth 'croes-ddweud' ynddynt. Fel arfer mae modd deall pam y digwyddodd hynny, a'i gysoni â darnau sy'n dweud rhywbeth ychydig yn wahanol. Cofier hyn os yw'r myfyrdodau weithiau'n croes-ddweud ei gilydd hefyd!

Diolchaf i Dr Robin Gwyndaf am ei gefnogaeth, a'i garedigrwydd yn bwrw golwg fanwl ar y Gymraeg a'r mynegiant, gan awgrymu llawer o welliannau. Os oes gwallau yn ymddangos yn yr iaith, fe'u hawliaf i mi fy hunan! Fe'i gwnaed tra mod i'n golygu a newid un neu ddwy o frawddegau hwnt ac yma cyn danfon y llawysgrif at Aled Davies, golygydd cyffredinol y gyfres. Diolchaf hefyd iddo yntau am ei amynedd a'i waith gyda'r llyfr hwn.

Yr Hen Destament

Y PUM LLYFR - LLYFR GENESIS

1. Stori'r Creu (Genesis 1:1-3:24

Cyflwyniad

Mae'n rhaid i unrhyw daith drwy'r Beibl ddechrau gyda Stori'r Creu.

Y peth cyntaf i'w nodi yw bod gan lawer o wledydd y Dwyrain Canol draddodiadau a storïau am y Creu, rhai yn ymwneud ag achau'r duwiau a fodolai cyn y duw a greodd y bydysawd. Ystyrid pwnc dechreuadau'r byd yn un pwysig yn yr hen fyd, ac mae peth tebygrwydd rhwng ambell draddodiad â Stori'r Creu yn y Beibl. Ond ceir hefyd ddigon o wahaniaethau i gredu nad o'r un ffynhonnell y tarddodd y straeon hyn â tharddiad stori'r Beibl am y Creu.

Wrth droi at benodau cyntaf y Beibl, gwelir bod dwy fersiwn o stori'r Creu yn cael eu croniclo, sef Genesis 1:1-2:4 a 2:5-3:24. Dichon mai'r gyntaf, lle'r adroddir am greu y byd mewn chwe diwrnod, sydd fwyaf cyfarwydd inni. Y mae'r ail a'r drydedd bennod yn ymwneud â stori Creu Gardd Eden, a'r Cwymp.

Y mae nifer o wahaniaethau i'w gweld rhwng y ddwy stori am y creu, gan gynnwys trefn y creu a'r modd y crëwyd gwahanol bethau. Sylwn ar 1:27, lle sonnir am weithgarwch y chweched dydd:

> '... creodd Duw ddyn ar ei ddelw ei hun; ar ddelw Duw y creodd ef: yn wryw ac yn fenyw y creodd hwy.'

Mae Duw yn creu gwryw a benyw ar ei ddelw ei hun, ac felly enw cynhwysol yw 'dyn' ac nid oes dim yn yr adnod i awgrymu nad yw'r gŵr a'r wraig yn gwbl gyfartal. Cawsant eu creu yr un pryd, ac nid ailfeddwl wnaeth Duw ar ôl iddo yn gyntaf greu'r gwryw. Ond ym mhennod 2:21-25 gwelir y syniad mai ailfeddwl wnaeth Duw pan welodd fod eisiau cymar ar y dyn a bod y wraig oherwydd y ffordd y cafodd ei chreu yn eilradd i'r gŵr. Nid yw'n syndod yn y byd mai'r wraig a gyhuddir o fod yn gyfrifol am y Cwymp! Gellir dadlau mai'r wraig a ddioddefodd fwyaf hefyd, a rhan o gosb y wraig oedd y byddai ei gŵr yn tra-arglwyddiaethu arni. Diffiniad Jimmy Carter o Ffwndamentalwr yw: un sy'n honni, 'Man was first in Creation, and Woman was first in the Fall.'

Myfyrdod

Wrth feddwl am Stori'r Creu, y mae'n bwysig inni sylweddoli nad llyfr gwyddonol yw Genesis, ond llyfr diwinyddol.

Yn ei hunangofiant, *Troeon yr Yrfa*, mae gan y Prifathro J. Williams Hughes hanesyn o'i gyfnod fel myfyriwr ym Mangor. Prifathro Bala-Bangor, coleg yr Annibynwyr, ar y pryd oedd Dr Probert, gŵr a ystyrid gan rai o'i fyfyrwyr fel un yn coleddu syniadau hen-ffasiwn. Oherwydd hyn, penderfynodd Cymdeithas Lenyddol y Coleg wahodd Athro Llysieueg y Brifysgol i ddarlithio er mwyn creu embaras i'r Prifathro. Roedd myfyrwyr diwinyddol y Brifysgol yn bresennol a Dr Probert yn llywyddu. Annibynnwr Saesneg oedd y darlithydd ac esblygiad oedd ei bwnc. Ar ddiwedd y ddarlith ddadlennol, diolchodd Dr Probert i'r darlithydd. Cyfaddefodd ei fod ef ei hun yn henffasiwn ac yn hoff o straeon Genesis. 'Ac mae un stori', meddai, 'yn sôn am ffrae rhwng Abraham a Lot ei nai.' Oedodd, a dweud, 'Wel, na! Rwyf wedi darllen y stori cymaint o weithiau fel na ddylwn fod wedi gwneud y fath gamgymeriad. Nid Abraham a Lot a ffraeodd, ond eu gweision!' Ychwanegodd, 'Ni all gwyddoniaeth a chrefydd ffraeo; dim ond eu gweision sy'n ffraeo.'

Wrth ystyried hyn dylem gofio geiriau'r Athro Gwyn Thomas yn ei hunangofiant, *Bywyd Bach*, lle dywed fod:

> 'gwyddoniaeth yn ychwanegu at ryfeddod y byd – ac at ei beryglon o hefyd ... Ond am ddirgelwch Duw, dydi gwyddoniaeth ddim yn ymwneud â hynny. Yn fy marn i, y mae gan y crediniwr gymaint o siawns o fod yn gywir am Dduw ag sydd gan unrhyw wyddonydd sydd am wadu ei fodolaeth (ond dydi pob gwyddonydd ddim yn gwadu wrth reswm)'.

Gweddi

Diolchwn, Arglwydd, am y Beibl sy'n ein dysgu amdanat ti; a'r gwyddonwyr sy'n ein dysgu am y rhyfeddodau sy'n perthyn i'r byd a'r bydysawd a greaist ti. Amen

2. Stori Abraham ac Isaac (Genesis 22:1-19)

Cyflwyniad

Mae stori Abraham ymhlith straeon pwysicaf yr Hen Destament, os nad hi, yn wir, yw'r bwysicaf gan fod dros hanner poblogaeth y byd yn perthyn i grefyddau Abrahamaidd. Mae Abraham yn ffigwr amlwg mewn Iddewiaeth, Cristnogaeth ac Islâm, er mai 'Ibrahim' yw enw'r Mwslim arno. Yn y Corân fe'i hystyrir yn broffwyd a negesydd Duw, yn un a gefnodd ar baganiaeth ei dad, Tera, ac yn sefydlydd yr Hajj, sef yr arfer o bererindota. Yn y Testament Newydd, y mae'r Efengylau, llythyrau Paul ac Episol Iago yn sôn am Abraham mewn cysylltiadau diwinyddol, tra bod ei enw'n britho'r Hen Destament o'i ddechrau i'w ddiwedd, er mai yn Genesis y ceir y straeon amdano.

Y mae nifer o straeon cyfarwydd am Abraham yn Genesis 11:27-25:11. Yn eu plith darllenwn am hynafiaid Abram; am ei alw gan Dduw; am ei ymweliad ef a Sarai, ei wraig, â'r Aifft lle dywedodd mai brawd a chwaer oeddent a'r twyll yn cael effaith andwyol ar Pharo; newid ei enw o Abram i Abraham (yn ddiweddarach newidiwyd enw Sarai i Sara); y cweryl rhwng ei fugeiliaid ef a bugeiliaid Lot; yr hanes amdano'n arbed Lot; hanes Melchisedec; y cyfamodau a wnaeth Duw ag ef; y stori drist a chreulon am ei ymwneud ef a Sara â Hagar ac Ismael; hanes geni Isaac i Sara yn ei henaint, a pharodrwydd Abraham i aberthu ei fab, Isaac.

Dichon mai ei barodrwydd i ladd ei unig fab yn enw ei grefydd yw'r stori ryfeddaf gan na fyddai gobaith i'w wraig yn ei henaint eni plentyn arall (Genesis 21:1-19). Roeddent wedi hiraethu am etifedd. Clywodd yr Arglwydd eu cri a rhoi mab iddynt, ond nawr yr oedd yn ei hawlio yn ôl fel aberth.

Myfyrdod

Canmolir Abraham am y ffydd a ddangosodd yn ei barodrwydd i aberthu ei fab: rhoi y cyfan i Dduw, gan gynnwys y peth mwyaf annwyl a gwerthfawr oedd ganddo. Mae'r neges honno hefyd yn amlwg ar dudalennau'r Testament Newydd. Pan ofynnodd rhyw ddyn i'r Iesu beth oedd rhaid iddo ei wneud i etifeddu bywyd tragwyddol, yr ateb a gafodd oedd y dylai werthu popeth oedd ganddo a'i roi i'r tlodion. Ond ystyriai'r cwestiynwr fod hynny'n bris rhy ddrud i dalu ac aeth i ffwrdd yn drist (Marc10:17-22).

Ond a yw'n bosibl mai ar barodrwydd Abraham i ryddhau ei fab ac offrymu'r hwrdd y dylem ganolbwyntio? Roedd aberthu bywyd rhywun ar allor yn ddefod sanctaidd a chyffredin mewn llawer o grefyddau cyntefig yn y cyfnod hwnnw. O gofio bod Abraham a'i wreiddiau yn Ur y Caldeaid, ai dyna'r arfer y cyfarwyddodd ef â hi fel glaslanc, ac i'r hen grefydd ailafael ynddo dros dro. Ei gyfraniad mawr i'r Ffydd Iddewig oedd iddo wrthod aberthu person, a chyfnewid yr arfer o wneud hynny ag aberthu anifail. Parhaodd hynny tan 70 o O.C. pan syrthiodd y Deml. (Mae'n ddiddorol nodi bod y Mwslimiaid yn dal i aberthu anifeiliaid, ac yn olrhain yr arfer yn ôl i Ibrahim.)

Roedd offrymu poethoffrwm i'r Arglwydd yn dal yn rhan o'r grefydd Iddewig yn y cyfnod pan luniodd Paul ei lythyrau at yr eglwysi. Hynny a roes ei sail i'r ddiwinyddiaeth a luniodd gred yr Eglwys ar draws y canrifoedd. Cwestiwn na ellir ei ateb yw: Ai yr un fyddai diwinyddiaeth Paul pe bai Jerwsalem wedi ei rheibio a'r Deml wedi ei dymchwel cyn iddo ysgrifennu ei lythyrau? Yn sicr, fe welai'r Apostol yr hyn a ddywedir am barodrwydd Abraham i aberthu ei fab yn batrwm o'r hyn a ddigwyddodd i Iesu, Mab y Duw byw. Ond a fyddai Duw wedi rhwystro aberth Abraham o'i fab tra'n dal i ganiatáu aberthu ei Fab ei hun ar Galfaria cyn y medrai faddau pechod dynion? Mae Duw yn ddigyfnewid - yr un ddoe, heddiw ac yn dragywydd - a'r un yw ei gariad ef ers dyddiau Abraham â chyn hynny. Onid dangos cariad Duw ym mhob amgylchiad wnaeth Iesu, gan ddatguddio yn ei eiriolaeth ar y Groes dros y rhai a'i poenydiai, fod y cariad hwnnw yn anorchfygol? Tybed a oes angen chwilio am ddehongliad arall o farwolaeth yr Iesu na dweud mai ei farwolaeth ef oedd pris ein hiachawdwriaeth? Fel y dywedodd Azariah Shadrach yn ei emyn yn Caneuon Ffydd (171):

Os gofyn rhywun beth yw Duw,
atebwn ni mai cariad yw ...
Nid dim rhinweddau ynom ni
na dim a wnaed ar Galfarî
fu'n achos iddo garu dyn,
fe'i carodd er ei fwyn ei hun.

Gweddi

Diolch, Arglwydd, am dy barodrwydd i faddau inni am dy fod yn ein caru; a diolch bod yr Arglwydd Iesu wedi dangos ar Galfaria na allai gwaethaf creulondeb dyn ladd dy gariad di. Amen

3. Stori Joseff (Genesis 37:1-50:26)

Cyflwyniad

Person annymunol, ddwedwn i, oedd Joseff ar y dechrau, er ei fod yn arwr ar ddiwedd ei oes. Nid oedd yn gymeriad deniadol o gwbl y troeon cyntaf y cwrddwn ag ef yn Genesis 37. Yn ddwy ar bymtheg oed roedd yn bugeilio praidd ei dad 'gyda'i frodyr gan helpu meibion Bilha a Sipla, gwragedd ei dad' (37:2). Enillodd ffafr ei dad drwy 'gario clecs' ato am Bilha a Sipla. Daeth yn ffefryn ei dad, a chafodd 'wisg laes' (37:3) ganddo. Maes o law, pan âi y brodyr allan i fugeilio praidd ei dad, arhosai Joseff gartre yng nghwmni ei dad. Nid yw'n syndod fod ei frodyr 'wedi rhoi eu cas arno fel na fedrent ddweud gair caredig wrtho' (37:4), ac 'aethant i'w gasáu yn fwy fyth' pan ymffrostiodd iddo freuddwydio y deuai rhyw ddiwrnod yn bwysicach na'i frodyr.

Fel llawer o straeon am arwyr y Beibl, mae stori Joseff yn y Corân hefyd. Yno mae'n cael ei bortreadu fel rhywun mwy dymunol, gyda rhai gwahaniaethau trawiadol yn ei stori. Er enghraifft, yn y Corân mae Potiffar, ei berchennog yn yr Aifft, yn credu bod Joseff yn ddieuog o gyhuddiad ei wraig ac yn gwrthod ei roi yn y carchar. Fel y gellid disgwyl yn y Corân, efallai, gwraig Potiffar a sicrhaodd fod Joseff yn cael ei garcharu wedi iddi gynllwynio gyda gwragedd eraill sut i wneud hynny.

Myfyrdod

Wrth feddwl am stori Joseff, mae o leiaf dri pheth i ddal sylw arno.

Mae stori Joseff yn gorffen, mewn gwirionedd, yn Exodus 1:1-22 wedi iddo farw ac yntau a'i gyfraniad i'r Aifft wedi eu hanghofio gan yr awdurdodau. Dyna ddechrau yr ymdrech am garthiad (glanhâd) ethnig, gan fod teulu Jacob wedi tyfu yn genedl gref yn yr Aifft. Lladd y bechgyn a aned i'r teuluoedd Iddewig oedd ffordd y Pharo o fynd ati, fel y dengys stori Moses.

Mae glanhau ethnig yn broblem ar draws y byd heddiw. Mae'n broblem sy'n ein poeni ni, pobl Prydain, wrth feddwl am ffoaduriaid a gweithwyr o wledydd eraill sy'n mewnfudo. Onid hynny oedd un rheswm y tu ôl i'r ffaith fod y mwyafrif ym Mhrydain o blaid gadael yr Undeb Ewropeaidd a rheoli mewnfudwyr?

Mae cwestiwn maddeuant yn codi hefyd. Fe faddeuodd Joseff i'w frodyr, ond a oedd yn faddeuant llawn? Wedi marw eu tad, roedd y brodyr yn dal i amau maddeuant Joseff ac yn mynd ato i'w atgoffa o eiriau eu tad, (50:16-17). Mae'n eu sicrhau o'i faddeuant ond ni all beidio ag edliw iddynt (50:20). Mae fel pe'n dweud, 'Fe allaf faddau, ond wna'i byth anghofio!' A yw hynny'n wir faddeuant?

Hyd yn oed os yw Joseff yn edliw i'w frodyr, mae Genesis 50:20 yn awgrymu ateb diddorol i gwestiynau am Ragluniaeth. Dywedodd Joseff wrth ei frodyr mai hwy a fwriadodd y drwg yn ei erbyn ef ac nid Duw, 'ond trodd Duw y bwriad yn ddaioni.' A fyddwn ni'n credu y gall rhyw ddaioni ddeillio o bob drwg, ond inni chwilio amdano? Onid gweld hyn yn ein profiad ein hunain a wnawn pan ddywedwn ar ôl ambell golled neu brofiad drwg: 'Roedd hi'n fendith iddo ddigwydd!'

Dylid cofio, er hynny, nad ar yr adeg y cafodd Joseff ei daflu i'r pydew y sylweddolodd hyn. Er y dywedir ei fod yn ddehonglwr breuddwydion ac wedi cael dwy freuddwyd a ystyriodd yn broffwydoliaeth y byddai ef rhyw ddiwrnod yn bwysicach na'i frodyr, ni allai Joseff fod wedi rhagweld beth fyddai diwedd y daith pan werthwyd ef i'r Ismaeliaid, ond mae'n amlwg iddo ddal gafael yn ei ffydd yn Nuw.

Gweddi

Am dy drugaredd tuag at ffoaduriaid, a'th faddeuant o'n pechodau ni, a'n argyhoeddiad mai gennyt ti y mae' gair olaf ar bopeth, derbyn ein diolch, O Dduw. Amen

LLYFR EXODUS a LLYFR LEFITICUS

4. Y Gorchmynion

Cyflwyniad

Gellir dweud mai 'llyfrau'r gyfraith' yw Exodus a Lefiticus, er bod rhywfaint o stori ymadawiad yr Israeliaid â'r Aifft yn Exodus. Mae Lefiticus yn canolbwyntio bron yn gyfangwbl ar y trefniadau crefyddol a deddfau'r cwlt. Mae'n lyfr a fwriadwyd ar gyfer y Lefiaid - yr offeiriaid - gyda'r pwrpas o gynorthwyo pawb i wybod mwy am gyfraith Duw a'i chadw.

Mae stori'r Deg Gorchymyn yn fwy cymhleth na'r un y tueddwn ni ei hadrodd pan yn sôn amdanynt. Caiff yr hanes ei chofnodi yn llyfr yr Exodus, gyda'n cyfieithiadau ni o Lyfr Lefitcus yn sôn dim am y deg gorchymyn (er bod y fersiwn o Lefiticus a welir yn y Torah Hebreig yn cyfeirio'n benodol atynt yno).

Mae stori'r Hebreaid yn yr Aifft wedi dyddiau Joseff, ynghyd â'r hanes amdanynt yn dianc o dan arweiniad Moses yn cael ei hadrodd yn Llyfr Exodus, ac yn rhoi peth o'u hanes a'r profiadau a gawsant yn y cyfnod a dreuliasant yn yr anialwch tra'n disgwyl cyrraedd Gwlad yr Addewid.

Yn Exodus ceir yr hanes am Moses ar fynydd Sinai yn derbyn y Dengair Deddf - ond y mae braidd yn gymhleth. Mae'r Deg Gorchymyn yn cael eu cofnodi yn Exodus 20:1-17, ond yn Exodus 19:24 dywedir bod Aaron, a oedd eisoes wedi ei neilltuo i fod yn Archoffeiriad, i fynd gyda Moses i Sinai. Er mai yn Exodus 20 y caiff y Deg Gorchymyn eu cofnodi, nid yno y gwelir y stori am Dduw yn ysgrifennu'r Gyfraith ar lechi. Cyfeirir at lechi am y tro cyntaf yn Exodus 24:12. Er hynny, yn Exodus 32 dywedir bod Moses (a Josua) ar Sinai, a hynny am ddeugain niwrnod. Roedd Aaron ar waelod y mynydd yn ildio*** i ofynion y bobl am dduwiau iddynt hwy eu hunain 'fel gwledydd eraill', ac fe grewyd y llo aur allan o'r tlysau aur a gasglwyd o glustiau gwragedd, meibion, a'r merched' (Exodus 32:2). Ond ni sonnir dim yno am ddeg gorchymyn.

Disgynnodd Moses o'r mynydd 'â dwy lech y dystiolaeth yn ei law ... llechau o waith Duw, ac ysgrifen Duw wedi ei cherfio arnynt' (32:15-16); gwylltiodd pan welodd yr hyn a ddigwyddai o gwmpas y llo aur. Taflodd y llechau o'i ddwylo 'a'u torri'n deilchion wrth droed y mynydd', cyn dinistrio'r eilun a addolai'r bobl.

Myfyrdod

Mae rhywbeth proffwydol yn y stori hon am ddryllio llechau'r cyfamod. Onid oes perygl mai dyna a wnawn ni wrth dderbyn rhai a gwrthod eraill o'r 613 o 'orchmynion' a gofnodir yn y Torah? Ystyr y gair 'Torah' yw arweiniad neu ddysgeidiaeth - nid cyfraith - er ei fod yn cynnwys gorchmynion ynghyd â dysgeidiaeth foesol ac arweiniad cymdeithasol ar gyfer cyfnod anodd yn hanes Israel. Pan newidiodd yr amgylchiadau cymdeithasol a wynebai'r Iddewon, mae'n amlwg fod llawer o'r cyfarwyddiadau cymdeithasol yn ddianghenrhaid. Deallai Paul, y Rabbi, hyn yn well na neb. Dyna paham y gallai anwybyddu rhai darnau o'r Torah (y cyfarwyddyd ynghylch bwydydd), addasu darnau eraill (fel yn ei gais i Philemon i dderbyn ei gaethwas, Onesimus, fel brawd), tra'n glynu wrth eraill (megis y rhai moesol). Onid problem yr oes hon yw fod pobl - gan gynnwys Cristnogion - yn meddwl y gellir yn enw 'Rhyddid' hepgor rhai o'r cyfreithiau a pheth o ddysgeidiaeth foesol yr Hen Destament?

Gweddi

Dduw trugarog,
O maddau 'mai, a chliria'n llwyr
f'euogrwydd oll i gyd;
n'ad im dristáu dy fawredd mwy
tra byddwyf yn y byd. Amen (W.W. C.Ff. 293)

***Nid yw'r Testament Newydd yn unman yn dysgu bod temtasiwn yn bechod - yn y gweithredu y gorwedd pechod bob tro.

LLYFR NUMERI

5. Y Gair Olaf (Numeri 22:21-35)

Cyflwyniad

Cafodd llyfr Numeri ei deitl am fod sôn ynddo am 'gyfrif meibion Lefi' - cyfrifiad o'r bobl - ond dim ond rhan fach iawn o'r llyfr sy'n sôn am gyfrif. Adrodd stori'r Hebreaid yn crwydro anialwch Sinai wedi iddynt ddianc o'r Aifft a wna'r llyfr, ac mae'n llawn o straeon cofiadwy am y cyfnod hwnnw: stori'r ysbïwyr (pen.13); stori'r bobl yn grwgnach yn erbyn Duw ac yn dweud bod pethau'n well nôl yn yr Aifft (pen.14); ffon Aaron yn blaguro wrth ddewis pwy oedd i wasanaethu'r Arglwydd fel offeiriaid (pen. 17); y sarff bres (pen. 21); asen Balaam (pen. 22); Moses yn gweld Gwlad yr Addewid - gwlad na fyddai ef yn mynd i mewn iddi - a phenodi Josua i'w olynu (pen. 27); ac ati.

Mae'r straeon i gyd yn ddiddorol â neges ym mhob un ohonynt, ond dichon mai'r mwyaf rhyfedd ohonynt yw stori Balaam a'i asen.

Dewin oedd Balaam yn byw yn Pethor yn Syria, ar lan Afon Ewffrates. Yn groes i ddymuniad Duw, wedi sawl ymgais i'w berswadio i beidio â gwneud hynny, derbyniodd dâl gan Balac, mab brenin Moab, i felltithio Israel. Roedd ar ei asen, ar y ffordd i gadw'i addewid i Balac, pan ymddangosodd angel yr Arglwydd o'i flaen â chleddyf yn ei law. Ni welodd Balaam ef, ond fe'i gwelwyd gan yr asen a safodd yn stond. Er i Balaam ei tharo, gwnaeth yr asen bopeth i beidio â symud ymlaen. Wrth droi a throsi mewn lle cyfyng gwasgodd droed Balaam rhyngddi a'r wal. Gwylltiodd Balaam yn fwy, a'i tharo hi eto, a dyna pryd dechreuodd yr asen siarad ag ef! Gofynnodd i Balaam pam yr oedd yn ei tharo hi, gan ychwanegu nad oedd hi wedi anufuddhau iddo erioed o'r blaen. Ymateb Balaam oedd, 'Pe bai gennyf gleddyf yn fy llaw, byddwn yn dy ladd.' Dyna pryd agorwyd ei lygaid ac y gwelodd ef yr angel. Cafodd ganiatâd i fynd yn ei flaen, ond rhybuddiwyd ef i beidio â dweud dim wrth Balac ond yr hyn a orchmynnid iddo gan yr Arglwydd.

Pum gwaith yn Moab paratowyd aberthau, ond bob tro peidiodd Balaam â melltithio Israel. Ar ôl y pumed tro aeth adref.

Ond nid dyna ddiwedd y stori. Mae'r Llyfr Datguddiad yn dweud i Balaam, cyn troi am adref, ddysgu Balac sut i 'osod magl i blant Israel, a pheri iddynt fwyta pethau a aberthwyd i eilunod a godinebu [gyda merched Moab]' (Datg 2:14). Ni felltithiodd Balaam ei hun Israel, ond gwnaeth ddigon i gadw'r arian a dalwyd iddo drwy awgrymu sut y gallai Balac beri i'r Hebreaid i felltithio'u hunain. Cosbwyd yr Israeliaid a fu'n anffyddlon i orchmynion yr Arglwydd (Num. 31:16).

Myfyrdod

Ergyd y stori yw fod Duw yn cyfathrebu â phobl 'mewn llawer dull a llawer modd', ac mae rhyw eironi yn y ffaith fod ei asen yn fwy effro a chraff na Balaam, y dewin! Yn y dyddiau pan oedd 'gair yr Arglwydd yn brin a gweledigaeth yn anfynych' (1 Samuel 3:1), y crwt Samuel a glywodd alwad Duw, ac nid Eli'r offeiriad. At y gaethferch ifanc yn y gaethglud y daeth gair yr Arglwydd yn stori'r Cadfridog Namaan.

Fel Balaam mae pobl yn gallu chwilio am ffordd i osgoi Duw a'i neges a'i orchmynion. Dywedodd W.C.Fields un tro pan welwyd ef yn darllen y Beibl, '*I'm looking for loopholes*!' Gwrthododd Balaam ei hun â melltithio bobl Israel, ond gwelodd *loophole*: ffordd i osgoi digofaint Duw a chadw arian Balac. Dywedodd wrth y brenin sut y gallai ef ei hun gael yr Hebreaid i'w melltithio eu hunain.

Ond er inni feddwl y gallwn osgoi ymateb i ofynion Duw, yn y pen-draw, gyda Duw mae'r gair olaf yn neall y Cristion. Dysgodd Paul y wers: 'Peidiwch â chymryd eich camarwain; ni chaiff Duw mo'i watwar, oherwydd beth bynnag y mae dyn yn ei hau, hynny y bydd hefyd yn ei fedi' (Gal. 6:7).

Gweddi

Arglwydd Iesu, clyw ein gweddi yn gofyn iti ein cynorthwyo i wrando am dy air pan fyddi'n siarad â ni a pheidio anwybyddu dy neges a'th alwad. Gad inni sylweddoli na allwn dy herio na'th osgoi di na'r canlyniadau y rhybuddiaist ni a ddigwydd i ni, oni ddilynwn dy arweiniad. Amen

LLYFR DEUTERONOMIUM

6. Ufuddhau

Cyflwyniad

Fe gafodd 'Llyfr Deuteronomium' ei enw pan gamgyfieithodd y fersiwn Groeg o'r Hen Destament - y Septuagint - y geiriau Hebraeg a welir yn Deuteronomium 17:18. 'Copi o'r gyfraith hon' geir yn y fersiwn Hebraeg, ond 'ail gyfraith' (sef 'deuteronomion') yw trosiad y fersiwn Groeg.

Nid llyfr o gyfreithiau yw Deuteronomium mewn gwirionedd, er bod ynddo gyfarwyddiadau yn ymwneud â'r ffordd i ddilyn gofynion y cyfamod wnaeth Duw â phobl Israel. Tair araith gan Moses yw cynnwys y llyfr. Mae'r araith gyntaf yn ymwneud â'r deugain mlynedd yn crwydro'r anialwch. Yn yr ail ceir anogaeth i ddiogelu lle undduwiaeth ac i gadw gorchmynion y grefydd Iddewig. Mae'r olaf yn sôn am y maddeuant sydd i'w gael am anffyddlondeb, os oes gwir edifeirwch am y methiant.

Er bod traddodiad yn honni mai Moses ysgrifennodd y cyfan o'r Pentateuch (sef pum llyfr cyntaf y Beibl) mae'r bennod olaf o Deuteronomium yn adrodd am ei farwolaeth wedi iddo weld Gwlad yr Addewid o gopa mynydd Nebo. Traddodiad sy'n dweud mai Moses ysgrifennodd pum llyfr cyntaf y Beibl, ac ni ellir dibynnu ar draddodiad bob tro!

Myfyrdod

Yn Llyfr Deuteronomium y gwelir un o adnodau pwysicaf yr Hen Destament i'r Iddew - adnod a gaiff ei hadrodd yn ddyddiol yng ngwasanaethau'r bore a'r hwyr:

> 'Gwrando o Israel: Y mae'r Arglwydd ein Duw ni yn un Arglwydd. Câr di yr Arglwydd dy Dduw â'th holl galon ac â'th holl enaid ac a'th holl nerth.'

Eir ymlaen i ychwanegu:

> 'Y mae'r geiriau hyn yr wyf yn eu gorchymyn iti heddiw i fod yn dy galon. Yr wyt i'w hadrodd i'th blant pan fyddi'n eistedd yn dy dŷ ac yn cerdded ar y ffordd, a phan fyddi'n mynd i gysgu ac yn codi.

Yr wyt i'w rhwymo yn arwydd ar dy law, a byddant yn rhactalau rhwng dy lygaid. Ysgrifenna hwy ar byst dy dŷ ac ar dy byrth.' (Deuteronomium 6:4-9; cymharer Marc 12:28-34)

Pan yn byw yn Llundain symudodd Verina a mi i dŷ mewn ardal arall er mwyn bod yn agosach at ysgol y bechgyn a'r lle ble dysgai Verina. Prynwyd y tŷ oddi wrth weddw i Iddew uniongred. Ar y rhiniog wrth fynd i mewn i'r tŷ, a bron bob drws arall, roedd Mezzuzah, sef blwch bychan - un cul a dim mwy na modfedd o hyd. Ynddo roedd darn bach o femrwm wedi ei rolio'n dynn ac arno wedi ei ysgrifennu â llaw mewn ysgrifen mor fach fel bod angen chwyddwydr i'w ddarllen, roedd Deuteronomium 6:4-9 mewn Hebraeg. Pan yn addoli mae'r dynion ymhlith Iddewon Uniongred yn gwisgo blychau bach sy'n cynnwys yr un adnodau wedi eu clymu i'r talcen a'i arddwn.

Dywed Jonathan Sacks, cyn-Brif Rabbi yr Iddewon ym Mhrydain, nad oedd gan Hebraeg Beiblaidd air am 'ufuddhau' - er ei fod yn ymddangos droeon yn y cyfieithiadau Cymraeg. Dywed mai yn y cyfnod pan aed ati yn y bedwaredd ganrif ar bymtheg i adfywio'r iaith Hebraeg y benthycwyd y gair Aramaeg am 'ufuddhau' ar gyfer iaith-bob-dydd. Yn ôl Sacks dewisodd Duw ddatguddio'i hunan i'r bobl drwy gyfres o reolau i'w hyfforddi. (Dyna yw'r Torah, cyfres o reolau). Dewis yr Iddew oedd a fyddai'n fodlon eu derbyn ai peidio. Nid ufuddhau i reolau neu ofynion Duw wna'r Iddew, felly, ond parchu'r hyn a ofyn Duw ganddo, a gweithredu arno. Eu hannog wnaeth Moses i 'wrando ar lais yr Arglwydd dy Dduw a chadw ei reolau a'i ddeddfau y rhai yr wyf yn eu gorchymyn iti heddiw' (Deut. 27:10).

Galw arnom wna'r Beibl i barchu gofynion Duw a'u gweithredu. Oni wnawn, mae canlyniadau anochel yn dilyn methu gwneud hynny - ac fe'u gwelwn yn ein cymdeithas ni yng Nghymru heddiw.

Gweddi

Arglwydd Iesu,
Gwna ni yn ddoeth i'th wrando di
goruwch pob dynol un,
ac yn dy gwmni feddu grym
dy gariad di dy hun. Amen *(J.Edward Williams, C.Ff. 632)*

~~~~~~
~~~~~~

Y LLYFRAU HANES

LLYFR JOSUA

7. Y Sbïwyr a Rahab (Josua 2:1-24)

Cyflwyniad

Llyfr Josua yw'r cyntaf o lyfrau hanes yr Hen Destament. Ynddo adroddir hanes Israel o farwolaeth Moses hyd farwolaeth Josua ei hun. Mae'n adrodd yr hanes am groesi'r Iorddonen pan ballodd llif yr afon a galluogi'r bobl i gerdded drosodd ar dir sych; am gwymp dinas Jericho i ddwylo'r Iddewon a meddiannu Gwlad yr Addewid. Mae'r tebygrwydd a welir rhwng digwyddiadau yn hanes Moses a'r rhai a geir yn hanes Joshua yn pwysleisio'r ffaith mai'r un Duw sydd wrth ei waith ag yn nyddiau Moses, un o arwyr mwyaf y genedl.

Mae fersiwn debyg i'r stori a welir yn Josua 2 i'w gweld yn Numeri 13, ond fod sôn yno am ddeuddeg o sbïwyr, a Josua yn un ohonynt. Yn yr hanes yn Llyfr Josua, mae ef yn danfon dau ysbïwr i ysbïo'r wlad, ac yn arbennig Jericho. 'Aethant hwythau a chyrraedd tŷ rhyw butain o'r enw Rahab.' Mae'n siwr fod tŷ putain yn le da i'r ysbïwyr gasglu gwybodaeth, a byddai'r cymdogion yn ddigon cyfarwydd â gweld dynion diarth yn mynd a dŵad yno. Roedd tŷ Rahab ar wal y ddinas.

Rhywfodd daeth brenin Jericho i wybod am bresenoldeb yr ysbïwyr a danfon ei weision at Rahab i hawlio'r dieithriaid oedd yn lletya o dan ei chronglwyd. Yr oedd hi eisoes wedi cuddio'r ysbïwyr, a dywedodd wrth yr awdurdodau iddynt fod yn ei thŷ, ond na wyddai mai ysbïwyr oeddent, ac iddynt adael y ddinas ychydig cyn i'r porth gau dros nos. Aeth gweision y brenin ymaith i chwilio amdanynt yn y wlad gerllaw Jericho.

Drannoeth, wrth i'r ysbïwyr ymadael â'i thŷ, dywedodd Rahab wrthynt fod holl drigolion y wlad yn ofni'r Israeliaid ar ôl clywed am y pethau mawr a wnaeth yr Arglwydd drostynt. Gofynnodd iddynt ei harbed hi â'i theulu i gyd pan ymosodai'r Iddewon ar Jericho. Cytunasant, a chyn i Rahab eu gollwng dros wal y ddinas ar raff, rhoesant 'edau ysgarlad' iddi hi i'w hongian yn y ffenestr yr oeddent hwy'n dianc drwyddi. Tra'i bod hi'n ffyddlon i'w gair i gadw presenoldeb yr ysbïwyr yn gyfrinach, byddai'r edau ysgarlad yn diogelu'r tŷ a chadw pawb oedd ynddo rhag niwed pan ymosodai'r Israeliaid.

Wedi cyflawni eu tasg yn archwilio'r wlad o gwmpas Jericho, dychwelodd y ddau ysbïwr yn ôl at Josua ac adrodd wrtho bopeth a ddigwyddodd.

Myfyrdod

Fe gadwodd Rahab ei gair i'r ysbïwyr, a phan syrthiodd muriau Jerwsalem arbedwyd ei thŷ hi, a'i theulu, a phawb ynddo (Josua 6:17, 22-25).

Ond nid dyna ddiwedd y sôn am Rahab ar dudalennau'r Hen Destament a'r Newydd. Yr hyn ddigwyddodd iddi hi ar ôl hyn sy'n ddadlennol. Y syndod yw gweld ei henw hi yn llinach Dafydd a'r Iesu. Nid oes amheuaeth ym meddwl y mwyafrif o esbonwyr mai mam Boas oedd Rahab y butain (Mathew 1:5), er bod y Mynegair i'r Beibl Cymraeg Newydd yn mynnu mai rhyw Rahab arall oedd hi. Nid oes cyfiawnhad o gwbl dros gredu hynny . Enwir pedair merch yn rhestr Mathew o linach Iesu, pob un ohonynt (gan gynnwys Ruth) â hanes rhywiol amheus yn gysylltiedig â hi. Nid oes reswm, felly, i hepgor Rahab y butain o'r rhestr.

Credai rhai o awduron y Testament Newydd fod gweithredoedd Rahab, y butain, yn ei chyfiawnhau gerbron Duw (Iago 2:22, 25), a chadarnheir y dyfarniad yn Hebreaid 11:31. l awduron y Testament Newydd nid oedd neb y tu hwnt i ras a chariad Duw. Gallai Gwilym Cyfeiliog ganu 'Myfi'r pechadur penna', fel yr wyf...' ond gwyddai yntau nad 'oes o fewn i'r hollfyd ond hwn i gadw bywyd...' Nid oes neb y tu hwnt i ras a chariad Duw.

Tybed a gredwn hynny am rai o arweinwyr mwyaf creulon o'r byd rŷm ni'n byw ynddo?

Gweddi

Diolch, Arglwydd, nad yw drws trugaredd wedi ei gau yn erbyn neb ohonom. Amen

LLYFR Y BARNWYR

8. Jefftha (Barnwyr 11:1-12:7)

Cyflwyniad

Y mae Llyfr y Barnwyr yn dilyn hanes Israel rhwng marwolaeth Josua ac ymddangosiad Samuel a sefydlu brenhiniaeth yn Israel. Hanes arwyr Israel a geir yn y llyfr. Mae'n debyg mai Debora (4-5), Gideon (6-8:28), Jefftha (10:6-11:28) a Samson (13:1-16: 31) yw'r enwocaf ohonynt, er bod pobl arall yn rhan o'r stori. Ond mae pum pennod olaf y llyfr yn hollol wahanol ac yn cynnwys dwy stori gymhleth sy'n sôn am yr anhrefn a'r annibendod a oddiweddodd y grefydd Iddewig. Digwyddodd hyn wedi i ddau o'r llwythau gefnu ar gyfraith yr Arglwydd, a gweithredu yn ôl eu safonau moesol a chrefyddol hwy eu hunain.

Dichon mai'r stori ryfeddaf a'r mwyaf trist o straeon eraill llyfr Barnwyr yw honno am Jefftha.

Mab i butain oedd Jefftha a gafodd gartrefu yng nghartref ei dad gyda'i deulu yntau. Ond gyrrwyd ef o'r cartref gan feibion gwraig 'gyfreithlon' ei dad. Cyhuddodd ei hanner-brodyr ef o fod yn fab 'i wraig estron', ac nid oeddent am rannu eu hetifeddiaeth ag ef. Aeth i fyw i wlad Tob 'lle casglodd ato nifer o wŷr ofer a oedd yn ei ddilyn' (11:3), a lle daeth yn arweinydd medrus a dewr. Pan aeth pethau'n ddrwg rhwng yr Ammoriaid a'r Israeliaid gwahoddwyd ef yn ôl i fod yn ben ar yr Israeliaid.

Gwnaeth adduned i Dduw, os cawsai'r fuddugoliaeth ar yr Ammoniaid, 'beth bynnag a ddeuai allan o ddrws ei dŷ i'w gyfarfod wrth iddo ddychwelyd yn ddiogel, byddai yn eiddo i ac yn cael ei gynnig yn boethoffrwm i'r Arglwydd' (11:30-33). Pan ddychwelodd o faes y frwydr yn llwyddiannus, yr un cyntaf a welodd yn dod allan o ddrws y tŷ oedd ei unig blentyn, merch a oedd yn gannwyll ei lygaid. Ond adduned yw adduned, ac er cymaint a gostiodd iddo 'gwnaeth yntau iddi yn ôl yr adduned a dyngodd.' Wedi hynny bu'n farnwr am chwe blynedd.

Myfyrdod

Mae tinc cyfoes yn stori Jefftha. Clywir un ohonynt yng ngweithred ei frodyr yn alltudio Jefftha. 'Gwraig estron' oedd ei fam ac nid oedd y brodyr am rannu eu hetifeddiaeth ag ef oherwydd hynny. Alltudiwyd ef oherwydd eu trachwant. Tybed i ba raddau mae trachwant a hunanoldeb cymdeithas y tu ôl i'r hyn sydd i'w weld mewn llawer o wledydd heddiw: y gwledydd sy'n achosi i'w trigolion ffoi, a'r gwledydd sy'n gwrthod agor eu drysau i ffoaduriaid?

Rhaid sylwi hefyd ar y ffordd y mae pobl Israel yn 'defnyddio' Jefftha. Roeddent am ei weld yn mynd o'u plith ar un adeg, ond pan oedd angen ei wasanaeth roeddent yn ddigon parod i'w gael yn ôl. Nid yw defnyddio pobl i'n pwrpas ni ein hunain yn ddigwyddiad sy'n ddieithr heddiw.

Ond i droi at y rhan fwyaf ysgytwol o stori Jefftha: mae adlais o stori Abraham ac Isaac yn ei stori ef a'i ferch. Y gwahaniaeth mawr rhwng y ddwy stori yw fod Abraham wedi aberthu hwrdd yn hytrach na'i fab, tra bod Jefftha wedi aberthu ei ferch. Roedd gweithred Abraham o dan arweiniad Duw. Trwyddo fe ddilëwyd yr angen am y ddefod o aberthu person, a deilliodd crefydd newydd - Iddewiaeth - o'r weithred, gydag aberthu anifeiliaid yn rhan o'r ddefod, ac nid aberthu pobl. Er hynny, ni ddiflannodd yr arfer o aberthu pobl yn enw crefydd, fel y gwelsom gyda gweithredoedd erchyll ISIL yn y Dwyrain Canol yn ein dyddiau ni. Mae olion o'r hen baganiaeth yn aros.

Erys llawer o hen ddefodau sy'n perthyn i grefydd heddiw. Nid yw'n hawdd newid arferion a thraddodiadau crefyddol bob amser!

Beth bynnag am hynny, yn stori Jefftha, nid Duw ond ef ei hun oedd yn llywio beth â ddigwyddai. Credodd y gallai fargeinio â Duw a gosododd ei delerau ef ei hunan. Mae Jefftha i'w ganmol am gadw ei adduned ond syniad od am Dduw yw credu y gellir dweud wrtho, 'Fe wnaf fi hyn os gwnei di hwnna.' Ffydd anaeddfed oedd ffydd Jefftha, gan fod ffydd aeddfed yn golygu ymddiried yn Nuw, beth bynnag a ddaw. Nid dyna a wnaeth Jefftha.

Gweddi

Am ffydd, nefol Dad, y deisyfwn,
i'n cynnal ym mrwydrau y byd;
os ffydd yn dy arfaeth a feddwn,
diflanna'n hamheuon i gyd;
o gastell ein ffydd fe rodiwn yn rhydd
ac ar ein gelynion enillwn y dydd. Amen *(Gwilym R. Tilsley C.Ff. 792)*

~~~~~~
~~~~~~

LLYFR RUTH

9. Stori Ruth, Naomi a Boas (Ruth 3:1-11)

Cyflwyniad

'Yn ystod y cyfnod pan oedd y barnwyr yn llywodraethu, bu newyn yn y wlad, ac aeth dyn o Fethlehem Jwda gyda'i wraig a'i ddau fab i fyw dros dro yng ngwlad Moab' (1:1). Er bod Llyfr Ruth yn sôn am ddigwyddiad oedd yn perthyn i'r un cyfnod â Llyfr y Barnwyr, a bod sôn ynddo am 'ymfudwyr economaidd' - sef Elimelech a'i deulu - ni cheir ynddo unrhyw gyfeiriad at frwydro a lladd. Yn wir, mae'n ymddangos bod croeso i'r ymfudwyr / ffoaduriaid yn y wlad a ystyrrid yn elyniaethus i'r Iddew.

Mae stori Llyfr Ruth yn darllen fel stori ramantus - yn wir fel nofel Mills & Boon! Mae ei ffyddlondeb i'w mam-yng-nghyfraith yn ddiarhebol, ac er ei bod yn Foabes, gall Ruth ddweud wrth Naomi 'a'th Dduw di [fydd] fy Nuw innau.' Ond troes aberth Ruth dros ei mam-yng-nghyfraith a'i pharodrwydd i gefnu ar ei chrefydd a'i gwlad yn gyfle am gyfoeth y tu hwnt i'w chyrraedd wedi iddi hi briodi ag Iddew oedd yn dirfeddiannwr cefnog. Cawsant fab, Obed, a gorwyr iddynt oedd y brenin Dafydd, gyda Mathew yn olrhain llinach y Meseia yn ôl iddynt (Mathew 1:5).

Ond a yw'n bosibl nad stori ramantus ydyw hon mewn gwirionedd ond mai cynllwyn Naomi i gwrdd â'i gofynion hi ei hunan oedd y tu ôl i'r cyfan, gan gynnwys mynd nôl i Fethlehem? Teuluoedd mawr oedd yr arfer yn yr hen fyd a'r rhesymau am hynny oedd (i.) er mwyn i'r plant fedru gofalu am eu rhieni pan aent hwy yn hen, a (ii) i ddiogelu parhad enw'r teulu. Priododd dau fab Naomi, Mahlon a Chilion, â dwy Foabes, Ruth ac Orpa. Cyn hir roedd y tair gwraig yn weddwon, a'r ddau fab heb genhedlu plant fyddai'n diogelu enw'r teulu.

Ymhlith yr Iddewon, fel mewn mannau eraill yn yr hen fyd, byddai disgwyl i'r gweddwon briodi â brawd neu aelod arall o'r teulu er mwyn cadw'r enw'r teulu yn fyw. Dyna sydd wrth wraidd geiriau Naomi wrth Ruth ac Orpa:

> 'Ewch adref, fy merched. Pam y dewch gyda mi? ... oherwydd yr wyf fi'n rhy hen i gael gŵr. Pe bawn i'n dweud fod gennyf obaith i gael gŵr heno, ac yna geni plant, a fyddech chi'n disgwyl nes iddynt dyfu? A fyddech yn ymgadw rhag priodi?' (1:11-13)

Troes Orpa yn ôl am wlad Moab, ond mynnodd Ruth aros gyda'i mam-yng-nghyfraith.

Yn ôl ym Methlehem roedd 'dyn cefnog o'r enw Boas o dylwyth Elimelech' ac anogodd Naomi ei merch-yng-nghyfraith i fynd i loffa ym meysydd Boas, lle byddai ef yn siwr o sylwi ar y ferch ddiarth oedd yno. A do! Fe sylwodd Boas ar Ruth, dysgu pwy oedd hi a'i hannog i beidio â mynd i loffa ym maes neb arall. Cafodd eitha groeso ganddo a dychwelyd adref â mwy na'r disgwyl o loffion.

Cyn hir roedd Naomi yn teimlo'i bod hi'n bryd i Ruth gael gŵr. Dywedodd wrth Ruth i ymolchi, ymbincio a rhoi ei gwisg orau amdani (3:3) a danfonodd hi i weld ble ar y llawr dyrnu y byddai Boas yn cysgu. A phan fyddai'n cysgu, 'dos a chodi'r dillad o gwmpas ei draed a gorwedd i lawr' (3:4,7). Roedd y bwriad yn amlwg. Dyna ddigwyddodd a'r canlyniad oedd i Ruth gael gŵr! Yr oedd un perthynas i Elimelech yn agosach na Boas a chanddo ef roedd yr hawl gyntaf ar dir y bu Elimelech yn berchen arno ym Methlehem, ond trwy ddichell Naomi cafodd Boas feddiant o'r tir.

Myfyrdod

Olrhain llinach Iesu drwy ddilyn achau Joseff wna Efengyl Mathew, gan ychwanegu: 'Yr oedd Jacob yn dad i Joseff, gŵr Mair, a hi a roddodd enedigaeth i Iesu, a elwid Meseia' (Mathew 1:16). Yn yr un modd y mae Luc yn dweud wrth olrhain llinach Iesu: 'Yr oedd yn fab yn ôl y dybiaeth gyffredin i Joseff fab Eli...' (Luc 3:23). Mae'r enwau yn yr achau felly'n gwahaniaethu, ond y mae enwau Boas, Obed, Jesse a Dafydd yn ymddangos yn y ddwy restr - ym Matthew 1:5-6 a Luc 3:31-32. Nid yw Luc yn enwi'r gwragedd o gwbl.

Wrh olrhain llinach y Meseia, mae'r Iddew, Mathew, yn enwi'r pedair gwraig y gellir amau parchusrwydd pob un ohonynt (gan gynnwys Ruth). Mae'n barod i gydnabod bod adar brith yn y gorau o deuluoedd, ac na ddylid condemnio'r teulu nac anwybyddu'r 'pechadur'.

Mae pwyslais yr ysgrythur ar faddeuant yn dechrau yn Mathew 1 - ar dudalen gyntaf y Testament Newydd. Ond cofiwn nad yw maddeuant yn gyfystyr ag osgoi canlyniadau'r pechod - er i Ruth elwa o'i phechod hi.

Gweddi

Arglwydd, diolch am dy barodrwydd i faddau ac na all pechod rwystro dy bwrpas di yn y pen draw. Amen

1 a 2 SAMUEL

10. Dewis Brenin i Israel (1 Samuel 16:1-13)

Cyflwyniad

Yn wreiddiol, un llyfr oedd 1 a 2 Samuel yn y Beibl Hebraeg. Llyfr ydoedd a enwyd ar ôl ei brif gymeriad, ac mae'n adrodd hanes Israel o ddiwedd Llyfr y Barnwyr hyd flynyddoedd olaf y Brenin Dafydd.

Fe geir yn y llyfr nifer o straeon cyfarwydd yr Hen Destament: geni Samuel; ei ddyddiau yn y Deml gyda'r Archoffeiriad Eli; Duw yn galw arno ef, yn hytrach nag ar Eli; y Philistiaid yn dwyn Arch y Cyfamod; Saul yn cael ei neilltuo yn frenin; yr Arglwydd yn gwrthod Saul fel brenin am iddo gefnu ar Dduw ac anufuddhau iddo; eneinio Dafydd; Dafydd yn trechu Goliath; cyfeillgarwch Jonathan a Dafydd, a llawer mwy.

Saul oedd dewis cyntaf Duw i fod yn frenin Israel. Pechodd Saul gan siomi Duw a throi ei gefn arno, a rhaid oedd dewis rhywun arall yn ei le. Gwyddom yn dda am bechod Dafydd, ei olynydd, ond cydnabu ef ei bechod ac edifarhau, gan sicrhau i'r Arglwydd y lle canol ym mywyd Israel. Pan mae Duw'n galw gall un o ddau beth ddigwydd: gall ein hymateb ni fod yn negyddol neu yn bositif. Ysywaeth, ni pharhaodd yr ymateb positif yn hanes Saul.

Samuel gafodd y gorchwyl o ddewis ac eneinio olynydd y brenin Saul, er nad oedd hi'n amser i'w orseddu eto.

Roedd y dewis yn un annisgwyl. Pan ymwelodd Samuel â theulu Jesse ym Methlehem, yn ôl cyfarwyddyd Duw i eneinio'r un yr oedd ef wedi ei ddewis o blith y teulu fel brenin nesaf Israel (1 Samuel 16:1), prin ei fod yn meddwl mai'r ieuengaf o'r meibion fyddai'r dewis. Pan welodd Samuel Eliab, mab hynaf Jesse, credodd yn siwr mai ef fyddai'r dewis, ond gwrthododd Duw ef, a'r chwech arall o feibion Jesse a alwyd o'i flaen. Digwyddodd hyn i gyd yn ystod defod aberthu pryd y cysegrwyd Jesse a'i feibion (1 Sam.16:6). Fodd bynnag, nid oedd yr un a ddewiswyd gan Dduw yn bresennol yn y ddefod grefyddol. Roedd ef allan ar y mynydd yn bugeilio defaid ei dad, ond pan alwyd ef adref deallodd Samuel mai hwn oedd dewis Duw, ac ef a gafodd ei eneinio'n frenin nesaf Israel. Dewis annisgwyl, a llaw Duw yn y dewis. Crwt dibrofiad nad oedd 'namyn bugail' a ddaeth mewn amser yn frenin ar Israel. Ac roedd y brenin newydd yn barod gan Dduw pan syrthiodd y brenin Saul a'i etifedd, Jonathan.

Myfyrdod

Ein gair am ymwneud Duw â phobl yw 'Rhagluniaeth'. Fel Cristnogion, y mae Rhagluniaeth yn rhan o'n ffydd ac yn ymwneud â'r syniad fod popeth yn cydweithio er daioni i'r rhai sy'n caru Duw, er nad yw hynny'n amlwg bob tro.

A derbyn ein bod yn credu mewn Rhagluniaeth, rhaid ceisio ateb 'Beth yn hollol ydyw?' Mae trefn Rhagluniaeth y tu hwnt i'n deall ni, ac eto mae'n werth ceisio gwneud ymdrech i'w ddisgrifio. Cred ydyw fod Duw yn goruwch-lywodraethu ar bopeth sy'n digwydd inni, ond nid trwy ymyrryd yn y lle cyntaf, ond trwy lywio'r canlyniadau.

Sawl gwaith y mae rhywbeth a ystyriwn ni'n beth annisgwyl ac annymunol - creulon, efallai - wedi digwydd, a hwnnw wedyn yn cael ei ystyried yn fendith? Nid yw'r fendith i'w gweld ar unwaith bob tro.

Yn ei lyfr *A Day at a Time*, y mae I.D.E.Thomas yn cofnodi'r traddodiad a glywodd yn Corea am Robert Jermain Thomas (1840-1866). Fe'i ganwyd yn Rhaeadr Gwy ac fe'i magwyd yn y mans yn Hanover ger Y Fenni. Aeth yn genhadwr i Tsieina. Ymwelodd â Corea yn 1865 a chyda'i ddawn ryfeddol gyda ieithoedd cafodd grap go dda ar yr iaith yn yr amser byr a dreuliodd yno. Dychwelodd i Corea y flwyddyn ganlynol i genhadu, gan fynd â Beiblau gydag ef, ond wrth lanio cafodd ei saethu'n farw a gwasgarwyd rhai o'r beiblau ar y traeth. Hwy, yn ôl y traddodiad, a arweiniodd maes o law at sefydlu Cristionogaeth yng Ngogledd Corea.

Nid ar unwaith y digwyddodd hynny; nid ar unwaith y gwelir Rhagluniaeth wrth ei gwaith na'r canlyniadau a ddaw ohoni. Cofiwn nad yw Cristionogaeth wedi llwyr ddiflannu o'r wlad honno, ac er yn wan, mae arwyddion ei bod yn tyfu.

Gweddi

Rhagluniaeth fawr y nef, o'm plaid
ei holl olwynion try,
agorai'r môr pe byddai raid:
mae'r afael sicraf fry. *(Pedr Fardd, C.Ff. 677)*

Diolch, Arglwydd. Amen

11. Stori Meffiboseth (2 Samuel 4:4-9)

Cyflwyniad

Dau 'Meffiboseth' a geir yn y Beibl, a'r ddau â chysylltiad â'r brenin Saul. Dim ond unwaith y caiff un ohonynt ei enwi ac mae'r cyfeiriad ato yn ein hatgoffa am gyntefigrwydd a chreulondeb y cyfnod (2 Samuel 21:8-9) - er bod yr un math o beth yn digwydd yn ein cyfnod ni mewn rannau o'r byd.

Stori hollol wahanol geir am y Meffiboseth arall. Mab ydoedd i Jonathan, cyfaill mynwesol Dafydd ac ŵyr i'r brenin Saul (1 Samuel 18:1-4; 19:1-8; &c.). Yr oedd Meffiboseth yng ngofal mamaeth a phan glywodd hi am berygl iddo, 'cododd ei famaeth ef a ffoi, ond wrth iddi hi frysio i ffoi, fe syrthiodd ef a chael ei gloffi. Meffiboseth oedd ei enw' (2 Samuel 4:4).

Pan laddwyd Saul a Jonathan, daeth Dafydd yn frenin ar Israel a gofynnodd i Siba, un a fu'n was i Saul, os oedd unrhyw un ar ôl o deulu Saul. Cafodd wybod fod mab Jonathan ar ôl, a danfonodd amdano. Beth bynnag oedd teimladau Meffiboseth wrth deithio i weld Dafydd yn Jerwsalem, y geiriau a glywodd gan y brenin oedd:

> 'Paid ag ofni, yr wyf wedi penderfynu gwneud caredigrwydd â thi er mwyn Jonathan dy dad; yr wyf am roi'n ôl i ti holl dir dy daid Saul, ac fe gei di fwyd bob dydd wrth fy mwrdd i' (2 Samuel 9:7).

Cadarnhaodd Dafydd hyn drwy orchymyn i Siba, ei blant a'i weision i lafurio i Meffiboseth fel y gwnaethant i Saul, ei ddad-cu.

Yn ddiweddarach, wedi i Dafydd faddau i'w fab Absalom am nifer o droseddau, cynllwyniodd hwnnw wrthryfel yn erbyn ei dad. Ffôdd Dafydd a'i ddilynwyr o Jerwsalem a thra roedd ar y ffordd, 'dyma Siba gwas Meffiboseth yn ei gyfarfod â chwpl o asynnod wedi ei eu cyfrwyo yn cario dau can torth o fara, can swp o resin, cant o ffrwythau haf a photel o win. [Dywedodd] y mae'r asynnod ar gyfer teulu'r brenin i'w marchogaeth, y bara a'r ffrwythau i'r bechgyn i'w bwyta, a'r gwin i'w yfed gan unrhyw un fydd lluddedig yn yr anialwch' (2 Samuel 16:1-2).

A phan ofynnodd Dafydd ble'r oedd Meffibosheth, fe'i cyhuddodd o fod wedi aros yn Jerwsalem gan feddwl y byddai'r gwrthryfelwyr yn adfer brenhiniaeth ei ddad-cu, Saul - ac yntau wedyn yn frenin. Gwobrwywyd Siba am ei ffyddlondeb i Dafydd drwy roi iddo bopeth yr oedd wedi ei gyflwyno i Meffiboseth cyn hynny (2 Samuel 16:4).

Pan ddychwelodd Dafydd yn ôl i Jerwsalem yn fuddugoliaethus, aeth Siba gyda'i bymtheg mab ac ugain gwas i lawr i'r Iorddonen i'w groesawu. Ymddangosodd Meffiboseth o'i flaen heb fod 'wedi trin ei draed na'i farf, na golchi ei ddilliad o'r diwrnod yr ymadawodd y brenin hyd y dydd y dychwelodd yn ddiogel.' Roedd hyn yn arwydd o alar am yr hyn a ddigwyddodd i Dafydd. Eglurodd i Dafydd fod Siba wedi ei dwyllo a'i enllibio o flaen y brenin gan iddo ddwyn y cyfrwy a'r asyn y bwriadodd Meffiboseth ei farchogaeth i fynd gyda Dafydd. Nid yw Dafydd yn cosbi Siba, ond deëllir y geiriau a lefarodd gan rai esbonwyr fel gorchymyn i ddychwelyd at y trefniant a orchmynodd Dafydd y tro cyntaf iddo gwrdd â Meffiboseth, sef bod Siba a'i deulu yn weision ('caethweision'?) iddo (2 Samuel 19:17-29).

Myfyrdod

O ran yr olyniaeth frenhinol, Meffiboseth ddylai fod wedi cael ei goroni ar ôl marwolaeth Saul a Jonathan - ond byddai'n annerbyniol am ei fod yn gloff. Roedd y cloff yn perthyn i ddosbarth is nag eraill yn y gymdeithas Iddewig. Rhaid bod popeth a ddeuai o flaen yr Arglwydd yn berffaith. Gwaherddid aberthu anifail ag unrhyw nam arno; ni allai'r cloff fod yn offeiriad, ac nid oedd aberth y cloff yn dderbyniol. Gellir dweud, felly, fod y cloff i raddau yn ysgymun a bod Dafydd wedi ymddwyn yn rasol wrth wahodd Meffiboseth i rannu bwrdd ag ef. Mor wahanol oedd Siba a geisiai cymryd mantais ohono.

Mae gen i gydymdeimlad â'r sylw, '*Computers are like Old Testament gods; lots of rules and no mercy*!' Ond mae agwedd drugarog yr unig wir Dduw sydd ymddangos yn yr Hen Destament yn cael ei adlewyrchu yn agwedd Dafydd at Meffibosheth gloff. Y mae'n ein hatgoffa am wirionedd arall: '*God's mercy isn't earned. It's given.*' Nid ar sail teilyngdod y derbyniwn drugaredd Duw. Rhodd ydyw. Nid rhywbeth i'w ennill ydyw ond rhywbeth i'w dderbyn.

Gweddi

Diolch, Arglwydd, am dy drugaredd a'th faddeuant sydd ar gael i bawb ohonom.

Trugarog a graslawn yw'r Arglwydd,
hwyrfrydig i lid i roi lle;
nid byth y mae'n cadw digofaint,
nid byth yr ymryson efe;
fel tad wrth ei blant y tosturia,
mae'n cofio mai llwch ydynt hwy;
O f'enaid, bendithia yr Arglwydd,
bendithia yr Arglwydd byth mwy. (*Nantlais C.Ff.102*)

Amen

1 a 2 BRENHINOEDD

12. Ffolineb Solomon (1 Brenhinoedd 11:1-13)

Cyflwyniad

Fel gyda llyfrau Samuel, roedd dau lyfr y Brenhinoedd yn un llyfr yn wreiddiol. Roedd y llyfr yn dechrau gyda diwedd teyrnasiad Dafydd pan oedd y deyrnas yn ffynnu, ac mae'n gorffen 400 o flynyddoedd ar ôl hynny gyda hanes cwymp Jerwsalem (587 C.C.) a chaethglud y genedl ym Mabilon. Eleias yw prif broffwyd 1 Brenhinoedd, ac Eliseus 2 Brenhinoedd.

Fel yn Llyfr Samuel, mae Llyfr y Brenhinoedd yn llawn o straeon adnabyddus: adeilau'r Deml yn Jerwsalem; doethineb Solomon; Solomon a brenhines Seba; Elias a'r weddw o Sareffta; Elias a phroffwydi Baal; gwinllan Naboth; Eliseus yn iacháu Namaan; gwarchae ar Samaria, a llawer mwy.

Yr oedd doethineb Solomon yn ddiarhebol yn yr hen fyd, ac oherwydd hynny byddai'n ddigon hawdd i ni heddiw i wneud sport o'r hyn a ddywedir amdano yn 1 Brenhinoedd 11:

> 'Yr oedd [gan Solomon] saith gant o brif wragedd a thri chant o ordderchwragedd; a hudodd ei wragedd ef' (1 Bren.11:3).

Druan bach! Mae'n siwr fod gormodiaith yn perthyn i'r rhifau a nododd y croniclydd.

Yng Ngeiriadur Prifysgol Cymru rhoddir cyfareddu, denu, tynnu drwy deg, twyllo a chamarwain fel ystyron posibl i 'hudo', ac mae'n siŵr y gellid dewis unrhyw un ohonynt i gyfleu yr hyn a wnâi merched i Solomon - wedi iddo golli ei ddoethineb yn ei henaint, wrth gwrs! Nid nifer ei wragedd yw consyrn awdur Brenhinoedd, ond y ffaith fod rhai ohonynt wedi denu (hudo) Solomon oddi wrth Dduw Israel. Er ei ddoethineb, nid oedd ganddo'r 'afael sicraf fry', ac 'ni chyflawnodd ei ddyletswydd i'r Arglwydd fel y gwnaeth ei dad, Dafydd' (1 Bren. 11:4).

Yr oedd yr Arglwydd wedi dweud wrth yr Israeliaid am y cenhedloedd o'u cwmpas:

'Peidiwch â'u priodi, a pheidiwch â rhoi mewn priodas iddynt; byddant yn sicr o'ch hudo i ddilyn eu duwiau' (1 Bren. 11:2).

Anwybyddodd Solomon y gorchymyn gan garu llawer o ferched estron heblaw merch Pharo, a chyfeirir yn arbennig at ferched o Moab, Ammon, Edom, Sidon a'r Hethiaid. Gwaeth na hynny, adeladodd demlau a chysegrleoedd 'i'w holl wragedd estron oedd yn parhau i arogldarthu i'w duwiau.' A gwaeth na hynny eto, âi ef ei hun i addoli yn y temlau a'r cysegrleoedd paganaidd a adeiladodd. (Roedd arferion ffiaidd a barbaraidd, yn gysylltiedig ag addoliad y crefyddau a enwir yn 1 Bren. 11:5,7.)

Canlyniad y cyfan oedd i'r deyrnas rannu ar ôl marwolaeth Solomon, gyda deg llwyth y gogledd (Israel) o dan lywodraeth Jeroboam, ond llwyth Jwda a llwyth Benjamin, a dinas Jerwsalem o dan Rehoboam, mab Solomon.

Ystyriai'r deuddeg llwyth fel ei gilydd mai Jerwsalem oedd y ganolfan grefyddol a sefydlwyd gan Dduw ar gyfer addoli, ac wedi rhaniad y deyrnas ofnai Jeroboam, brenin y deyrnas ogleddol, y peryglon a'i wynebai ped âi trigolion ei deyrnas ef i addoli yn Jerwsalem. Ymgynghorodd â rhai o'i swyddogion a derbyniodd eu cyngor a gwneud dau lo aur a dweud wrth bobl ei deyrnas ef, Israel: 'Y mae'n ormod i chwi fynd i fyny i Jerwsalem; dyma dy dduwiau Israel, y rhai a ddaeth â chwi i fyny o'r Aifft.' Gosododd un eilun ym Methel a rhoi'r llall yn Dan. Urddodd y brenin offeiriaid heb iddynt fod yn Lefiaid ac adeiladodd allor a threfnodd bererindodau ar gyfer trigolion Israel (1 Bren. 12:25-33).

Myfyrdod

Yn y bôn, yr un yw pechod y ddau frenin, Solomon a Jereboam. Mae Solomon yn penderfynu ei hunan beth sy'n dderbyniol mewn crefydd, a Jeroboam am wneud crefydd yn fater o gyfleuster i'r bobl. Roedd y ddau yn anwybyddu yr hyn a orchmynnodd Duw iddynt. Tybed a yw'r ddau yn cynrychioli gwendidau a welir yn yr Eglwys heddiw?

Mae'n beryglus pan benderfynwn ni ein hunain beth i'w gredu, gan anwybyddu beth ddywed yr Ysgrythur. Y perygl yw y byddwn yn credu beth garem ni i'r Beibl ddweud gan anwybyddu beth a ddywed. Byddwn yn gwthio ein dehongliad ni ar yr Ysgrythurau. Dyma'r math o beth a wnaeth Solomon pan oedd ewyllys yr Arglwydd yn ddigon clir; roedd yn ddibwys yng ngolwg y brenin.

Mae hefyd yn beryglus pan benderfynwn ni beth sy'n dderbyniol gan Dduw, fel gwnaeth Jeroboam ar ôl marwolaeth Solomon pan rannwyd y deyrnas yn ddwy. Rhoddodd ddau lo aur yn ganolbwynt i grefydd Israel yn lle Teml y Duw Byw yn Jerwsalem. Gwnaeth grefydd yn fater o gyfleustra i'r bobl. A rhaid gofyn yn y cyswllt hwn: A yw cyfleustra yn perthyn i'n crefydd ni heddiw? Onid yw mynychu oedfa i addoli erbyn hyn yn fater o gyfleuster i lawer ohonom ni? Awn pan fydd hi'n gyfleus i ni.

Gweddi

Arglwydd,
Rho fwy o gariad at dy waith,
  rho fwy o sêl bob cam o'r daith;
ar bethau'r tŷ rho fwy o flas,
  y flwyddyn hon - a phob blwyddyn arall - *rho ras am ras.* Amen.

(*Elfed, C.Ff. 70*)

13. Stori Joseia (2 Brenhinoedd 22:1-13)

Cyflwyniad

Ceir crynodeb byr o hanes brenhinoedd Jwda yn 2 Brenhinoedd, ac ar ddechrau hanes y mwyafrif ohonynt mynegir barn am eu teyrnasiad. Wrth enwi bob un, gwelir geiriau tebyg i 'Gwnaeth yr hyn oedd ddrwg yng ngolwg yr Arglwydd' neu 'Gwnaeth yr hyn oedd uniawn yng ngolwg yr Arglwydd'. Y cyntaf o'r ddau ddedfryd a wellir ar ddechrau hanes y mwyafrif o'r brenhinoedd. Fodd bynnag, canmolir teyrnasiad Joseia, er cymaint y condemnir teyrnasiad ei dad-cu, Manasse, a'i dad, Amon. Eilunaddolwyr oeddent hwy, ill dau, gydag allorau Baal a duwiau eraill o fewn i'r Deml yn Jerwsalem. Mae'n ymddangos, felly, mai ar aelwyd eilunaddolwyr y magwyd Joseia.

Esgynnodd i'r orsedd pan oedd yn wyth oed, a deng mlynedd yn ddiweddarach, pan oedd yn ddeunaw oed, a'r Deml yn galw am waith atgyweirio, gorchmynnodd Joseia fod yr arian a gasglwyd wrth ddrws y Deml i'w neilltuo ar gyfer y gwaith o atgyweirio. Wrth i'r gwaith fynd rhagddo, daethpwyd o hyd i 'lyfr y gyfraith' - mae'n bosibl mai rhan o lyfr Deuteronomium ydoedd. Roedd wedi bod ar goll yn y Deml ac ni chofiai neb ddim amdano, na'i gynnwys. Pan ddaeth y llyfr i ddwylo'r brenin aeth ati i'w ddarllen a sylweddolodd fod crefydd a moesau Jwda ymhell o'r hyn a ddisgwyliwyd gan Dduw.

Casglodd holl bobl Jwda, bach a mawr, i'r Deml a 'darllenodd yn eu clyw holl gynnwys y llyfr cyfamod a gaed yn nhŷ'r Arglwydd.' Gwnaeth y brenin gyfamod â'r Arglwydd yng ngwydd y bobl i dderbyn a dilyn gorchmynion y gyfraith. Yna aeth ati i adfer Iddewiaeth a chydymffurfio â'r hyn a hawliai 'llyfr y gyfraith'. Chwalwyd allorau ac eilunod y crefyddau eraill a oedd yn y Deml, ac ar hyd y wlad. Bwriodd allan y swynwyr a'r dewiniaid, ac offeiriaid y duwiau gau. Adferodd Ŵyl y Pasg a esgeuluswyd er 'dyddiau'r barnwyr a fu'n barnu Israel [a] thrwy holl flynyddoedd brenhinoedd Israel a Jwda. ... Erioed o'r blaen ni chaed brenin tebyg iddo, yn troi at yr Arglwydd â'i holl galon, ac â'i holl enaid, ac â'i holl egni yn ôl holl gyfraith Moses. Ac ni chododd neb tebyg iddo ar ei ôl' (2 Bren. 23:22, 25).

Er i Joseia gael ei ddarlunio fel brenin unigryw, nid oedd ei ddiwygiad yn ddigon i achub Jwda rhag cwymp Jerwsalem a dinistr y Deml yn dilyn ei farwolaeth, chwaith. Yr oedd y drwg yn Jwda wedi mynd yn rhy ddwfn i fywyd y bobl yn nyddiau Manasse ac Amon i deyrnasiad y brenin gorau i'w ddileu. Trychineb a newidiodd y sefyllfa.

Myfyrdod

Etifeddu'r sefyllfa oddi wrth ei dad a'i dad-cu wnaeth Joseia. Nid gyda'r ifanc ond gyda phobl hŷn y dechreuodd dirywiad Israel a Jwda. Hwy oedd yn gyfrifol fod y safonau wedi llithro yn y lle cyntaf, ond parhaodd y dirywiad o dan oruchwyliaeth yr ifanc, gan waethygu o genhedlaeth i genhedlaeth.

Efallai fod yr ugeinfed ganrif yng Nghymru yn enghraifft o'r ffordd mae hyn yn gallu digwydd.

O safbwynt crefydd, yn yr ugeinfed ganrif, cafodd yr eglwysi ddechreuad arbennig gyda Diwygiad 1904 pan gynyddodd yr eglwysi gymaint nes bod eisiau adeiladu tai cwrdd newydd. Roedd iddo wedd gymdeithasol hefyd, gyda llai o ddiota drwy'r wlad a llawer teulu yn elwa'n ariannol oddi wrth hynny. Dywedir i'r dirywiad ddechrau yn fuan yn y blynyddoedd oedd yn dilyn, ond yn 1914 y bu'r chwyldro mawr gyda dechrau Rhyfel 1914-1918. Dechreuodd y safonau ddisgyn wrth i'r bechgyn fynd i ffwrdd a byw mewn awyrgylch hollol newydd. Cymharol fychan oedd nifer y rhai a ddychwelodd i'r capel ar ôl hynny. Cadwodd rai draw oherwydd i weinidogion gefnogi'r Ryfel, gan annog aelodau i ymuno â'r fyddin. Yn y cyfnod rhwng y ddau Ryfel Byd datblygodd sosialaeth a chomiwnyddiaeth ymhlith y gweithwyr, gyda'r pwyslais ynddynt yn arwain llawer i dir anffyddiaeth. Gwaethygodd y sefyllfa wedi'r Ail Ryfel Byd gyda'i holl erchylldra. Yna daeth cyfnod yr hippie yn y chwedegau gyda phwyslais ar y rhyddid sydd erbyn hyn yn benrhyddid yng ngolwg y sawl sy'n perthyn i'r genhedlaeth hŷn.

Yr unig ryddid ***na*** welir heddiw yw'r rhyddid i gofleidio safonau a chred sy'n wahanol i gred yr oes. Ychwanegir y terfyniad '-phobia' at bob safbwynt sy'n wahanol i'r un cyfredol. Yn enw rhyddid, meddai Melanie Phillips (Sunday Times tua 2003), mae rhyddfrydwyr yn gwrthwynebu ac yn ceisio mygu rhyddid y sawl sy'n anghytuno â'u safbwynt hwy. Fe â ymlaen i fynnu nad yw rhyddfrydwyr modern namyn 'anarchiaid gwrth-rhyddfrydol' sydd wedi bod yn gyfrifol am danseilio'r gymdeithas yr ydym ni'n byw ynddi.

Nid yw dweud hyn yn gyfystyr â chondemnio popeth sy'n digwydd heddiw. Er enghraifft mae'r agwedd tuag at ferched wedi gwella'n sylweddol, oddi fewn a'r tu allan i'r Eglwys.

Mae'n werth sylwi na lwyddodd Joseia, y brenin gorau a welodd Israel a Jwda erioed, i adfer y sefyllfa. Bu'n rhaid aros am drychineb i newid pethau er gwell. Cwymp Jerwsalem a dinistr y Deml oedd hynny. Mae'n rhyfedd fel y mae trychineb o unrhyw fath yn y byd heddiw yn danfon pobl yn ôl i gapel neu eglwys - dros dro.

Gweddi

Arglwydd, gwyddom mai
Newid mae gwybodaeth
   a dysgeidiaeth dyn;
[ond] *aros mae Efengyl*
   Iesu byth yr un.   (*Elfed, C.Ff. 381*)

Gad inni gofio hyn mewn byd sydd mor gyfnewidiol, a chymorth ni i beidio colli golwg ar dy Air, na cheisio'i ddehongli i gwrdd â'n anghenion a'n dymuniadau ni ein hunain. Amen

1 a 2 CRONICL

14. Rhifo'r bobl (1 Cronicl 21 1-6; cymh. 2 Samuel 24)

Cyflwyniad

Fel llyfrau Samuel a Brenhinoedd, un llyfr oedd 1 a 2 Cronicl yn wreiddiol, a'i deitl Hebraeg oedd 'Digwyddiadau'r dydd'. Ei deitl yn yr LXX (y cyfieithiad Groeg o'r Hen Destament) yw 'Y llyfr o bethau a hepgorwyd', er ei fod yn ailadrodd llawer o'r straeon a adroddwyd yn llyfrau Samuel a Brenhinoedd. Hyd y gall, canolbwyntio a wna ar frenhinoedd Jwda, yn hytrach na brenhinoedd Israel. Mae hefyd am osgoi sôn am bechodau'r arweinwyr y mae'n eu canmol. Pan yw'n adrodd yr un straeon â llyfrau Samuel neu'r Brenhinoedd, y mae gogwydd gwahanol iddynt wrth i'r Croniclydd ychwanegu manylion nas cynhwyswyd yn y llyfrau eraill. Ond mae ei bwyslais hefyd yn fwy diwinyddol na'r llyfrau hanes.

Gwelir enghraifft o hyn wrth gymharu stori rhifo'r bobl a gofnodir yn 1 Cronicl 21 a 2 Samuel 24.

Dywed fersiwn y Cronicl fod Satan wedi codi yn erbyn Israel ac annog Dafydd i wneud cyfrifiad o bobl Israel, er ei fod yn gwybod nad oedd hynny'n dderbyniol gan yr Arglwydd. Mae'n rhaid fod y syniad yn dderbyniol i Dafydd, ac felly rhoddodd orchymyn i Joab a'i swyddogion i fynd ati i gyfrif. Methai Joab ddeall pam roedd Dafydd am wneud y fath beth, a gofynnodd, 'Pam y dylai camwedd ddod ar Israel?' Ond roedd y brenin yn benderfynol, ac aeth Joab rhagddo a gwneud fel y gorchmynnwyd iddo. Dychwelodd o'r cyfrifiad i ddweud (yn Brenhinoedd) fod yn Israel 800,000 'o wŷr a fedrai drin y cleddyf', ac yn Jwda 500,000. (Rhifau Cronicl yw 1,100,000 a 470,000.) Ond nid oedd Joab wedi cyfrif poblogaeth Lefi a Benjamin 'am ei fod yn ffieiddio gorchymyn y brenin' (1 Chron.21:6).

Nid oedd Duw yn fodlon ar beth a wnaed chwaith.

'Pechod' Dafydd oedd iddo sarhau Duw drwy gyfyngu ar ei allu. Duw oedd y Creawdwr a grëodd bopeth, gan gynnwys pobl. Credid, felly, fod cyfrif y bobl yn gyfystyr â bychanu a gwadu mawredd a chreadigrwydd Duw Genesis. Cyffesodd Dafydd ei bechod ac eiriol dros y bobl. 'Edifarhaodd' Duw o'i fwriad i ddinistrio Jerwsalem a pheidiodd â gwneud hynny. Cafodd Dafydd ddewis y gosb a ddioddefai am fod mor haerllug â rhifo'r bobl: naill ai tair blynedd o newyn, neu dri mis o orfod ffoi o flaen ei wrthwynebwyr, neu dridiau o haint yn y wlad. Haint yn y wlad a ddewisodd.

Fel iawn am ei bechod cafodd Dafydd orchymyn i adeiladu allor i'r Arglwydd ar lawr dyrnu Ornan. Roedd Ornan yn fodlon rhoi'r lle iddo am ddim, ond mynnodd Dafydd dalu yn dda amdano, gan ddweud: 'Na, rhaid i mi ei brynu am ei lawn werth. Ni chymeraf yr hyn sydd eiddot ti ac aberthu i'r Arglwydd boethoffrwm di-gost.'

Myfyrdod

Nid y mân wahaniaethau yn enw'r sawl oedd biau'r llawr dyrnu (Arafna, ynteu Ornan), neu'r rhifau, na'r symiau a dalwyd i Ornan yn y fersiynau gwahanol o'r stori sy'n bwysig. Nid y rheiny roedd y Croniclydd am eu cywiro, ond cywiro'r sylw yn Llyfr Samuel mai Duw ei hun oedd wedi troi yn erbyn Israel ac mai Ef oedd awdur pechod Dafydd. NA! meddai'r Croniclydd, Satan oedd ysgogydd y pechod, a neb arall.

Nid llais Duw a glywn ni pan gawn ein temtio i gefnu ar yr hyn sydd gywir.

Ond dylid sylwi hefyd ar ymroddiad llwyr Dafydd i'w Arglwydd. Pan gynigodd Ornan roi'r llawr dyrnu iddo am ddim, a chyfle i aberthu i'r Arglwydd boethoffrwm na chostiai iddo o gwbl, gwrthododd Dafydd y cynnig. Ni fynnai i'w grefydd ef fod yn grefydd tsiêp, na chostiai ddim iddo.

Gweddi

Diolch, Arglwydd.
Rhyfeddol ac aneirif yw,
dy drugareddau Di, O Dduw!
Fel tywod ŷnt o ran eu rhif,
o ran eu llawnder, fel y llif. Amen

15. Jehosaffat ac Ahab
(2 Cronicl 18:17-27; cymh.1 Bren. 22)

Cyflwyniad

Nid yw'r Croniclydd yn sôn dim am Jesebel a gwinllan Naboth yn yr hanes a luniodd ef am Ahab, brenin Israel. Sôn yn unig a wna amdano'n mynd i ryfel yn erbyn Syria er mwyn meddiannu Ramoth Gilead i Israel. Mae'r Croniclydd yn ailadrodd y stori a welir yn 1 Brenhinoedd 22 gydag ond ychydig o newid, fel y wybodaeth fod Jehosaffat, brenin Jwda, yn perthyn i Ahab drwy briodas.

Felly perthyn i gyfnod teyrnasiad Jehosaffat y mae stori Ahab. Roedd Jehosaffat yn frenin oedd 'yn uniawn yng ngolwg yr Arglwydd', ond cafodd ei dwyllo gan Ahab, brenin Israel, i ymuno gydag ef mewn cyrch yn erbyn Syria. Yn Jehosaffat, nid Ahab, mae diddordeb y Croniclydd.

Oherwydd y berthynas deuluol rhyngddynt ymunodd Jehosaffat ag Ahab a chymryd rhan yn yr ymosodiad ar y Syriaid. Rhybuddiwyd Ahab yn erbyn y fenter gan y proffwyd Micha. Siarsiodd frenin Israel y cawsai ei ladd; ond roedd gan Ahab 400 o broffwydi o blaid ei gynllun, ac roedd yn benderfynol o fynd i ryfel. Fe ymunodd Jehosaffat yn y fenter, gydag Ahab yn gwisgo dillad milwr cyffredin er mwyn peidio â thynnu sylw ato'i hunan oherwydd yr hyn a ddywedodd Micha. Dywedodd wrth Jehosaffat yr oedd am iddo yntau gael y sylw â'r clod a ddeuai o'r fuddugoliaeth wrth iddo yntau yn unig wisgo fel brenin.

Gan feddwl mai Ahab ydoedd aeth milwyr Syria ar ôl Jehosaffat ar faes y gad - yr unig un oedd yn gwisgo gwisg brenin - a phan welsant pwy ydoedd rhoddwyd y gorau i'r ymladd. Ond roedd gan un o filwyr Syria saeth yn ei fwa. 'A thynnodd ... ei fwa ar antur, a tharo brenin Israel rhwng y darnau cyswllt a'r llurig [*where the breastplate joins the plates of the armour*]. Yna ar fachlud haul bu [Ahab] farw' (2 Chron.18:33-34).

Condemniwyd Jehosaffat gan un o broffwydi'r Arglwydd am y camgymeriad a wnaeth wrth ymuno gydag Ahab 'annuwiol' a oedd yn 'casáu'r Arglwydd' (2 Chron. 19:2). Fe'i rhybuddiodd y byddai rhyw ganlyniadau yn siwr o ddilyn ei weithred, er nad enwodd hwy; ond cydnabu hefyd i frenin Jwda wneud llawer o bethau da yn ystod ei deyrnasiad. Nid y gynghrair ag Ahab oedd yr olaf o gamgymeriadau

Jehosaffat, ond dyfarniad y Croniclydd ar ei deyrnasiad oedd iddo wneud 'yr hyn oedd yn uniawn yng ngolwg yr Arglwydd' (2 Chron. 20:34).

Myfyrdod

Roedd Ahab yn gwybod beth na ddylai wneud, ond fe'i gwnaeth, a dysgu'r wers 'na chaiff Duw ei watwar' (Galatiaid 6:7). Datguddiodd yr Iesu gariad yr Arglwydd Dduw i'r byd a'i ddisgwyliadau gan ei bobl, ond mae'r byd yn ei anwybyddu. Dylid dysgu'r wers sydd yn stori Ahab.

Cafodd Jehosaffat gymeradwyaeth Duw er ei gamgymeriadau. Mae camgymeriadau yn rhan o fywyd. Er bod yr Arglwydd yn ymwybodol o'n gwendidau ni, nid yw'n ein collfarnu o'u herwydd. Yr hyn a gymeradwyir ym mywyd Jehosaffat oedd ei ymdrech i wneud yr hyn oedd yn uniawn yng ngolwg yr Arglwydd. O wneud yr ymdrech hwnnw, esgusodir ein camgymeriadau, fel y maddeuir ein pechodau.

Ond rhaid cofio nad yw maddeuant yn gyfystyr â dileu effeithiau ein camgymeriadau, na'n pechodau. Mae i gamgymeriadau a phechod bob amser eu canlyniadau; maent yn gadael eu hôl. Cofiwn '... beth bynnag y mae dyn yn ei hau, hynny y bydd hefyd yn ei fedi' (Galatiaid 6:7).

Gweddi

Arglwydd Iesu, cyffesaf fy mhechod:
Pechadur wyf, mi welaf,
O Dduw, na allaf ddim;
rwy'n dlawd, rwy'n frwnt, rwy'n euog,
O bydd drugarog im. *(Thomas William, C.Ff. 175)*

Nid yw neb ohonom yn berffaith Arglwydd, ond diolch i ti fod dy drugaredd yn fwy na'n pechod ni. Amen

ESRA a NEHEMEIA

16. Hilyddiaeth (Esra 10:1-5)

Cyflwyniad

Dwy ran o un llyfr oedd Esra a Nehemeia yn wreiddiol ac maent yn parhau'r hanes a gofnodwyd yn Llyfrau'r Brenhinoedd a Cronicl. Yno mae'r penodau olaf yn adrodd hanes cwymp Jerwsalem, a'r gaethglud i Fabilon.

Fe all mai'r Croniclydd yw'r awdur, gan mai adnodau clo'r Cronicl yw adnodau cyntaf Esra. Adroddant am esgyniad Cyrus i orsedd Persia, a oedd wedi disodli ymerodraeth Babilonia erbyn hynny. Yr oedd gan yr ymherodr newydd bolisi gwahanol i eiddo'r Babiloniaid, a chaniataodd i'r sawl a gaethgludwyd i ddychwelyd i'w gwlad. Rhestrir y sawl a ddychwelodd yn Esra 2:1-63 - yn ôl cyfrif Esra roedd 42,360 ohonynt. Aethpwyd ati ar unwaith i ailgodi'r allor a dechrau ailadeiladu'r Deml. Bu gwrthwynebiad gan rai o arweinwyr y rhanbarth i hyn, ond cadarnhaodd Dareius, olynydd Cyrus, yr hyn a wnaeth ei ragflaenydd a gorchymyn i'w swyddogion gynorthwyo'r Iddewon.

Gorffennwyd y Deml, a dyna pryd y gyflwynir Esra i'r stori yn ystod teyrnasiad Artaxerxes. Bu tri Artaxerxes yn llywodraethu yn nheyrnas Persia, ac felly ni ellir bod yn siŵr pa bryd y dychwelodd Esra; ond gwyddom ei fod yn ysgolhaig yn y Gyfraith Iddewig, yn un o ddisgynyddion Aaron ac yn perthyn felly i'r teulu offeiriadol. Ar ei ysgwyddau ef y disgynnodd y dasg o adfer Iddewiaeth uniongred i Jerwsalem a'r Deml.

Roedd adfer y pwyslais ar uniongrededd y grefydd Iddewig yn galw am nifer o newidiadau. Teimlodd Esra reidrwydd i gondemnio priodasau cymysg rhwng Iddew a rhywun o genedl a chrefydd wahanol. Y sawl na chawsant eu caethgludo oedd wedi priodi pobl o genhedloedd arall, ac roedd hyn wedi llygru Iddewiaeth. Puro'r genedl a'i diogelu rhag llygru'r Ffydd oedd raid gwneud neu fe beidiai'r genedl â bod, ac ofnid y byddai pobl o waed cymysg yn amhuro Iddewiaeth yng ngolwg yr Arglwydd. [Cymh. Nehemeia 13:3.] Nid oedd yr Hen Destament yn collfarnu priodasau cymysg, fel y cyfryw, tra bod y ddau a briodai yn addoli Duw Israel.

Myfyrdod

Ofni bod priodasau cymysg yn peryglu purdeb y grefydd Iddewig oedd sail yr hyn a wnaeth Esra. Erys ofn tebyg yn y wlad heddiw. Mae wedi ei seilio ar wahaniaethau cymdeithasol a chrefyddol.

Er ceisio egluro'r gofid a'r ofn oedd yn gyfrifol am y weithred o wahardd priodasau cymysg a galw am roi o'r neilltu'r sawl nad oedd yn Iddewes, mae'n anodd amddiffyn y gwaharddiad. Yn wir, nid hynny oedd safbwynt Paul pan oedd Cristion wedi priodi Cenedl-ddyn cyn cael tröedigaeth (1 Cor. 7:1-16). Galw am deyrngarwch i Israel a wnâi Esra, ond byddai'r mwyafrif yn ystyried ei safbwynt yn annerbyniol heddiw am ei fod yn benderfyniad hiliol. Ac eto, mae rhywbeth tebyg yn digwydd mwy a mwy yn ein byd ni gyda chymaint o ffoaduriaid yn chwilio am loches. Mae'r gwrthwynebiad yn seiliedig ar ofn y gellir colli nodweddion cenedlaethol a ystyriwn yn werthfawr. Fel gyda phob cenedl arall, mae hyn yn wir am agwedd y Cymry Cymraeg at fewnfudwyr. Er bod gafael Cristnogaeth ar draws Ewrop yn llaesu, dichon mai ffactor bwysig yw'r ofn y gall crefydd Islam a chrefyddau eraill newid y strwythur cymdeithasol. Nid yw'n ymddangos mai difodiant Cristnogaeth yw'r gwir ofid, ond pryder y gallai Islam a'r crefyddau eraill beryglu llawer o'r bendithion a ddaeth i'r Gorllewin yn sgîl Cristnogaeth.

Fel Cristnogion, mae angen dybryd arnom ni am deyrngarwch crefyddol; nid teyrngarwch i enwad neu gapel arbennig, ond teyrngarwch i'n Crist a'n Ffydd. Fe'i cawn yn rhwyddach i fod yn deyrngar i dîm peldroed nag i oedfa! A chofiwn y sylw craff: '*It takes 90 gallons of water to baptize a Christian and only 9 drops of rain to keep him at home!*'

Gweddi

Ffoed negeseuau gwag y dydd,
trafferthion o bob rhyw,
ac na pharhaed o dan nef
ond cariad pur fy Nuw. Amen (*W.W., C.Ff. 290*)

17. Adeiladu Wal y Ddinas (Nehemeia 6:1-9)

Cyflwyniad

Holi am gyflwr Jerwsalem wnaeth Nehemeia pan oedd yn dal yn swyddog yn Persia a chlywed fod muriau'r ddinas wedi eu dryllio a'u pyrth wedi eu llosgi a'u dinistrio.

Roedd y newyddion yn ei boeni'n fawr a chafodd ganiatâd gan y brenin Artaxerxes i ddychwelyd adref. Rhoddwyd llythyrau o awdurdod iddo, ac aeth swyddogion o'r fyddin a marchogion gydag ef i hwyluso'r daith i Jerwsalem. Gwrthwynebai Samaria, Asdod, Ammon a'r Arabiaid fwriad Nehemeia. Gwylltiodd Sanbalat o Arabia a Tobeia, yr Amoriad, ei fod wedi dod i gynorthwyo'r Israeliaid. Gwnaethant bopeth a allent i ohirio a rhwystro'r cynllun.

Mynnodd Nehemeia fynd ymlaen â'r gwaith o atgyweirio amddiffynfeydd Israel a bu cyfnod pan oedd '... y rhai a gariai'r beichiau yn gweithio ag un llaw, ac yn dal arf â'r llall. Yr oedd pob un o'r adeiladwyr yn gweithio â'i gleddyf ar ei glun' (Nehemeia 4:17-18).

Ac ar waethaf ystrywiau Sanbalat a'i gefnogwyr, gorffennwyd y gwaith ac hefyd purwyd Iddewiaeth a oedd wedi ei lygru gan ddieithriaid.

Adnewyddwyd y bywyd ysbrydol. Bodlonwyd Nehemeia a dychwelodd at Artaxerxes, yn ôl ei addewid. Pan ddaeth yn ôl i Jerwsalem ymhen amser, gwelodd fod yr hyn a wnaeth wedi ei ddadwneud. Yr oedd Tobeia, gyda chaniatâd yr archoffeiriad, yn byw mewn ystafell yng nghynteddoedd y Deml; yr oedd un o feibion Sanbalat yn fab-yng-nghyfraith i'r archoffeiriad; yr oedd y Saboth yn cael ei halogi; y Lefiaid a'r offeiriaid heb gynhaliaeth; moesau wedi dirywio, ac Israeliaid unwaith eto yn priodi â merched estron; roedd ieithoedd estronol yn cael eu defnyddio, ac iaith yr Iddew yn ddim mwy na bratiaith.

Bu'n rhaid i Nehemeia ddechrau ar ei genhadaeth i Israel unwaith eto.

Myfyrdod

Mae stori Nehemeia yn ein hatgoffa o'r angen i beidio â llaesu dwylo o fewn i'n crefydd. Rhaid amddiffyn ffydd a safonau Iesu Grist. Wedi i Nehemeia adael Jerwsalem ar ôl iddo orffen y gwaith yr aeth yno i'w wneud - ac ni fyddai wedi gadael onibai ei fod yn ffyddiog fod popeth fel y dylai fod - dirywiodd y sefyllfa eto'n gyflym. Nid oedd y newid a wnaeth wedi gwreiddio'n ddigon dwfn.

Derbyniodd Swyddfa'r Dreth Incwm lythyr di-enw un tro gan rywun oedd yn dweud iddo gael tröedigaeth mewn ymgyrch efengylu. Roedd y profiad wedi newid ei fywyd, meddai. Methai â chysgu wrth feddwl am y camwri a wnaeth yn y gorffennol ac roedd yn cynnwys £100 i dalu am enillion nad oedd wedi eu cynnwys yn flaenorol yn ei ffurflen dreth. Ychwanegodd, 'Os byddaf yn dal i fethu cysgu, anfonaf fwy, maes o law!'

Nid oedd y newid yr honnodd a ddigwyddodd yn ei fywyd adeg ei dröedigaeth wedi gwreiddio mor ddwfn â hynny. Faint o wreiddyn sy'n perthyn i'n ffydd a'n teyrngarwch ni, tybed?

Gweddi

Mae'r gelyn yn ei gryfder
yn gwarchae pobol Dduw,
a sŵn ei fygythiadau
sy beunydd yn ein clyw:
ond Duw a glyw ein gweddi
er gwaethaf trwst y llu;
er ymffrost gwacsaw uffern,
mae Duw y nef o'n tu. (Sion Aled, C.Ff. 616)

Arglwydd, gad i hyn fod yn brofiad inni pan fygythir ein ffydd a'n teyrngarwch. Amen

LLYFR ESTHER

18. Esther yr Iddewes (Esther 5:9-14; 7:1-10)

Cyflwyniad

Un o hynodion Llyfr Esther yw nas enwir Duw ynddo o gwbl, ond mae'r stori yn cynnig rheswm am y Purim, un o wyliau mawr yr Iddewon. Nid yw'n debygol fod y llyfr yn ffeithiol gywir, ac er bod dadlau ymhlith ysgolheigion am hyn, cred llawer mai ffuglen ydyw. Credir i'r llyfr gael ei gynnwys yn y Beibl i egluro pam bod y Pwrim ymhlith gwyliau crefyddol Israel. Dyma'r unig ŵyl Iddewig nad yw'n gysylliedig â'r Pentateuch - pum llyfr Moses - ac sy'n secwlar ei naws.

Dywedir mai Ahasferus (Xerxes) oedd yn teyrnasu dros ymerodraeth enfawr Persia ar y pryd. Ystyrir ef gan haneswyr yn un creulon, anfoesol, gwamal.

Yn nhrydedd flwyddyn ei deyrnasiad, roedd gwledd fawr yn y Palas yn Susan i ddathlu'r ffaith bod y deyrnas i gyd wedi ei darostwng gan ei filwyr. Roedd holl weinidogion a thywysogion y deyrnas yn bresennol a chyfoeth y brenin i'w weld ymhobman. Yr oedd gwledd debyg wedi ei threfnu gan y frenhines, Fasti, i'r gwragedd a ddaeth. Wedi saith niwrnod o wledda, â'r gwin yn llifo, galwodd Ahasferus ar ei wraig, oedd yn hynod o bryferth, i ymuno ag ef yn gwisgo ei choron. Am ba reswm ni ddywedir, ond gwrthododd hi fynd. Awgryma'r Rabiniaid iddi hi wrthod am mai dim ond ei choron roedd am iddi hi ei wisgo. Gwylltiodd y brenin ac wedi ymgynghori â'i gynghorwyr ysgarodd y frenhines. Os gallai'r frenhines wrthod ufuddhau i'r brenin, gallai unrhyw wraig wrthod ufuddhau i'w gŵr hithau!

Pan ddaeth yr amser iddo ddewis brenhines arall, bedair blynedd wedi ysgaru'r frenhines Fasti, Esther, Iddewes, oedd ei ddewis. Plentyn amddifad oedd hi a fabwysiadwyd gan Mordecai, cefnder hŷn y frenhines newydd. Dywedir ei fod yn ŵr oedd yn 'eistedd ym mhorth llys y brenin', a olygai fod ganddo safle pwysig yn Susan.

Clywodd Mordecai am gynllwyn y sawl a amddiffynai'r brenin i'w ladd. Hysbyswyd y brenin am hyn gan Esther a dienydiwyd y cynllwynwyr. Rhai blynyddoedd ar ôl hynny dyrchafodd Ahasferus ŵr o'r enw Haman yn brif weinidog unbeniaethol y deyrnas. Fel Iddew, gwrthododd Mordecai blygu clun i'r swyddog newydd gan mai dim ond i Dduw (nas enwir o gwbl yn y stori) y plygai Iddew glun. Digiodd Haman a phenderfynu dial, ac wedi ystyried, penderfynodd sut i wneud hynny. Gan mai Iddew oedd Mordecai a'i sarhaodd, fe ddioddefai Iddewon y deyrnas. Heb enwi'r Iddewon, lluniodd orchymyn a ddanfonwyd i bob rhan o Persia yn deddfu lladd pawb nad ymgrymai i'r brenin. Gan ei fod yn sicr na fyddai Mordecai yn ufuddhau i'r ddeddf newydd, adeiladodd grocbren ar gyfer ei grogi.

Dyma'r adeg y cofiodd y brenin ar noson ddigwsg na wobrwyodd Mordecai am achub ei fywyd, a gofynnodd i Haman sut dylai wobrwyo rhywun a fu o wasanaeth mawr iddo. Gan gredu mai amdano ef ei hun, Haman, y soniai Ahasferus, awgrymodd y prif weinidog lwyth o anhrhydeddau y disgwyliai ef eu derbyn. Ac fe'i siomwyd pan glywodd pwy a'i derbyniai.

Gwyddai Mordecai am y bwriad i ladd Iddewon a pherswadiodd Esther i ddweud wrth y brenin mai Iddewes oedd hi. A phan blesiodd hi'r brenin mewn gwledd a drefnodd, a'r brenin yn cynnig hyd at hanner ei deyrnas iddi hi, gofynnodd am waed Haman ac fe'i crogwyd ar y crocbren a adeiladwyd ar gyfer Mordecai.

Myfyrdod

Fersiwn byr o Lyfr Esther a geir mewn Hebraeg; ychwanega'r fersiwn Groeg yn y Septuagint mwy i'r llyfr, ar ôl Esther 10:3.

Er nad oes sôn am Dduw, nac am weddïo am gymorth yr Arglwydd yn y digwyddiadau - fel y disgwyliem mewn stori yn y Beibl - fe geir sôn am ymprydio yn Llyfr Esther. Dyna'r unig gyffyrddiad 'crefyddol' yn y llyfr i gyd. Arferai Tadau enwad y Bedyddwyr ag ymprydio ar un adeg, ac nid yw'n beth dieithr heddiw ymhlith rhai Cristnogion. Beth, tybed gollasom ni - os dim - wrth gefnu ar ymprydio?

Ar y llaw arall, y mae Llyfr Esther yn ein rhybuddio am effeithiau casineb a rhagfarn, gyda'r grocbren a adeiladodd Haman ar gyfer Mordecai yn cael ei defnyddio iddo ef ei hun. Heuodd Haman y gwynt, a medi'r corwynt. (Hosea 8:7). 'Peidiwch â chael eich camarwain; ni chaiff Duw mo'i watwar, oherwydd beth bynnag y mae rhywun yn ei hau, hynny hefyd y bydd yn ei fedi' (Gal. 6:7, B.C.N. Arg.Diwygiedig).

Gweddi

Arglwydd Dduw,

Pwy wnaiff herio trais a gormes,
gyda'r gweiniaid yn eu cur?
Pan chwyth corwynt hunanoldeb
pwy rydd gysgod? Pwy gwyd fur?
Tyrd i'n hysgwyd o'n cysgadrwydd,
tyrd i doddi'n c'lonnau dur. Amen *(Cyf. Siôn Aled, C.Ff., 863)*

LLYFRAU DOETHINEB
LLYFR JOB

19. Job (Job 1; 2; 42:7-17)

Cyflwyniad
Problem dioddefaint yw'r broblem a ystyrir gan lyfr Job. Mae sylwedd y llyfr i'w weld yn y farddoniaeth (penodau 3-42:6), gyda'r Prolog a'r Epilog megis cromfachau rhyddiaith ar ffurf stori.

Pan ymddangosodd Satan o flaen Duw, yn y dyddiau cyn ei gwymp, honnodd mai'r rheswm pam roedd Job, gŵr tra chyfoethog, ond 'cyfiawn ac uniawn', yn deyrngar i'r Arglwydd, oedd iddo dderbyn cymaint o fendithion ganddo. Honnodd y melltithiai Job Dduw pe collai'r bendithion hyn. Caniatawyd i Satan roi prawf ar Job, ar yr amod na chyffyrddai â'r dyn ei hunan. Oherwydd ymyrraeth Satan collodd Job ei blant, ei gyfoeth a'i anifeiliaid i gyd, ond ni felltithiodd ei Dduw. Cofnodir ei eiriau:

> 'Yn noeth y deuthum o groth fy mam, a noeth y dychwelaf yno.
> Yr Arglwydd a roddodd, a'r Arglwydd a ddygodd ymaith.
> Bendigedig fyddo enw'r Arglwydd' (1:21).

Wedi iddo fethu yn ei ymgais i gael Job i felltitho Duw, honnodd Satan na felltithiodd Job yr Aglwydd am na chawsai ef gyffwrdd â'r dyn ei hunan. Felly cafodd ganiatâd i brofi Job eto, ond 'yn unig arbed ei einioes' (2:6). Y tro hwn trawyd ef 'â chornwydydd blin o wadn ei droed i'w gorun'. Eto ni felltithiodd Dduw, a phan anogodd ei wraig ef i wneud hynny ei ateb oedd, 'os derbyniwn dda gan Dduw, oni dderbyniwn ddrwg hefyd?' (2:10)

Aeth cyfeillion Job, Eliffas, Bildad a Soffar, ['cysurwyr Job'] i eistedd gydag ef yn gwmni, a buont yn trafod problem dioddefaint. Cysur amheus a gafodd Job o'u presenoldeb a'u geiriau. Mae'n cynhyrfu wrth eu clywed yn siarad, a theimla reidrwydd i'w amddiffyn ei hun, gan ddod yn agos at gyhuddo Duw o annhegwch pan ddywed na wnaeth Duw dderbyn ei fod yn ddiniwed o gyhuddiau ei ffrindiau.

Uchafbwynt Llyfr Job yw'r geiriau ar ffurf cwestiynau a roddir yng ngenau Duw ym mhenodau 38 a 39.

Ym mhennod olaf y llyfr, bendithiodd yr Arglwydd deyrngarwch Job drwy wneud 'diwedd ei oes yn fwy na'i dechrau' (42:12). Dychwelodd a chynyddodd ei gyfoeth, ganwyd saith mab a thair merch arall iddo, ac

> 'nid oedd merched prydferthach na merched Job drwy'r holl wlad, a rhoes Job etifeddiaeth iddynt hwy yn ogystal ag i'w brodyr. Bu Job fyw gant a deugain o flynyddoedd ar ôl hyn a chafodd weld ei blant a phlant ei blant hyd at bedair cenhedlaeth. Bu farw Job yn hen iawn, mewn gwth o oedran.' (42:15-17)

Myfyrdod

Mae'n amheus a fyddai neb ohonom yn ystyried fod cael saith mab a thair merch arall yn gwneud iawn am golli deg o blant. Os felly, mae mwy i'r Epilog na diwedd hapus i'r stori a gofnodwyd yn y Prolog. Duw a Job sy'n siarad o bennod 38 ymlaen; cyn hynny Eliffas, Bildad, Soffar, a Job oedd yn siarad â'i gilydd, gydag Elihu, gŵr ifanc yn rhoi ei big i fewn ar y diwedd. Tybed ai un peth a wna Prolog Llyfr Job yw sôn am gyfnodau gwahanol ym mhrofiad Job? Er cryfed ei ffydd yn y Prolog, nid oedd yn gyflawn. Bu'n rhaid iddo wynebu argyfwng a dod wyneb yn wyneb â Duw cyn bod ei ffydd yn gyflawn.

I ryw raddau, mae'r mwyafrif ohonom yn 'etifeddu' ein ffydd, gan ymaelodi yn yr un eglwys, a pherthyn i'r un enwad, â'n rhieni. Ond hyderwn y daw dydd pan fydd ein ffydd wedi aeddfedu a gallwn ddweud yr hyn a ddywedodd trigolion Samaria wrth y wraig a fu'n siarad â Iesu wrth Ffynnon Jacob:

> 'Nid drwy'r hyn a ddywedaist ti yr ydym yn credu mwyach, oherwydd yr ydym wedi ei glywed [ef, Iesu,] drosom ein hunain, ac fe wyddom mai hwn yw Gwaredwr y byd' (Ioan 4:42).

Dyna oedd wedi digwydd i Job. Mae'n cyfaddef ar ôl siarad â Duw (42:5):

> 'Trwy glywed yn unig y gwyddwn amdanat,
> ond yn awr rwyf wedi dy weld â'm llygaid fy hun.'

Gweddi

Arglwydd Da,
Ti yw'r Un sy'n adnewyddu,
ti yw'r Un sy'n bywiocáu;
ti yw'r un sy'n tangnefeddu
wedi'r cilio a'r pellhau:
bywiol rym roddaist im,
bellach ni ddiffygiaf ddim. Amen *(Dan Lynn James, C.Ff. 579)*

LLYFR Y SALMAU

Cyflwyniad

Y Salmau yw emynau'r grefydd Iddewig.Yn wreiddiol roeddent yn ymddangos fel pum llyfr (Salmau 1-41, 42-72, 73-89, 90-106,107-150) ond fe'u cyfunwyd yn un llyfr, er bod y Beibl Cymraeg Newydd yn dal i nodi rhif y llyfrau. Mae rhai o'r Salmau, megis, 1, 8, 23,100,121 ac ati, yn gyfarwydd iawn inni ac ar ein cof. Yr hiraf o'r Salmau yw 119 yn cynnwys 176 o adnodau, gyda Salm 117 yn cynnwys ond dwy adnod, ac eraill ond tair. Ar wahân i'w hyd, perthyn hynodrwydd arall i Salm 119. Yn y wyddor Hebraeg y mae 22 llythyren, ac y mae 22 'pennill' gydag wyth adnod yr un yn Salm 119. Mae pob pennill yn dechrau gyda llythrennau'r wyddor yn eu tro. Mwy na hynny, y mae pob un o'r saith adnod arall ymhob pennill yn dechrau gyda'r un llythyren ag adnod gyntaf y pennill.

Gyda 150 o Salmau yn yr Hen Destament, nid oes cyfle ond i sylwi ar ddetholiad bychan ohonynt.

20. Salm 22

Cyflwyniad
Y mae llawer peth yn y Salm hon yn cael eu hadleisio yn stori'r croeshoeliad (adnodau 1-2, 7, 8, 16, 18) ac ysgogodd hyn sylw un esboniwr 'na all Cristion ddarllen y Salm heb feddwl am y Croeshoeliad'.

Oherwydd adnodau cyntaf y Salm, uniaethir Salm 22 â Chri Gadawiad yr Arglwydd Iesu ar y Groes (*The Cry of Dereliciton*). Ond dylid sylwi bod y Salm yn gorffen yn fuddugoliaethus. Cred rhai mai dim ond clywed Iesu'n dechrau adrodd y Salm a wnaeth y bobl wrth droed y Groes. Aeth yr Iesu rhagddo drwy'r Salm i gyd, ond roedd mor wan, ac yn gwanhau wrth fynd ymlaen, nes bod ei lais yn anhyglyw ymhell cyn diwedd y Salm. Y mae'r Salm yn gorffen yn fuddugoliaethus. Nid yw'r ffaith na chlyw-wyd diwedd y Salm yn golygu mai dim ond yr adnod gyntaf a adroddwyd.

Myfyrdod
Yn y Salm mae'r Salmydd yn cofio am yr adegau hynny pan deimlodd yr Iddew fod Duw wedi cefnu arno a'i adael. Ond nid dyna ddigwyddodd ac nid dyna fu ei brofiad bob amser. Y mae ymateb Duw iddo yn y gorffennol yn rhoi hwb a gobaith iddo ar gyfer y dyfodol.
Yng ngeiriau T. Glyn Thomas:

> 'Y mae'r emynydd mawr hwn, ar sail ei brofiad ingol, yn ein cymell i apelio oddi wrth anghrediniaeth yr oriau at grediniaeth yr oesau, oddi wrth y munudau a'r oriau at y blwyddi a'r canrifau, oddi wrth ein horiau sigledig at ein horiau sefydlog. Petai'r nef yn fud a byddar heb fod dim yn dychwelyd atom ond adlais o'n llefain ein hunain, byddai gweddi a mawl wedi darfod ers oesoedd.'

Gweddi
Ti yr hwn sy'n gwrando gweddi,
atat ti y daw pob cnawd;
llef yr isel ni ddirmygu,
clywi oceneidiau'r tlawd:
dy drugaredd
sy'n cofleidio'r ddaear faith. Amen *(Meigant, C.Ff., 700)*

21. Salm 84

Cyflwyniad

Roedd 'cadw'r drws' yn gyfrifoldeb digon pwysig yn ein capeli ar un adeg – yn tywys pobl i'w seddi, yn croesawu ymwelwyr, ac ati. Pan ês i yn weinidog i Castle Street yn Llundain, roedd Jack Rowlands yn ymhyfrydu yn y gwaith o rannu'r llyfrau emynau, ac arwain ymwelwyr a fyddloniaid i'w seddi – hyd yn oed os oedd y capel ond yn hanner llawn! Ac mae'r geiriau 'dewiswn gadw drws yn nhŷ fy Nuw, o flaen trigo ym mhebyll annuwioldeb' yn ein hatgoffa o bwysigrwydd y rhai oedd wrth ddrws y Deml yn Jerwsalem yn nyddiau'r Hen Destament (Salm 84:10).

Swydd yr un a gadwai'r drws - y 'drysor' - oedd y swydd isaf yn y Deml yn Jerwsalem – ond roedd yn dal yn fraint i gael y swydd. Ac am y fraint honno y breuddwydiai'r Salmydd a oedd ar y pryd yn bererin yn ymlwybro tua Jerwsalem.

(i.) Yr Archoffeiriad oedd â'r swydd bwysicaf, yn llywyddu dros ddefodau Dydd y Cymod yn y Cysegr Sancteiddiolaf - y lle 'nesaf i mewn' - yn y Deml, lle ni chawsaii neb arall fynd.

(ii.) Yr Offeiriaid oedd nesaf – 20,000 ohonynt o lwyth Lefi yn gwasanaethu ar rota. Fe'u rhannwyd yn 24 o adrannau, a threuliai pob adran wythnos yn Jerwsalem ddwywaith y flwyddyn, pryd byddai pob offeiriad yn yr adran yn gobeithio cael ei ddewis i gyflawni un o ddefodau'r cysegr. Ystyrrid mai'r ddefod mwyaf pwysig oedd offrymu'r arogldarth. Dewiswyd yr offeiriaid oedd i wasanaethu drwy fwrw coelbren, ac ni chawsai'r un lwcus wneud hynny ond unwaith yn ei fywyd. (Gweler hanes Sachareias, tad Ioan Fedyddiwr, Luc 1:8-23.) Nid oedd pob offeiriad yn cael y cyfle a'r fraint i aberthu o gwbl. Roedd yr offeiriaid yn cael mynd i mewn mor bell â'r Cysegr.

(iii.) Y Lefiaid ddeuai nesaf – 'T*he fetchers and carriers of temple ritual*', meddai Matthew Henry.

(iv.) Y cantorion oedd y nesaf yn nhrefn pwysigrwydd.

(v.) Y drysorion, ceidwaid y drysau, oedd y lleiaf o swyddogion y

Deml. Ond roedd yn swydd anrhydeddus, yn wobr i ffyddloniaid am eu teyrngarwch a'u cyfraniad i fywyd crefyddol y Genedl; er enghraifft meibion Obed-edom, y Philistiad a roddodd lety i Arch y Cyfamod yn ei dŷ. Roedd sawl un yn gyfrifol am bob drws – gwaith cyffredin, isel, ond ystyrrid hi'n fraint i fod yn cydweithio yng ngwaith yr Arglwydd yn y Deml.

Cyfrifoldeb y drysorion yn ôl Matthew Henry oedd diogelu'r Deml rhag unrhyw berson ac unrhyw beth a allai ei halogi, gan ddysgu'r dieithriaid sut i ymddwyn, a'u cymell i fynd i fewn i'r lle enfawr a chysygredig os byddent yn dal yn ôl, yn oedi, yn ofnus. Gallwn ddychmygu'r effaith a gawsai maint ac ardderchowgrwydd y Deml ar bobl y wlad nad oeddent, efallai, yn ymweld â Jerwsalem ond unwaith yn eu hoes.

Myfyrdod

Mae angen 'drysorion' ar yr Eglwys heddiw: pobl i'w hamddiffyn rhag ymosodiadau'r byd arni; pobl i'w chadw rhag cael ei halogi; pobl i rannu ei neges ac amddiffyn ei safonau; pobl i efengylu ac arwain eraill at yr Iesu.

Pwy sydd i wneud hyn? Ni ellir rhagori ar ateb Saunders Lewis yn *Buchedd Garmon*:

Arnom ni
Disgynnodd dydd yr amddiffyn,
Dydd y deublyg amddiffyn
Dydd adeiladu'r Gristnogaeth a
Chadw'r ffin.

Gweddi

Cofiwn am gomisiwn Iesu
cyn ei fyned at y Tad:
'Ewch, pregethwch yr Efengyl,
gwnewch ddisgyblion ymhob gwlad.'
Deil yr Iesu eto i alw
yn ein dyddiau ninnau nawr;
ef sy'n codi ac yn anfon
gweithwyr i'r cynhaeaf mawr. *(John Roberts, C.Ff., 259)*

Arglwydd, donia ni i wneud dy waith. Amen

22. Salm 92

Cyflwyniad
Mae dwy gymhariaeth drawiadol yn y Salm hon: yr 'annuwiol' fel glaswellt (adn. 7), a'r 'cyfiawn' fel palmwydden (adn. 12).

Gwyddom yn dda beth sy'n digwydd i'r glaswellt y mae'r annuwiol yn ymdebygu iddo. Yn ôl Iago 1:12, 'Bydd yr haul yn codi yn ei wres tanbaid, a bydd y glaswellt yn gwywo, ei flodeuyn yn syrthio, a thlysni ei wedd yn darfod.' Ond beth am y balmwydden y mae'r cyfiawn yn ymdebygu iddi? Hollol wahanol yw tynged y balmwydden yn ôl yr hanes.

Pwy yw'r cyfiawn y sonia'r Salmydd amdano? Ateb yr Iddewon heddiw i'r cwestiwn yw, pobl fel Oskar Schindler [*Schindler'r List*]. Rhoddwyd iddo'r enw 'Y Cyfiawn ymhlith y Cenhedloedd' - '*The Righteous among the Nations*' - gan lywodraeth Israel yn 1963. Anrhydedd ydyw a roddir i Genedl-ddynion a gynorthwyodd Iddewon.

Ond ateb y Diwygwyr Protestannaidd i'r cwestiwn 'Pwy yw'r cyfiawn?' oedd nad oes y fath beth â pherson cyfiawn yn bod. Yr unig berson y gellir ei ystyried yn gyfiawn yw'r sawl y mae Duw wedi ei gyhoeddi'n gyfiawn – a'r unig ffordd y gwna Duw hynny yw os oes gan yr unigolyn ffydd yng Nghrist.

Nodi nodweddion y cyfiawn wna'r Salmydd drwy ei gymharu i balmwydden. Mae Geiriadur Thomas Charles yn rhestru'r nodweddion hynny, a chadarnheir llawer ohonynt gan arddwyr cyfoes. Mae'r balmwydden yn tyfu'n unionsyth: 'Y mae y coed hyn yn tyfu yn dra uchel ac yn syth… Tyfant weithiau i gan troedfedd o uchder, a rhai yn uwch, medd Xenophon.' Y mae'n goeden brydferth, a'i dail yn wyrddleision drwy'r flwyddyn. '*A single inflorescence may have as many as 10,000 flowers*' (Zondervan). Gellir disgwyl llawer o ffrwythau, meddai Thomas Charles, ond:

> 'Nid oes, meddant, ond ychydig ffrwyth i'w gael ar y palmwydd hyd nes y byddant yn ddeng mlwydd ar hugain oed; gwedi hynny cynyddant mewn ffrwythlondeb gyd â'u hoed, ac a ddygant bob un dri neu bedwar cant o bwysau o ffrwythau, a elwir *dates*, bob blwyddyn.'

Eto yn ôl Charles,

> 'Y mae yn ddywediad cyffredin am y palmwydd ... yr ymnertha y canghennau yn fwy, pa fwyaf fyddai y pwysau yn crogi wrthynt; oblegid hynny a elwir y pren gwrth-bwys'.

Ac er bod gormod o haul yn sychu a lladd planhigion eraill, mae'r balmwydden 'yn tyfu oreu ym mhoethder gwres yr haul' ac yn gallu ffynnu mewn anial diffaith lle ni thŷf dim byd arall. Ni ellir impio dim arni ac ni fedr llwch lynu wrth ei dail. Yn ôl Linneus, y meddyg, llysieuwr a swolegwr o Sweden o'r 18g., mae'n goeden hynod werthfawr, 'tywysoges llysiau'r byd'. Honna'r Hindŵ fod 630 o bethau y gellir ei wneud â hi, gan gynnwys gwneud gwin o floneg (sap) boncyff y goeden.

Myfyrdod

Mae meddu nodweddion y balmwydden yn galw am safonau uchel ar ein rhan. Dylai Cristion fod yn un sy'n gadarn ac unionsyth. '*To follow the line of least resistance is what makes rivers and men crooked.*' Wrth dyfu ac aeddfedu yn y Ffydd, gellir disgwyl i Gristion ddod yn fwy ffrwythlon. Oni ddywedodd Iesu mai 'wrth eu ffrwythau' yr adnabyddir ei ddilynwyr (Mathew 12:33)? Perthyn prydferthwch arbennig i'r balmwydden, a disgwylir i fywyd a chymeriad y Cristion i fod yn ddeniadol a phrydferth hefyd. '*There is a beauty in his countenance that makes me ugly*', meddai Iago yn Othello. Cadernid yw nodwedd arall o Gristnogion. Y mae eu defnyddioldeb yn ddiarhebol a pherthyn gweithgarwch cymdeithasol yn ogystal â defosiwn i'n crefydd. Mae dail y balmwydden hefyd yn symbol o fuddugoliaeth, ac yn y pendraw gall ffydd yng Nghrist orchfygu pob anhawster.

Y cwestiwn naturiol i'w ofyn yw, faint o nodweddion Palmwydden sy'n perthyn i ni?

Gweddi

Gwyddom, Arglwydd Da, mai trwy ffydd yn Iesu Grist y'n cyfiawnheir, ond gad inni ddangos hefyd y rhinweddau y dywedir sy'n perthyn i'r balmwydden. Amen

23. Salm 102

Cyflwyniad

Y mae'r cyfieithiadau Cymraeg a Saesneg a welir o adnodau 6 a 7 yn Salm 102 yn amrywio wrth sôn am yr adar. Cyfieithiad Beibl 1620 yw:

> 'Yr wyf fel pelican mewn anialwch, ac fel tylluan mewn adfeilion ac ydwyf fel aderyn y to, unig ar ben y tŷ'.

Mae Beibl Cymraeg Newydd - Diwygiedig (2004) yn dal i sôn am 'belican mewn anialwch', ond 'brân mewn anialwch' a geir, ac nid 'pelican', yn argraffiad 1988. Y mae'r cyfieithiadau i gyd yn cytuno am y dylluan, ond 'aderyn unig ar do' sydd yn y ddau gyfieithiad modern ac nid 'aderyn y to'.

Mae'r delweddau a geir yn y Salmau yn drawiadol iawn wrth i'r Salmydd roi mynegiant i'w brofiad ef ei hun.

I ddeall ambell Salm yn iawn mae'n rhaid deall teimlad y Salmydd. Felly, beth yw teimladau awdur Salm 102? Mae Lewis Valentine yn dweud (*Detholiad o'r Salmau*) fod yma ddwy Salm a darn o drydedd wedi'u hasio at ei gilydd a bod teimlad y tri darn yn wahanol. Daw adnodau 6 a 7 allan o'r hyn a eilw Valentine yn 'weddi'r truan', pan mae'r Salmydd yn unig, mewn ansicrwydd ac mewn anobaith.

Rai blynyddoedd yn ôl, bellach, roedd ysgrif yn yr *Expository Times* yn awgrymu bod y tri aderyn a enwir yn darlunio tri math o unigrwydd:

Mae'r pelican yn cynrychioli person allan o'i elfen, allan o'i gynefin. Y lle byddech chi'n disgwyl gweld pelican yw ar lan afon, neu yn ymyl dŵr – rhywle ble gall bysgota. Mae allan o'i gynefin yn llwyr mewn anial diffaith (*desert*) – lle a gysylltwn yn bennaf â thywod a phrinder dŵr. Mae'r dylluan yn unig ac yn byw mewn adfeilion – yn byw yn y gorffennol, mewn lle y mae pawb arall wedi ei adael. Ymweld ag adfeilion wnewch chwi, nid byw yno! Mae aderyn y to yn unig am nad yw gyda'r adar eraill. Mae adar y to yn arfer heidio gyda'i gilydd, ond mae aderyn y to y sonia'r Salmydd amdano yn teimlo'n unig am iddo golli cysylltiad â'r adar eraill am ryw reswm.

Myfyrdod

Mae'r math o unigrwydd a ddarlunia'r Salmydd yn bodoli yn ein byd o hyd, ac athrylith yr Eglwys ar ei gorau yw fod ganddi rywbeth i'w gynnig i'r unig.

Fel pelican yr anialwch, gall pobl deimlo'n unig pan fyddant allan o'u cynefin, allan o'u helfen. Gall hyn ddigwydd am amryw o resymau – ffoaduriaid allan o'u cynefin; pobl o gymdeithas, o hil neu o liw gwahanol yn teimlo allan o le, yn ddieithriaid. Mae'r Beibl yn sôn llawer am 'ddieithriaid', megis yr Iddewon yn ddieithriaid mewn gwledydd estron yn yr H.D., a Christnogion yn ddieithriaid 'yn y byd'. Beth yw angen y sawl sy'n unig oherwydd ei fod allan o'i elfen, allan o'i gynefin? Onid cwmni a chymdeithas? I bobl sy'n unig am eu bod allan o'u helfen, y mae'r Iesu trwy ei Eglwys, yn cynnig cymdeithas.

Fel y dylluan mewn adfeilion, gall pobl fod yn unig wrth fyw yn y gorffennol, allan o gysylltiad â'r presennol. Beth yw'r peth gorau i'r sawl sy'n unig am ei fod yn byw yn y gorffennol ac yn methu â dygymod â'r presennol? Onid y gobaith am y dyfodol sydd i'w gael yng Nghrist?

Yn ôl yr hanes, ar ôl marw'r Tywysog Albert, roedd y Frenhines Victoria yn teimlo unigrwydd affwysol, yn dal i fyw yn y gorffennol ac yn methu â dygymod â'r presennol. Dyna ddigwyddodd hefyd i'w merch-yng-nghyfraith, y Frenhines Alexandria wedi hynny. Yn 1892 bu farw Edward, Dug Clarence, mab hynaf Tywysog a Thywysoges Cymru, a thorrodd ei fam ei chalon, gan ymneilltuo o fywyd cyhoeddus. Ym Mehefin 1893, yr Arglwydd Rosebury, ag yntau'n Ysgrifennydd Tramor ar y pryd a newydd golli ei wraig, yn ysgrifennu at y Dywysoges i'w hannog i ddod i dderbyniad yn y Swyddfa Dramor. Meddai:

> '*Nothing after all can recall the past, but it should be a shrine to which we retire at times, not the cell in which we live.*'

Mae rhai pobl yn gallu bod yn unig am iddynt wneud cell o'r gorffennol. I bobl sy'n unig am eu bod yn byw yn y gorffennol ac yn methu dygymod â'r presennol, y mae'r Eglwys yn cynnig hyder am y dyfodol. I'r rhai sy'n unig am fod y presennol yn drech na hwy ac yn eu trethu, mae'r Iesu drwy'r Eglwys yn cynnig gobaith.

Fel aderyn y to, gall pobl gael eu gwrthod am amryw o resymau gan gyfeillion, hyd yn oed gan deulu – fel y teimlai'r mab hynaf ei fod yntau wedi cael ei wrthod gan ei dad tra bod y mab afradlon yn cael croeso brwd pan ddychwelodd adref. Beth yw angen yr un sy'n unig am iddo gael ei wrthod gan eraill? Onid cyfaill? I bobl sy'n unig am eu bod wedi eu gwrthod gan eu cyfoedion, y mae Iesu drwy ei Eglwys yn cynnig cyfeillgarwch.

Disgwylir i'r eglwys i droi cynigion ac addewidion yr Ysgrythurau yn realiti, yn ffaith.

Gweddi

Tydi, y cyfaill gorau,
a'th enw'n Fab y Dyn,
rho'r cariad i'n at eraill
gaed ynot ti dy hun,
a deled dydd dy deyrnas,
dydd hawddfyd hir a hedd
pan welir plant y cystudd
oll ar eu newydd wedd. Amen (Gwili, C.Ff., 253)

24. Salm 137

Cyflwyniad

'Pa fodd y canwn gerdd yr Arglwydd mewn gwlad ddieithr?' Dyna oedd y cwestiwn a ofynnwyd ym Mabilon. Pobl Israel a gludwyd i'r gaethglud yno yw prif gymeriadau'r Salm, a hwy sy'n gofyn y cwestiwn.

Yn yr hen fyd, pan oedd gelyn yn concro gwlad arall, yr oedd yn gwneud caethweision o'r bobl roedd wedi eu gorchfygu. Daeth '*slave labour*' yn ymadrodd cyfarwydd inni erbyn hyn, ac, ysywaeth, mae ar gynnydd ac yn digwydd ar draws ffiniau gwledydd, gan gynnwys Prydain. Dyna'n union a ddigwyddai yn yr hen fyd pan yw'r Beibl yn sôn am 'y gaethglud': pobl yn cael eu cludo'n gaeth i wlad arall ac yn cael eu gorfodi i weithio i'r rhai a'u gorchfygodd. Ac er mai'r fyddin a gollodd y rhyfel, y bobl gyffredin a ddioddefai.

Pan orchfygwyd Israel gan Babilon, caethgludwyd y bobl abl i gyd, gan adael ar ôl yn Israel yr hen a'r musgrell. Mae'r bobl yn y Salm, felly, wedi eu hamddifadu o'u rhyddid ac ymhell o gartref.

Ar derfyn dydd, byddai'r Iddewon yn casglu at ei gilydd gerllaw un o'r camlasau rhwng y Tigris a'r Ewffrates i gymdeithasu a seiadu. Roedd iddynt enw da fel cantorion (cymh. 'Corws y Carcharorion' yn Nabucco, neu [ffefryn gen i] record Bony M, *By the Rivers of Babylon*) - ac roedd eu meistri yn dwli gwrando arnynt ac yn disgwyl iddynt ganu i'w difyrru hwy. Pan es i i Lundain y tro cyntaf, roedd y Cymry'n casglu i ganu emynau ar nos Sul yn Hyde Park Corner, a deuai torf o bobl i'w gwrando. Rhywbeth tebyg oedd hi ym Mabilon pan gyfarfu'r Iddewon caeth ar lan yr afon i ganu eu hemynau hwy.

Yn ddigon naturiol ac yn ddigon rhesymol, efallai, mae'r Iddew'n gwrthod canu i ddifyrru ei feistr. Eisiau eu clywed yn canu caneuon Seion fel difyrrwch roedd y meistri. Sut allent ganu caneuon Seion fel difyrrwch yn unig, â hwythau ymhell o gartref?

Myfyrdod

Pobl wedi cael cam; pobl wedi cael eu camdrin a dioddef gwialenodau; pobl mewn sefyllfa anobeithiol oedd yr Iddewon ym Mabilon. Pam canu i blesio'u meistri, felly?

Ond y mae'r bobl yn y Salm a wrthododd ganu yn chwerwi a digalonni. Un peth yw digio, peth arall yw chwerwi a chasáu. Mae diwedd y Salm yn erchyll:

> 'Cofia, Arglwydd, blant Edom yn nydd Jerwsalem, y rhai a ddywedant "Dinoethwch, dinoethwch hi hyd ei sylfaen!" O ferch Babilon a anrhaethir, gwyn fyd a dalo i ti fel y gwnaethost i ninnau. Gwyn ei fyd a gymero ac a darawo dy rai bach wrth y meini.'

Ymateb gwahanol a gafodd Paul a Silas pan glyw-wyd hwy yn canu yn y cachar mewnol yn Philipi ar hanner nos. Nid oedd eu carchariad hwy yn wahanol iawn i sefyllfa'r Iddewon ym Mabilon. Cafodd y ddau Gristion gurfa dost gan ynadon Philipi a'u carcharu ar gam, ond roedd eu ffydd yn gadarn, a'u gobaith yn yr Iesu, ac ni pheidiasant â chanu (Actau 16:25). Canlyniad hyn oedd i eraill yn y carchar elwa o'u clywed hwy yn moli'r Arglwydd drwy bod eu cadwyni yn rhyddhau, a chafodd ceidwad y carchar droëdigaeth. Roedd Paul a Silas ar dân dros y Ffydd, a doedd dim ots ganddynt pwy a wyddai hynny.

Canodd Roger Edwards ar ganol y bedwaredd ganrif ar bymtheg - ac mae'n ymddangos bod ei eiriau'n wir am y mwyafrif ohonom heddiw:

Oer ein serch a gwan ein ffydd,
ein Hosanna'n ddistaw sydd;
tyred, tyred Ysbryd Glân,
ennyn ynom nefol dân.

Fe feiodd anghrediniaeth am hynny.

> 'Ffaelu canu roedd yr Iddewon; ffaelu stopo canu roedd Paul a Silas!' meddai un pregethwr Mae'n bwysig fod yr Haleliwia yn ein henaid ni. Os collwn hwnnw, fe ddigalonnwn, a daw perygl inni beidio â chredu, i chwerwi a cholli'n ffydd a'n cyfle i ddylanwadu ar eraill'.

Gweddi

Ysbryd Glân, golomen nef,
gwrando'n rasol ar ein llef;
aethom yn wywedig iawn,
disgyn yn dy ddwyfol ddawn. Amen (Roger Edwards, C.Ff., 592)

25. Salm 139

Cyflwyniad

Y mae'n Salm hon yn her i bobl y cyfnod hwn, gan gynnwys Cristnogion, oherwydd y darlun a rydd o Dduw fel creawdwr hollwybodol a holl bresennol. Mae'r Salmydd yn cydnabod nad yw ef ei hun yn deall yr hyn a ddisgrifia. Ond dylid cofio mai'r ysbrydol a'r moesol, ac nid y gwyddonol, yw ei brif ddiddordeb ef, er mae'n debyg ei fod yn credu iddo ddisgrifio'r hyn sy'n wir am fywyd a'r byd materol. Disgrifio ei brofiad ei hun a wna wrth sôn am y ffordd y bu Duw yn ymwneud ag ef, a bydd llawer heddiw yn cydnabod a chyffesu mai dyna yw eu profiad hwythau hefyd.

Y mae anffyddiaeth /atheïstiaeth /gwrthdduwiaeth yn rhemp yn y byd erbyn hyn, gyda gwyddonwyr fel Richard Dawkins ar flaen y gad. Ei ddisgrifiad ef o 'ffydd' yw 'credu chwedl y tylwyth teg'. Dywedodd yr Athro Peter Higgs (sy'n enwog am ddamcaniaeth 'Higgs boson') fod yn rhaid rhoi Dawkins yn gyfochrog â'r ffwndamentalwyr crefyddol y mae'n eu gwawdio a'u beirniadu! Mae ef mor ffwndamentalaidd â'r crefyddwyr a gondemnia, meddai Higgs. Er nad yw ef ei hun yn grediniwr, cred Higgs y gall crefydd a gwyddoniaeth fodoli ochr yn ochr pan nad yw'r person crefyddol yn rhy ddogmatig.

Myfyrdod

Y mae'r Beibl yn sôn am y dirgelwch sydd o gwmpas yr Arglwydd Dduw. Yr unig sicrwydd sydd gennym yw'r hyn a ddatguddiodd yr Arglwydd Iesu Grist amdano. Os nad yw'n hawdd credu yn Nuw, y mae'n anodd hefyd credu am ymrwymiad pobl fel Dawkins i'r theori o'r bydysawd yn cael ei greu drwy'r '*Big Bang*'. Nid amheuir gan wyddonwyr y bu cyfnod pan na fodolai dim - tan y '*Big Bang*'. Hwnnw a roes fod i'r bydysawd rhyw 14 biliwn o flynyddoedd yn ôl ac fe roes fod hefyd i amser a gofod.

Yn ôl y ddamcaniaeth hon - a damcaniaeth yw hi - crëwyd y bydysawd pan chwyddodd yswigen /polleth a oedd filoedd o weithiau'n llai na phen pin, a hollti. Yr oedd holl ddefnydd y greadigaeth i gyd wedi ei gywasgu yn yr yswigen honno. Pan holltodd - ni welais ddamcaniaeth o pam yr holltodd nac o ba le y daeth yn y lle cyntaf - lledodd y defnydd a oedd oddi mewn iddi a chreu'r bydysawd. Y mae'n dal i ledu meddai'r gwyddonwyr, gan gynnwys y rhai sy'n Gristnogion o argyhoeddiad.

Fodd bynnag, ni chred y mwyafrif o Gristnogion mai drwy ffrwydriad damweiniol y crëwyd y byd, ond drwy fwriad y Duw byw. Cwestiwn arall, ac un amhosibl ei ateb, yw holi am darddiad Duw ei hun.

Dweud wna'r Salmydd na chollod Duw ddiddordeb yn ei greadigaeth nac yn y bobl a grëodd. Cred y gwyddai Duw bopeth amdanom, bob un.

A yw hi mor anodd i ni gredu yn hollwybodolrwydd a hollalluogrwydd Duw, a ninnau byw yn oes y lloeren? Gall lloeren o waith dyn ddod o hyd i berson ym mha ran bynnag o'r byd y mae - a dod o hyd i filiynau o bobl eraill yr un pryd. Os gall y lloeren ddod o hyd i rywun mewn unrhyw fan yn y byd pan elwir arnynt hwy ar ffôn symudol, pam na ellir credu fod y Duw goruchaf yn gweld pawb ac yn gwybod ble maint, a llawer mwy na hynny, hefyd?

Pa mor fawr yw ein Duw ni?

Gweddi

Duw mawr y rhyfeddodau maith,
rhyfeddol yw pob rhan o'th waith.
(cyf J.R.Jones C.Ff., 216)

Ar wahân i sôn am dy fawredd, Arglwydd, yr unig beth arall y gallwn fod yn sicr ohono yw'r hyn a ddatguddiodd yr Iesu inni ac a gywasgwyd i'r adnod fach, 'Duw Cariad yw'. Amen

DIARHEBION

26. Y Wraig Fedrus (31:10-31)

Cyflwyniad

Casgliad o ddoethinebau dwyreiniol yw Llyfr y Diarhebion ond mae wedi cael ei seilio ar barch at Dduw ac ufudd-dod i'w orchmynion. Priodolir llawer o'r gwaith i Solomon oedd yn enwog am ei ddoethineb. Nid oes cytundeb ymhlith ysgolheigion am gywirdeb y traddodiad hwn, na faint - os dim - a gyfrannodd Solomon i'r casgliad. Mae'r llyfr ei hun yn cydnabod bod cyfraniad hefyd gan Agur a Lemuel, a chred llawer fod mwy na hwy ill dau wedi cyfrannu i'r gwaith hefyd.

Dwy ar hugain o adnodau yw cynnwys y darn sy'n canmol y wraig fedrus, ac mae gair cyntaf pob adnod yn ei thro yn dechrau gyda llythyren yn nhrefn y 22 o lythrennau a geir yn y wyddor Hebraeg.

Fe ddadleuir bod llawer o'r hyn a ddywed y Beibl yn wrth-ffeministaidd, a seiliwyd llawer o'r ddadl hon ar gamddehongli geiriau'r Apostol Paul yn ei lythyrau. Ond ym mhennod 31 o Lyfr y Diarhebion y ceir un o'r mynegiannau cryfaf yn y Beibl o blaid cydraddoldeb gwragedd a dynion. Nid safle eilradd neu israddol a geir i ferched yn yr adnodau hyn. Pe bai sylw wedi cael ei roi i'r adran hon ar hyd y blynyddoedd, ni fyddai'n rhaid i ferched heddiw ymladd am gydraddoldeb â dynion. Pam, tybed, na chafodd y darn hwn fawr o sylw pan drafodwyd safle merched mewn cymdeithas?

Yn y B.C.N. fe ddaw'r geiriau am 'Y Wraig Fedrus' mewn pennod sy'n dwyn y penawd 'Cyngor i Frenin'. Cofnododd y brenin Lemuel (na wyddys ddim mwy na'i enw) gyngor ei fam iddo (31:1-9), ac yn dilyn y mae'r adran am y wraig rinweddol. Ystyrir yr adran hon yn rhan o gyngor mam Lemuel. Portreadir y wraig fel un sy'n gyfrifol am fwydo a dilladu ei theulu tra'i bod hi hefyd yn ymwneud â materion ariannol a busnes y tu allan i'w chartref. Mae'n fwy o benteulu na morwyn i'w gŵr, er mai hi sy'n gyfrifol am fwydo a dilladu'r teulu. Gwir y gair pan ddywedir amdani '... nid yw'n bwyta bara segurdod' (31:27).

Myfyrdod

Y mae cymdeithas heddiw yn cydnabod bod merched o'u cymharu â dynion wedi cael cam. Mae'n anodd meddwl am neb ond breninesau Lloegr - Mari, Elisabeth I, Anne, Fictoria ac Elisabeth II - a gafodd eu dyrchafu i swydd mor uchel; ac mae'n rhaid cofio mai lle eilradd fyddai iddynt hwythau pe bai etifedd gwryw ar gael, er i hwnnw fod yn iau na'i chwiorydd.

Gwelir anghyfartaledd hwn yn amlwg yn y byd secwlar. Tan 1918, ni chawsai merched bleidleisio na bod yn aelod seneddol, a dim ond merched dros 30 gafodd y fraint bryd hynny. Ni allai gwraig briod fod yn athrawes tan 1919. O 1920 y cafodd merched fynediad i broffesiwn cyfreithwyr a chyfrifyddion. Yn 1928 cawsant yr un hawl â dynion i bleidleiso mewn etholiad. Yn raddol y cafodd merched yr un gydnabyddiaeth â dynion am yr un gwaith, gyda hyn yn digwydd i athrawon a gwasanaethwyr sifil yn 1956. Aeth y wraig gyntaf i Dŷ'r Arglwyddi yn 1958. Mae'r rhestr yn ddiddiwedd.

Ni all yr Eglwys, chwaith, wadu iddi hi fod yn euog o fychanu gwragedd o safbwynt y lle a gawsant yn ei threfniadaeth a'i gweinidogaeth. Mae'n wir eu bod yn cael lle mwy amlwg yn awr, eithr onid prinder ymgeiswyr am weinidogaeth yr eglwysi sy'n gyfrifol am hynny? Y mae'r Eglwys Babyddol yn dal yn ddigon cryf ar hyn o bryd i wrthsefyll y tueddiadau, er bod rhai gwragedd yn pwyso am ordeinio merched yno, hefyd. Ond y mae rhai pobl ymhob enwad mor sicr mai eu dehongliad hwy o'r Ysgrythur sy'n gywir fel nad ystyriant ganiatáu ordeinio merched, gan bwyso'n drwm ar ddehongliad dadleuol - camddehongliad yn wir - o un darn o'r ysgrythur, ar waethaf tystiolaeth darnau eraill.

Roedd y Diarhebion yn arwain y ffordd mewn perthynas â lle'r wraig mewn cymdeithas, ond cyndyn fu'r Eglwys a chymdeithas i sylweddoli hynny, a dilyn y ffordd.

Gweddi

Maddau i'r Eglwys, Arglwydd, am fethu â rhoi i wragedd eu lle priodol mewn cymdeithas, a hynny ar hyd y canrifoedd. Safle israddol a roddwyd iddynt yn gyffredinol gan yr Eglwys ar hyd y blynyddoedd. Diolchwn fod pethau'n newid, a chyfraniad y merched yn cael ei gydnabod, a lle mwy canolog iddynt ym mywyd yr Eglwys heddiw. Bendithia di eu gwasanaeth. Amen

LLYFR Y PREGETHWR

27. Llyfr y Pregethwr (11:1-8)

Cyflwyniad

Yn y Dwyrain Canol yn ystod y canrifoedd cyn dyddiau'r Iesu, roedd corff o lenyddiaeth a adwaenir fel 'Llenyddiaeth Gwaethafiaeth' [*Pessimism Literature*]. Nid oes ond rhaid darllen Llyfr y Pregethwr 1:2-11 i gael blas ar y math hwn o lenyddiaeth. Ond fe geir elfen o obaith a ffydd hefyd yn Llyfr y Pregethwr (*Ecclesiates* yn y Beibl Saesneg), a bydd llawer o'r darnau yn ddigon cyfarwydd i ni. Doethineb yr hen fyd a geir ynddo. Mae'r adnod gyntaf i bob pwrpas yn priodoli'r llyfr hwn eto i Solomon - 'Geiriau'r Pregethwr, mab Dafydd brenin Jerwsalem' (1:1) - a cheir cyfeiriadau eraill bod y Pregethwr yn frenin (er enghraifft 1:12), ond mae ysgolheigion o'r farn i'r llyfr gael ei ysgrifennu rai canrifoedd ar ôl dyddiau Solomon.

[Dylid cofio mai Llyfr gwahanol yw *Ecclesiasticus* - llyfr o'r Apocryffa, sef y casgliad o hen lyfrau Iddewig nas cynhwyswyd yn canon yr Hen Destament Hebraeg. Er hynny, fe'u gwelwyd yn y Septwagint, cyfieithiad Groeg yr H.D. a ddechreuwyd yn y drydedd ganrif C.C. ac a orffenwyd yn yr ail ganrif C.C. Mae'n dal yn rhan o Feibl y Pabyddion a'r Eglwys Uniongred. Yn Ecclesiasticus 44:1 y ceir y darn enwog, 'Canmolwn yn nawr ein gwŷr enwog...']

Casgliad o syniadau, sylwadau a dywediadau am fywyd yw Llyfr y Pregethwr. Doethineb y werin ydyw, fel mae gennym ni ddoethineb gwerinol wedi ei gasglu mewn cynghorion bachog. Cyngor i amaethwr welir yn 11:4:

'Ni fydd yr un sy'n dal sylw ar y gwynt yn hau,
na'r un sy'n gwylio'r cymylau yn medi.'

Wrth gwrs mae ffermio wedi newid yn ddirfawr ers dyddiau'r Pregethwr, ac mae'r Swyddfa Meteoroleg yn rhyfeddol o gywir wrth gyhoeddi rhagolygon y tywydd yn lleol, yn genedlaethol ac am yr wythnos sy'n dilyn. Sylwi ar y tywydd y diwrnod hwnnw a wnâi'r ffermwr yn nyddiau'r

Pregethwr, a cheisio dyfalu sut y byddai'n datblygu yn ystod y dydd. Greddf nid gwyddoniaeth oedd piau hi.

Felly dyna ddywed Llyfr y Pregethwr: busnes ansicr, mentrus yw sicrhau cynhaeaf! Rhaid anghofio'r tywydd, anwybyddu'r gwynt, diystyrru'r cymylau. Mae'r testun yn herio ffermwr drwy honni mai menter sydd eisiau, nid gofal; gobaith, nid gwybodaeth; a gwaith, nid ofn bod yn anghywir

Mae eisiau dyn gwrol, mentrus, i hau yn nannedd y gwynt. Mae perygl i'r hâd fynd i bobman, ond i'r lle mae'r heuwr am iddynt fynd! Onid dyna ddigwyddodd yn nameg yr heuwr, er nad oes sôn am wynt y diwrnod hwnnw? A chofiwn mai gwlad lle byddai'r hâd yn brin ac yn werthfawr oedd Palesteina. Ond, os daliwch eich gafael ar yr hâd prin, dim cynhaeaf; os byddwch afradlon o fentrus â'r had, efallai y cewch gynhaeaf!

Myfyrdod

Mae'r T.N. yn cymharu gwaith yr Eglwys i gynaeafu, ac mae neges Llyfr y Pregethwr yn berthnasol i ni yn yr Eglwys. Fe eilw arnom i fentro - er na fydd ein hymdrechion yn llwyddiannus bob tro.

Paradocs ein crefydd yw bod addewid y llwydda Cristnogaeth, ond dim addewid y llwydda'r Cristion. Y mae addewid y bydd yr Eglwys rhyw ddiwrnod yn goresgyn, ond does dim sicrwydd y bydd ein hymdrechion ni i hau hadau'r Efengyl heddiw yn llwyddo. Ac eto, os na fentrwn, does dim gobaith am unrhyw gynhaeaf!

Dywedir fod Mary Slessor, y weithreg ffatri o'r Alban a aeth yn genhades i Calabar yn Nigeria wedi cael ei holi ar ymweliad â'r Alban am sut y gallai hi adeiladu capel a thŷ yn y Calabar heb sment? Dywedodd ei bod yn casglu pa ddefnyddiau oedd ar gael wrth law, eu cymysgu'n dwmpath, rhoi dŵr arno, ei ledaenu a dweud: 'Arglwydd, os yw er d'ogoniant di, caleda fe!' Nid oedd yn llwyddo bob tro.

Os dywedwn mai ofni methu sy'n peri inni ddal yn ôl, rhaid gofyn, onid ydym yn methu eisoes? Dylem gofio ac ystyried ateb Henry Ford i gwestiwn am y gwahaniaeth rhwng ffŵl a dyn doeth:

> *'The wise man knows a thing can't be done and he doesn't find out that it can be done until some fool who doesn't know it can't be done comes along and tries – and does it!'*

Pwy ŵyr na fydd ein mentrau 'ffôl' ni yn llwyddo?

Gweddi

Ysbrydola ni, Arglwydd, i hau hadau'r Efengyl yn nannedd gwyntoedd oer gaeaf ysbrydol ein dyddiau ni. Gad i rai ohonynt gael dyfnder daear, egino a dwyn ffrwyth, er gogoniant i'th enw di. Amen

CANIAD SOLOMON

28. Caniad Solomon

Cyflwyniad

Am a wn i, Caniad Solomon yw un o'r llyfrau mwyaf anodd i'w drafod yn yr Hen Destament mewn cyfres o fyfyrdodau fel hyn, gan ei fod yn llawn o ddelweddau erotig. Cyfres o ganeuon am gariad mab a merch geir ynddo. Dau brif gymeriad sy'n ymddangos yn y cerddi: y bachgen a'r ferch

Mae'r mwyafrif o ysgolheigion yn gwadu mai Solomon oedd yr awdur. Daw'r gân o gyfnod rhai cannoedd o flynyddoedd ar ôl dyddiau Solomon, meddant. Cwestiwn direidus un esboniwr yw, 'A fyddai Solomon, â chanddo fil o wragedd, wedi trafferthu i ysgrifennu'r 'llyfr' hwn at un o'i gariadon?'

Bu'r Iddewon yn gwamalu am le *Caniad Solomon* ac *Ecclesiasticus* yn eu hysgrythurau. Cred y Protestaniaid - ond nid y Pabyddion - mai dim ond ar ôl i Jerwsalem a'i Theml gael eu dinistrio gan y Rhufeiniaid yn 70 O.C., y cafodd y Caniad (ond nid Ecclesiasticus) le yng nghanon yr Hen Destament. Digwyddodd hyn mewn cyfarfod o nifer o ysgolheigion Iddewig yn Jamnia ar ddiwedd y ganrif gyntaf o O.C. Bu trafod ar y canon ar ôl hynny, ac nid canon Jamnia oedd y gair olaf am y llyfrau oedd i ymddangos yn yr Hen Destament, ond barn Jamnia am y Caniad a orfu.

Mae Iddewon yn dehongli Caniad Solomon fel darlun o berthynas Duw ag Israel, tra bod Cristnogion yn ei ddehongli fel darlun o Grist a'i Eglwys. Cafodd emynwyr lawer o'u delweddau o'r llyfr (e.e. Ann Griffiths, C.Ff. 319). Mae darnau o Ganiad Solomon yn cael eu defnyddio'n gyson gan yr eglwysi hynny sy'n paratoi cyplau ar gyfer eu priodas.

Myfyrdod

Ni chofiaf imi glywed neb yn pregethu ar adnodau o Ganiad Solomon, ac efallai nad yw hynny'n syndod, ond y mae nifer o ddarnau yno sy'n cynnig delweddau perthnasol ag iddynt neges werthfawr - er nad dyna oedd pwrpas y caneuon eu hunain. Un o'r rhai hynny yw

'Daliwch inni'r llwynogod,
y llwynogod bychain,
sy'n difetha'r gwinllannoedd
pan yw'r blodau ar y gwinwydd' (2:14).

Mae rhywbeth deniadol yn perthyn i bob anifail pan yw'n fychan. Beth bynnag feddyliwch chi am yr anifail ei hun yn ei lawn dwf, y mae'r bychan yn ein swyno. Mae sawl person wedi edifaru am gymryd fel anifail anwes un na fu'r hyn a ddisgwylid pan dyfodd! Nid yw'r pert a diniwed bob amser mor ddiniwed ag y tybiwn.

Gallai'r llwynogod bychain fod yn bert, ond fe'u portreadir yn yr adnod hon fel rhai sy'n difetha gwinllan ar adeg bwysig, 'pan yw'r blodau ar y gwinwydd'. Yn ôl ein ffrind ni oll, Mr Google, dim ond yn araf iawn y bydd gwinwydden yn cynhyrchu'r blodau. Fe flodeuant i gyd tua'r un pryd, ac mae'r pythefnos nesaf yn dyngedfennol gan mai yn y cyfnod hwnnw y bydd blodau'n troi'n fanffrwyth sy'n datblygu'n rawnwin. Allai'r llwynogod bach ddim chwarae yn y winllan ar adeg gwaeth!

Gall pechodau bychain 'deniadol' fod yr un mor ddinistriol â phechod mawr. Ys dywedodd George Eliot:

> *'No evil dooms us hopelessly except the evil we love, and desire to continue in, and make no effort to escape from.'*

Gweddi

Arglwydd Dduw, cadw ni'n rhydd o'r pechodau 'bach' a all fod mor ddeniadol ac sy'n ein hudo ni. Cynorthwya ni i gofio mai 'pechod yw pechod', er inni dderbyn y gall pechodau amrywio yn y graddau o niwed a wnant. Maddau ein pechodau a rho inni ras i wrthsefyll y temtasiynau a ddaw i'n rhan. Er gogoniant i'th enw, Amen.

Y PROFFWYDI
ESEIA

29. Eseia Cân y Winllan (5:1-7; 27:2-6)

Cefndir

Proffwydoliaeth Eseia yw'r gyntaf a'r hiraf o lyfrau'r proffwydi yn yr Hen Destament, ond nid yr hynaf. Daw Amos a Hosea o'i flaen o ran dyddiad cyfansoddi; ond ystyrir Eseia, gyda Jeremeia ac Eseciel, yn brif broffwydi'r genedl. Yn y bôn, yr un yw neges y proffwydi i gyd, sef galw'r genedl Iddewig i edifarhau a dychwelyd at yr Arglwydd. Ar ôl dyddiau Solomon, rhannwyd y genedl yn ddwy frenhiniaeth, sef teyrnas Jwda yn y de (â Jerwsalem yn brifddinas) a theyrnas Israel yn y gogledd (â Samaria, 35 milltir i'r gogledd o Jerwsalem, yn brifddinas). Cymhlethdod i'r darllenydd wrth ddarllen y proffwydoliaethau yw bod 'Israel' hefyd yn ffordd y cyfeirir at drigolion y ddwy deyrnas. Yn Israel, teyrnas y gogledd, y bu Amos a Hosea yn proffwydo; un o broffwydi Jwda, teyrnas y de, oedd Eseia.

Wrth iddynt astudio proffwydoliaeth Eseia, mae rhai ysgolheigion yn ystyried fod gwaith dau broffwyd (di-enw) arall, o gyfnodau diweddarach wedi cael eu hasio at y 'llyfr' gwreiddiol i greu un llyfr. Y darnau ychwanegol yw penodau 40-55 a 56-66.

Swyddogaeth y proffwyd oedd ceryddu a rhybuddio'r bobl, neu eu calonogi. [Cyfeiriwyd at bregethwyr fel 'proffwydi' ers talwm.] Perthynai'r elfen o ragddweud y dyfodol i'w rhybuddion wrth iddynt bwysleisio beth allai ddigwydd i'r Genedl pe bai'n anwybyddu geiriau'r neges. Ar adegau, cyfarchai Eseia pobl oedd yn peryglu eu dyfodol drwy wrthod neges Duw. Ymateb rhai i'w rybuddion fyddai

'... dweud wrth y gweledyddion, "Peidiwch ag edrych",
ac wrth y proffwydi, "Peidiwch â phroffwydo i ni bethau uniawn,
ond llefarwch weniaith a gweledigaethau hudolus.
Trowch o'r ffordd, gadewch y llwybr uniawn,
parwch i Sanct Israel adael llonydd i ni"...' (Eseia 30:10).

Myfyrdod

Cân i Jwda yw 'Cân y Winllan' a welir ym mhennod 5 o Eseia. Cenedl Israel yw gwinllan Duw, a gwnaeth ef bopeth a fedrai i sicrhau ei ffrwythlondeb. Ni allai fod wedi gwneud mwy drosti; ond dwyn ffrwyth drwg a wnaeth, a bellach mae ei pherchennog am droi ei gefn arni. Dyna a ddigwyddai i bobl yr Arglwydd oherwydd eu hanffyddlondeb.

Wedi llawer o droeon yr yrfa, y mae Eseia yn defnyddio delwedd y winllan unwaith eto, ond y tro hwnnw, canu am 'y winllan ddymunol' a wna (27:2-6). Mae'n rhoi gobaith y daw dioddef y bobl i ben pan gyflawnir pwrpas Duw; ac mae'r Goruchaf yn eu cynorthwo i wneud hynny.

Mae delwedd y winllan a'r winwydden yn cael lle amlwg yn y Testament Newydd. Ceir dameg gan yr Arglwydd Iesu am ladd mab perchennog gwinllan (Mathew 21:33-41; Marc 12:1-12; Luc 20:9-19) sy'n dwyn i gof Israel fel gwinllan Duw, a'r bobl yno'n gwrthod y proffwydi, ac yn barod i ladd er mwyn diogelu eu 'rhyddid'. Ond yn Ioan 15:1-10 y mae Iesu'n cymharu ei hun i winwydden a'i ddisgyblion fel canghennau.

Yr Eglwys yw 'Israel Crist', a rhybudd yr Iesu yw y gall yr un peth ddigwydd i'r Eglwys ag a ddigwyddodd i Israel os bydd yr aelodau yn anffyddlon: 'Os na fydd dyn yn aros ynof fi, caiff ei daflu i ffwrdd fel cangen ddiffrwyth, ac fe wywa'. (Ioan 15:6)

Mae Saunders Lewis yn defnyddio gwinllan fel delwedd am Gymru yn ei ddrama Buchedd Garmon:

> Gwinllan a roddwyd i'm gofal yw Cymru fy ngwlad,
> i'w thraddodi i'm plant, ac i blant fy mhlant,
> yn dreftadaeth dragwyddol.

O gofio am gefndir crefyddol yr awdur a'r ddrama, mae'n hawdd credu bod y sefyllfa grefyddol yng Nghymru, yn ogystal â'r sefyllfa wleidyddol, ym meddwl Saunders Lewis wrth gyfansoddi'r geiriau hyn.

A ydym ni'n wir yn pryderi am gyflwr y ffydd Gristnogol yng Nghymru heddiw? Beth ellir gwneud i wella'r sefyllfa? Beth wnawn ni?

Gweddi

Diolch, Arglwydd, am y fraint o gael bod yn gangen yn y Wir Winwydden. Cymorth ni i fod yn ganghennau ffrwythlon, er gogoniant i'th enw. Amen

30. Eseia (9:2-7; 11:1-10)

Cyflwyniad

Mae'r adnodau hyn o broffwydoliaeth Eseia yn rhai a ddarllenir yn gyson gennym ar adeg y Nadolig. Credir yn gyffredinol eu bod yn cyfeirio at eni'r Iesu ac ni roddir fawr o ystyriaeth i'w cefndir hanesyddol.

Ynghanol rhybuddion i'r brenin, lle gelwir ar Ahas i ymddiried yn Nuw yn hytrach nag mewn cyngrheiriau gwleidyddol, ceir cyfeiriad at 'ferch ifanc yn feichiog, a phan esgor ar fab fe'i geilw'n Immanuel (7:14). 'Duw gyda ni' yw ystyr yr enw, a dynoda y bydd Duw gyda'i bobl, Jwda. Cred rhai mai'r brenin a'i wraig fyddai rhieni'r baban. Yn y blynyddoedd y cymerai i'r un bach i gyrraedd oed pan fedrai benderfynu drosto'i hunan, byddai Israel /Samaria (teyrnas y gogledd) a Damascus (gelynion Jwda ar y pryd) wedi peidio â bod yn fygythiad i'w frenhiniaeth.

[Sylwer nad 'gwyryf' ond 'merch ifanc' a geir yn y B.C.N., a'r testun Hebraeg. Golyga mai merch ifanc o oedran priodi oedd hi. Y Septwagint, y trosiad Groeg o'r Hen Destament, a gyfieithodd y gair Hebraeg *almah* (merch ifanc) yn *parthenon* (gwyryf). A chan mai'r Septwagint a ddefnyddiai'r Cristnogion cyntaf wrth genhadu yn y byd Helenistadd, y gair Groeg, '*parthenon*', a welent yn eu hysgrythur, a dyna'r gair ddefnyddiodd Mathew a Luc yn eu hefengylau.].

Y mae Eseia fel pe wedi anobeithio medru dylanwadu ar Ahas, ac wrth edrych i'r dyfodol cred y daw gwell a chryfach arweinydd, ac fe wêl Jwda eto gadernid, heddwch, cyfiawnder ac uniondeb (9:6-7). Yn 11:1-5 mae Eseia'n rhagweld y deuai un o ddisgynyddion Jesse (tad Dafydd) i'r orsedd a chael ei arwain gan Yahweh, Duw Israel. Digwyddodd hynny pan esgynnodd Heseceia, mab Ahas, i'r orsedd; ac er iddo yntau fethu ar adegau, y farn amdano oedd:

> 'gwnaeth yr hyn oedd yn union yng ngolwg yr Arglwydd, yn hollol fel y gwnaeth ei dad Dafydd.' (2 Brenhinoedd 18:3)

Myfyrdod

'*Forthtelling*' yw ystyr llythrennol 'proffwydo' ac nid '*foretelling*'. Hynny yw, datgan ewyllys Duw yn y presennol wna'r proffwyd, tra'n awgrymu - weithiau 'rhybuddio' - beth allai ddigwydd os anwybyddir ef. Mae'r ffordd y dylem ddehongli proffwydoliaethau heddiw wedi rhannu credinwyr i sawl carfan. Yr hyn sy'n bwysig wrth ddehongli proffwydoliaeth yw peidio colli golwg ar gysylltiadau hanesyddol y broffwydoliaeth.

(1.) Gwêl rhai broffwydoliaeth yn berthnasol yn unig i'r cyfnod pan y'i lluniwyd hi.
(2.) Cred eraill mai pwrpas proffwydoliaeth yw rhagfynegi'r dyfodol mewn rhai amgylchiadau; ond mae pawb a ddefnyddiodd y dull hwn ar hyd y blynyddoedd wedi credu mai siarad â'u cyfnod hwy wnai'r proffwyd.
(3.) Gwêl eraill broffwydoliaeth fel rhagddweud y dyfodol mewn ffordd sy'n darogan yr Ail-ddyfodiad a buddogoliaeth derfynol Crist ar y drwg a'r diafol. Mae'r dull olaf hwn yn gwneud y proffwyd yn rhyw fath o Nostradamus Beiblaidd!

Clywsom yn ystod y blynyddoedd diwethaf am lawer yn cyhoeddi y byddai diwedd y byd yn digwydd ar y-dydd-a'r-dydd. Bu pobl yn gwneud hynny ar hyd y canrifoedd. Dim ond rhai o'r proffwydoliaethau sy'n agored i'r math hwn o ddehongliad, a gellir anwybyddu ystyried y proffwydoliaethau eraill fel rhagfynegiad o'r hyn a ddigwydd.

Ffordd mwy cytbwys o'i dehongli yw ystyried proffwydoliaeth fel rhywbeth oedd yn berthnasol i'r amser y'i lluniwyd hi, ond sy'n cynnwys hefyd wirioneddau a all fod yn berthnasol ym mhob oes. Nid yw hyn yn wir am bob un o broffwydoliaethau'r Hen Destament.

Dichon ei bod hi'n anodd credu mai at fab Ahas y cyfeiria Eseia 7:14, wrth sôn am Immanuel, ond nid oes rhaid datgysylltu geiriau'r proffwyd â'r gred mai Iesu Grist yw Immanuel Duw i'r holl fyd - ac nid i Jwda yn unig, fel yng ngeiriau Eseia. Fe ddaeth Iesu Grist i'n byd yn Immanuel Duw ac yn Feseia dwy fil o flynyddoedd yn ôl, a thrwy'r Ysbryd Glân bu'n dod yn gyson i mewn i fywyd y crediniwr ymhob cenhedlaeth ers hynny. Ond rhaid iddo ddod yn Immanuel ac yn Feseia i'r unigolyn yn bersonol cyn y gall gofal a chonsyrn Duw gyrraedd ei ddiben.

Though Christ our Lord a thousand times in Bethlehem be born
and not in thee, thy soul remains eternally forlorn.

His Calvary Cross can never raise thee from thy load of sin
until it is upraised again, thy very soul within.

Jesus is risen from the dead! What help is that to thee
as long as thou remainest dead in sin and misery?

Gweddi

Mae gwybod, Arglwydd, dy fod ti gyda ni 'hyd ddiwedd y byd' yn gysur i bawb ohonom. Ond y mae hefyd yn her i wybod dy fod yn gweld ein gweithredoedd a deall ein meddyliau. Amen

31. Eseia (40:1-11)

Cyflwyniad

'Proffwyd Gobaith' yw'r 'Ail Eseia' a ysgrifennodd benodau 40-55. [Rhywun arall eto a ysgrifennodd Eseia 56-66, ysgrifau sy'n perthyn i gyfnod ar ôl y gaethglud ym Mabilon, ac yn ymwneud yn bennaf â threfniadau Iddewiaeth.] Ni wyddom pwy oedd yr Ail Eseia, na dim amdano, ond mae'n ysgrifennu tua 540 C.C., ar ddiwedd cyfnod y Gaethglud i Fabilon. Neges galonogol sydd ganddo, heb ddim o'r bygythiadau a welir yng ngeiriau'r Eseia Cyntaf, na phroffwydi eraill yr Hen Destament. Barddoniaeth yw bron y cyfan o'i broffwydoliaeth, gyda'r adrannau weithiau'n cael eu rhoi yng ngenau Duw, tra bod y proffwyd ei hun yn llefaru mewn adrannau eraill.

Roedd yn argyhoeddedig y byddai Persia yn gorchfygu Babilon ac y cawsai'r Iddewon ddychwelyd i'w gwlad, ac felly mae'n dechrau ei broffwydoliaeth gyda'r geiriau:

'Cysurwch, cysurwch fy mhobl -
dyna orchymyn eich Duw.
Siaradwch yn dyner wrth Jerwsalem,
a dywedwch wrthi
ei bod wedi cwblhau ei thymor gwasanaeth
ac wedi gorffen ei phenyd...'

I'r sawl a demtiwyd i gredu na oedd gan Dduw Israel y gallu i rwystro'r gaethglud, mae Ail Eseia yn pwysleisio mawredd Duw drwy gyhoeddi mai Yahweh yw'r unig Dduw, ac nad yw'r duwiau eraill ond eilunod. Mae'n gwawdio'r ffordd y caiff eilunod eu llunio (gw. 40:18-20; 44:9-20). Ond mae ganddo honiad mwy chwyldroadol na hynny, hyd yn oed, pan hawlia fod Yahweh, Duw Israel, yn Dduw i bawb.

'Chwi, holl gyrrau'r ddaear, edrychwch ataf i'ch gwaredu,
canys myfi wyf Dduw, ac nid oes arall.
Ar fy llw tyngais:
gwir a ddaeth allan o'm genau,
gair na ddychwel:
i mi bydd pob glin yn plygu
a phob tafod yn tyngu.' (45:22-23)

Braint a her i Iddewon yw bod yn gyfrwng i ddwyn gwybodaeth am Dduw i'r byd i gyd ac nid cadw'r wybodaeth iddynt hwy eu hunain:

'... Peth bychan yw i ti fod yn was i mi,
i godi llwythau Jacob ar eu traed,
ac adfer rhai cadwedig Israel;
fe'th wnaf di yn oleuni i'r cenhedloedd
i'm hiachawdwriaeth gyrraedd hyd eithaf y ddaear.' (49:6)

Myfyrdod

Tra'n parchu crefyddau eraill a'u deiliaid, ni ddylai Iddew, Cristion na'r Mwslim amau mai dim ond un Duw sydd. 'Eilunod' o wneuthuriad dyn yw duwiau eraill, er mai ymgais i ddod o hyd i Dduw yw'r hyn sy'n ysgogi dynion i geisio creu eu duwiau eu hunain. Gall yr 'eilunod' hyn fod yn bobl neu bethau o'r byd secwlar. Y gwahaniaeth rhwng Iddew a Christion yw bod y Cristion yn adnabod Duw yn well oherwydd y datguddiad llawnach a gafwyd ohono a'i gariad ym mywyd, dysgeidiaeth, gweinidogaeth a marwolaeth Iesu Grist. Mae'n wir i'r Iddew, hefyd, adnabod cariad Duw ar adegau, ond roedd y cariad hwnnw bob amser yn cystadlu â'i ddicter a'i barodrwydd i ddial.

Ceir chwedl o'r India sy'n sôn am bedwar brawd brenhinol yn cwrdd ar ôl treulio blynyddoedd ar wahân yn perffeithio rhyw ddawn arbennig o'u dewis eu hunain, ac yn sylweddoli iddynt fod yn gweithio yn yr un maes, sef ceisio creu bywyd. Ymffrostiai un y gallai gymryd asgwrn unrhyw anifail ac ail-greu'r cyhyrau a fu o'i gwmpas. Camp yr ail oedd medru creu cnawd, a blew, a chroen i anifail, os oedd cyhyrau ganddo. Cyplysu'r cyfan at ei gilydd a wnai'r trydydd, tra bod y pedwerydd yn gallu rhoi bywyd i'r anifail. Aeth y brodyr allan i'r fforest i roi prawf ar eu galluoedd, a dod o hyd i esgyrn anifail yno, gan fynd ati i ail greu'r anifail. Llew ydoedd, ac wedi iddynt lwyddo i'w ailgreu, troes arnynt a'u lladd!

Dyna, meddir, a ddigwyddai i'r sawl sy'n creu eilun. Maes o law, fe dry arnynt a'u difetha.

Gweddi

Arglwydd, diolchwn iti am ddatguddio dy gariad tuag atom yn Iesu Grist. Cynorthwya ni i'w ganfod yn ein bywyd ni ein hunain, ac ymroi i'th wasanaethu di, 'yr unig wir Dduw'. Amen

32. Eseia (52:13-53:12)

Cyflwyniad

Geiriau o gysur i'r darllenydd a welir fel arfer yn y penodau a briodolir i'r Ail Eseia (penodau 40-55), ac eto mae'r adnodau dan sylw am 'Y Gwas Dioddefus' yn darlunio un a ddioddefodd yn erchyll a chael ei wrthod. Ni haeddai'r fath driniaeth.

Nid yw Cân y Gwas Dioddefus yn hawdd ei dehongli gan ei bod yn ymddangos mai Yahweh sy'n siarad ar adegau, a'r gwas neu'r proffwyd biau geiriau eraill. Felly nid yw'n syndod i'r dehongliad o'r adnodau fod yn destun dadlau. Mae Iddewon yn dehongli'r caneuon fel geiriau sy'n disgrifio'r genedl Iddewig a ddioddefodd llawer, a hynny'n anhaeddiannol. Mae eraill eto yn gweld y cyfeiriadau at broffwyd unigol, di-enw, a ddioddefodd lawer, fel proffwydi eraill o'i flaen, ond a orchfygodd ar ddiwedd y dydd. Y mae Cristnogion, ar y llaw arall, yn gweld cyfeiriad clir at ddioddefaint yr Arglwydd Iesu yn Nghân y Gwas Dioddefus ac yn ei dehongli fel proffwydoliaeth o rywbeth fyddai'n digwydd rywbryd yn y dyfodol, sef bywyd a marwolaeth Iesu Grist. Ac eto, a oes modd uniaethu popeth yn yr adnodau â bywyd a marwolaeth yr Arglwydd?

Mae'n hawdd gweld pam yr ystyrir geiriau'r gân fel disgrifiad o fywyd Iesu; ond gan mai gyda'i oes ei hun y mae proffwyd yn arfer siarad, ni allwn fod yn gwbl sicr o'r ystyr heb wybod beth ysgogodd y cyfansoddi. Cwestiwn a ofynnir yn aml yw: 'Pam fyddai proffwyd yn cofnodi geiriau a fyddai heb arwyddocâd i'r sawl a'u clywodd yn y lle cyntaf - geiriau na fyddent hwy eu hunain yn eu deall, a geiriau y byddai'n rhaid aros am ganrifoedd, hyd ddyddiau cynnar y Ffydd Gristnogol, am eglurhad?'

Myfyrdod

'*It ain't the parts of the Bible that I can't understand that bother me, it's the parts that I do understand*', meddai Mark Twain.

Mae'n anodd cymryd Mark Twain o ddifri bob amser, ond mae elfen o wirionedd pwysig yn deillio o'r dyfyniad hwn o'i eiddo. Ni ddeallwn bopeth yn yr ysgrythurau; ond mae rhai pethau y gallwn eu deall. Dylem gofio hynny: nad oes rhaid inni ddeall popeth yn y Gair cyn ymateb i gymaint ag a ddeallwn. Ond ni ddylem anwybyddu'r adrannau na ddeallwn.

Pan oeddwn yn grwt, roedd pobydd yn y pentre yn gwneud bara yn y ffordd hen-ffasiwn. Roedd popeth yn cael ei wneud â llaw, ac roedd y ffwrn yn cael ei thwymo drwy gynnau tân y tu fewn iddi. Pan roedd y ffwrn wedi cyrraedd y tymheredd cywir, tynnwyd y cols allan ar gyfer rhoi'r bara i fewn. Cadwai gwneuthuriad y brics y ffwrn yn boeth am oriau. [Gwn hyn am fod Nhad yn cael y cols i'w llosgi yn y gwresogydd a dwymai ei dŷ gwydr, a bum yn y bacws gydag ef nifer o weithiau.] Does dim eisiau dweud fod bara Ivor Lewis yn sbesial! Roedd hi'n beryglus i Mam ofyn i fi fynd i hôl torth o fara, oherwydd erbyn imi gyrraedd adref byddai darn o'r crwstyn wedi diflannu. Rwy'n dal i fwynhau crwstyn torth o fara, er nad oes crwstyn cystal ar y bara a werthir heddiw! Wn i ddim a yw hi'n beth cyffredin i fwynhau'r crwstyn yn fwy na chanol y dorth, oherwydd rhaid bwyta hwnnw hefyd.

Ni ddylem geisio osgoi craidd ein hefengyl - canol y dorth, megis - tra'n bod ond yn canolbwyntio ar y darnau allanol sydd at ein blas. Mae angen ceisio deall rhywfaint o'r hyn yn y Gair sydd y tu hwnt i'n crebwyll a'n gallu deallusol ni.

'*We should have a Bible that stretches our mind and not simply fits it*!'

Gweddi

Arglwydd Dduw, rhyfeddwn at yr hyn a ddarllenwn yn yr Ysgrythurau Sanctaidd. Cynorthwya ni i ymateb i'r hyn a ddeallwn, gan dderbyn mewn ffydd yr hyn sydd y tu hwnt i'n crebwyll. Amen

JEREMEIA a LLYFR GALARNAD

33. Jeremeia (12:1-17)

Cyflwyniad

Caiff Jeremeia yr enw o fod yn besimist. Bathwyd gair Saesneg o'i enw, sef *jeremiad*, a ddeffinir fel '*a long, mournful complaint or lamentation; a list of woes.*' Cysylltir ei enw hefyd â Llyfr Galarnad. Mae penawdau penodau'r llyfr hwnnw yn y Beibl Cymraeg Newydd yn crynhoi ei neges: (1) Galar Jerwsalem; (2) Cosb Jerwsalem; (3) Edifeirwch a Gobaith; (4) Jerwsalem ar ôl ei Chwymp; (5) Gweddïo am Drugaredd.

Proffwydai Jeremeia yn Jwda yn ystod teyrnasiad y brenhinoedd Joseia, Jehoahas, Jehoiacim, Jehoiacin a Sedeceia, a'i brif neges oedd methiant y genedl i ymddiried yn Nuw, a chanlyniadau hynny. Cymhlethdod wrth ddarllen proffwydoliaeth Jeremeia yw na chofnodir ei aml broffwydoliaethau mewn trefn hanesyddol.

Ar adegau, fel rhai o'r proffwydi eraill, arferai Jeremeia gyhoeddi ei neges mewn gweithred symbolaidd. Enghreifftiau o hyn oedd dryllio'r ystên (19:1,10-11), gwisgo'r iau (27:1-2), neu brynu'r maes yn Anathoth (32:9).

Myfyrdod

Gofynnodd Jeremeia i Dduw gwestiwn sydd wedi blino pobl ar hyd y canrifoedd: 'Pam y llwydda ffordd y drygionus ac y ffynna pob twyllwr?' (12:1) Yr ateb a gafodd yw nad Duw sy'n gyfrifol, ac fe allai gwaeth ddod (12:5-6). Ond fe gaiff y troseddwyr eu cosbi ymhen amser (12:7-13), cyn iddynt gael eu hadfer 'os dysgant yn drwyadl ffurf fy mhobl, a thyngu i'm henw (12:14-17).

Yn y nofel, *The Last Witness* gan Glenn Meade, mae un o'r cymeriadau yn ceisio beio Duw am Auschwitz. A'r ymateb gafodd oedd: 'Pwy sy'n gyfrifol am yr annibendod? Yr ateb syml yw "Dyn"' .

Mae gan y Rabbi Hugo Gryn stori am Auschwisz, hefyd. Cafodd ef a'i deulu eu cymryd yn garcharorion yno yn 1944. Dim ond ef a'i fam a oroesodd y profiad. Taflwyd ei frawd bach, deg oed, i siambr nwy y gwersyll pan gyrhaeddodd y teulu yno. Dihangodd Hugo a'i fam a'i dad o'r un dynged â'r mab ifancaf, er mwyn iddynt weithio yn y gwersyll. Bu ei dad farw ychydig o ddyddiau wedi iddo gael ei ryddhau o'r carchar gan luoedd arfog America ym Mai 1945. Stori'r Rabbi yw am Iddewon yn cael eu hymgynnull i wylio cosbi Iddew ifanc am ddwyn crwstyn o fara. Rhaid oedd iddo ddioddef y gosb eithaf am ei weithred. Y gosb oedd cael ei grogi - a'r Iddewon yn gorfod gwylio. Wrth weld y gosb yn cael ei gweithredu, rhyw grwt o Iddew yn dweud drwy ei ddannedd, 'A ble mae Duw Israel yn awr?' Hen ŵr yn sefyll wrth ei ochr yn sibrwd, 'Agor dy lygaid! Y mae yno ar y grocbren wrth ei ochr!'

Nid yw Crist yn cefnu ar y sawl sy'n dioddef, meddai'r ysgrythurau, nac yn anwybyddu'r drygionus a'r twyllwr, a gan yr Arglwydd y mae'r gair olaf.

Though the cause of evil prosper, yet the truth alone is strong;
though her portion be the scaffold. and upon the throne be wrong;
yet that scaffold sways the future, and behind the dim unknown,
standeth God within the shadows, keeping watch above his own.
James R Lowell

Gweddi

Arglwydd Dduw, pan fyddwn yn digalonni yn y dyddiau hyn wrth weld yr Eglwys yn crebachu yng Nghymru, gad inni gofio am y mannau yn ein byd lle y mae ar gynnydd. A phan byddwn ar adegau yn anobeithio, cynorthwya ni i gofio mai gennyt ti y mae'r gair olaf - bob amser, ac ar bopeth. Amen

34. Jeremeia Prynu'r Maes yn Anathoth (32:1-15)

Cyflwyniad

Y flwyddyn oedd 587 C.C., ac roedd milwyr Nebuchadnesar yn amgylchynu Jerwsalem. Roedd Jeremeia yn y carchar am fod ei broffwydoliaeth ddiweddaraf wedi herio polisi Sedeceia, brenin Jwda. Cafodd ymweliad yn y carchar gan ei gefnder, Hanamel.

Pwrpas yr ymweliad oedd perswadio'r proffwyd i brynu maes yn Anathoth a fu'n eiddo i'r teulu dros y blynyddoedd. Roedd bellach yn nwylo milwyr Nebuchadnesar, ac mae'n debygol fod Hanamel yn credu na wyddai ei gefnder bod y maes yn nwylo'r gelyn, ac am fanteisio ar hynny. Er ei fod yn gwybod yr amgylchiadau yn iawn, prynodd Jeremeia'r maes, ac yng ngwydd tystion, llofnododd ddogfennau cyfreithiol y cytundeb yn gyhoeddus. Felly, ni fyddai modd iddo gelu'r ffaith iddo brynu'r maes drwy gadw'r cytundeb yn gyfrinach. Yn wir, roedd yn awyddus i bobl wybod am y fargen.

Roedd ei broffwydoliaeth yn ei weithred o brynu'r maes. Er bod y dyfodol yn edrych yn ddu, cyhoeddai Jeremeia drwy wneud y cytundeb â'i gefnder na fyddai hynny'n parhau; oherwydd 'Prynir eto dai a meysydd a gwinllannoedd yn y tir hwn' (32:15). Rhoi mynegiant i ffydd ac argyhoeddiad y proffwyd y byddai pethau'n newid a wnâi'r weithred o brynu'r maes.

Myfyrdod

Nid rhywbeth i'w gadw'n ddirgel yw ffydd. Mynn fynegiant.

Mewn cyfnod o erlid ar yr Piwritaniaid, mynnodd Richard Baxter (1615-1691) mai amod bod yn aelod o'r Eglwys oedd bod yn 'Saint Gweladwy'. [*Visible Saints* yw teitl llyfr Geoffrey Nuttall am Baxter].

Gellir dadlau mai un rheswm dros fedydd y crediniol oedd bod y deiliad yn cael ei weld. Ni welir bedyddfan y tu fewn i'r mwyafrif o gapeli hynaf y Bedyddwyr. Byddai'r bedydd yn cael ei gynnal allan yn yr awyr agored, ac ni ddeuai i fewn i'r capel os nad oedd y capel yn cael ei adnewyddu a bedyddfan yn cael ei gosod y tu fewn i'r adeilad 'newydd'. Mae gen i lun o Verina yn cael ei bedyddio yn Afon Llan. Fel nifer o gapeli hynafol, nid oedd, ac nid oes, bedyddfan y tu fewn i Salem Llangyfelach. Codi gwrthglawdd yn Afon Llan a wneir pan fo bedydd. Arferai eglwysi

Nefyn fedyddio yn y môr. Pan oeddwn yn weinidog yn Llanbed, nid oedd gan Gaersalem Parc-y-rhos fedyddfan o gwbl; roedd un Noddfa Llanbed o dan y sedd fawr, tra bod bedyddfan Bethel Silian allan yn yr awyr agored, yn y fynwent. Cyn i'r capel gael ei werthu i'w droi'n dŷ anedd, roedd bedyddfan Llys-faen, Caerdydd, yn y fynwent, gyda mannau i sefyll o'i chwmpas, fel amffitheatr. Cynllun amffitheatr sydd i fedyddfan Blaenwaun, yn y cwm is-law'r capel.

Ond er y dylem fod yn Saint Gweladwy, nid tynnu sylw atom ni ein hunain yw'r bwriad, ond gweithredu 'fel y gwelont eich gweithredoedd chi, a chanmol eich tad sydd yn y nefoedd'. (Mathew 5:16). Dywedodd rhywun y dylem ni fod yn '*peripatetic pulpits*', yn rhannu'r gair wrth deithio o gwmpas!

Geiriau Berwyn Williams i'r Cristion yw:

Ei raid Ef nid 'siarad' yw - i'n Hathro
Y 'weithred' sydd hyglyw;
I chwi bawb, cyfrinach byw:
Dawn 'gwneud' nid dawn 'dweud' ydyw.

Gweddi

Arglwydd, gwna fi yn un o'r 'Saint Gweladwy' y soniai Richard Baxter amdanynt. Amen

35. Jeremeia Iau Caethiwed (27:1-2; 8:1-17)

Cyflwyniad

Fe welir yma 'ymryson' rhwng Jeremeia a'r proffwyd Hananeia.

Person sy'n cyhoeddi Gair Duw yw'r gwir broffwyd. Ond mae hyn yn ein hatgoffa fod math arall o 'broffwyd' yn yr Hen Destament, sef proffwydi gau nad oeddent yn cyhoeddi gwirionedd Duw. Y prawf ar ba un ohonynt oedd y gwir broffwyd oedd bod yn gyson â dysgeidiaeth Moses, a bod y broffwydoliaeth yn cael ei gwireddu.

Mae cyfeiriadau yn yr Hen Destament at nifer o broffwydi sy'n ffurfio grŵp a oedd yn dal cysylltiad agos â'i gilydd. Yn wir, ceir awgrym ym mhroffwydoliaeth Amos am fodolaeth syndicet, proffwydi 'proffesiynol'. Pan ddywedodd y brenin Amaseia wrth Amos am fynd i Jwda a phroffwydo yno, mynnodd Amos nad etifeddu'r swydd a wnaeth ond mai Duw a'i galwodd i'r gwaith:

> 'Nid oeddwn i'n broffwyd nac yn fab i broffwyd chwaith; bugail oeddwn i, a garddwr coed sycamor, ond cymerodd yr Arglwydd fi oddi wrth y praidd, a dywedodd yr Arglwydd wrthyf, "Dos i broffwydo i'm pobl Israel"' (Amos 7:12,14-16).

Byddai Jeremeia yn cytuno ag Amos mai galwad gan Dduw oedd proffwydo, ac nid proffesiwn, na dawn a etifeddodd gan rywun o'r teulu.

Roedd Jeremeia yn hoffi cryfhau ei neges ef drwy gyflwyno proffwydoliaeth actol. Yn y stori hon y mae'n gwisgo iau (yoke) sy'n dynodi caethiwed. Y rhybudd yn ei weithred oedd y byddai Nebuchadnesar, brenin Babilon, yn concro Jwda a'r gwledydd o'i chwmpas a chymryd eu pobl yn ôl i gaethiwed ym Mabilon lle byddent 'dan yr iau', ac yn ddim mwy na chaethweision. Digwyddai hyn os na ildiai'r gwledydd i Nebuchadnesar. Roedd Jeremeia eisoes wedi collfarnu Sedeceia, brenin Jwda, a'i rhagflaenwyr am y drwg a wnaethant. Y canlyniad fu caethiwo'r Israeliaid ym Mabilon gan adael ond y 'gweddill' yn Jerwsalem, a brenin i reoli gyda chaniatâd Nebuchadnesar. (pennod 21ff.) Bellach roedd Sedeceia yn milwrio yn erbyn Babilon ac yn cael ei rybuddio y byddai ei milwyr hi yn fuddugol mewn cyrch ar Jerwsalem os na fyddai ef a'r gynghrair a ffurfiodd yn ildio i Nebuchadnesar.

Trwy Jeremeia dywedodd Duw wrth arweinwyr gwledydd y gynghrair i beidio â gwrando ar eu proffwydi, dewiniaid, breuddwydwyr, hudolion na'u swynwyr hwy eu hunain (27:9). Ond dyna'r union beth a wnaeth Sedeceia, gan droi at Hananeia, un o'r proffwydi gau, proffesiynol, a chlywed neges a oedd yn fwy derbyniol ganddo. Dyna'r neges roedd Sedeceia am ei chlywed, a'r neges honno a gredodd.

Fel arwydd o ffolineb proffwydoliaeth Jeremeia tynnodd Hananeia yr iau bren oddi ar war Jeremeia a'i thorri. Gorchmynnodd yr Arglwydd i Jeremeia roi iau haearn ar ei war ac ni allai'r gau broffwyd dorri honno.

Myfyrdod

O America yn 2017 fe glywodd llawer ohonom yr ymadrodd '*Newyddion Ffug*' *(Fake News)* am y tro cyntaf. Mae'n rhywbeth a ledaenir ar y wê drwy Drydar (*Twitter*) a rhaglenni tebyg. Rhannu rhyw bropaganda neu wthio rhyw safbwynt eithafol mewn ychydig o eiriau yw pwrpas rhai pobl wrth ddefnyddio'r cyfrwng hwn. Mae llawer o'r hyn a ysgrifennir yn amlwg yn anghyson a ffals, ond y rhyfeddod yw bod cymaint o bobl yn dewis ei dderbyn fel y newyddion dilys. Gwelsom fod nifer fawr o bobl yn derbyn y pytiau hyn fel y gwirionedd, heb feirniadaeth, na meddwl mwy amdanynt; a gall y bobl hyn fod yn ddi-slgl yn eu cred. Y newyddion a ddarlledir gan y cyfryngau newyddiadurol sy'n ffals yn ei tyb hwy, nid yr hyn a ddarllenant ar Drydar.

Gelwir ar y Cristion i feddu ffydd; ond nid yw ffydd yn gyfystyr â bod yn anfeiriadol. Anogaeth y Testament Newydd yw 'Chwiliwch yr ysgrythurau' (Ioan 5:39, Beibl 1620); '...barnwch chwi'r hyn yr wyf yn ei ddweud' (1 Cor. 10:15); '...rhowch brawf ar bob peth, a glynwch wrth yr hyn sydd dda' (1 Thes. 5:21); 'byddwch barod bob amser i roi ateb i bob un fydd yn ceisio gennych gyfrif am y gobaith sydd ynoch' (1 Pedr 3:15).

Yn y pendraw, ni sy'n dewis beth rŷm ni am ei gredu; ac fel y dywedodd Cynddylan Jones, 'Credu, nid anghredu, sydd yn profi cryfder meddwl.'

Gweddi

Chydig ffydd, ble 'rwyt ti'n llechu?
Cymer galon, gwna dy ran;
obaith egwan, ble 'rwyt tithau?
Tyn dy gledd o blaid y gwan:
anghrediniaeth, ffo o'r llwybyr,
nid rhaid imi frwydro'n hir;
er mai eiddil yw fy enw
eto i gyd 'rwy'n ennill tir. Amen

(Dafydd Wiliam, C.Ff., 729)

36 Jeremeia Esiampl y Rechabiaid (35:1-19)

Cyflwyniad

Rwy'n cofio pan oeddwn yn grwt fod fy rhieni yn yswiro ar gyfer costau meddygol gyda'r Rechabite Friendly Society. Roedd hyn cyn sefydlu'r Gwasanaeth Iechyd, wrth gwrs. Er mwyn medru ymuno â'r Rechabiaid, roedd yn rhaid bod yn llwyrymwrthodwyr.

Cafwyd yr enw Rechabite o hanesyn ym mhroffwydoliaeth Jeremeia. Llwyth oedd y Rechabiaid oedd yn debyg i sipsiwn, yn symud o le i le er mwyn dod o hyd i borfa i'w hanifeiliaid, a bwyd iddynt hwy eu hunain. Nid oedd ganddynt dai na thir eu hunain gan na fynnent gael eu clymu i un ardal. Felly, nid oedd ganddynt na chaeau na gwinllan chwaith. Dibynnent yn llwyr ar natur i gwrdd â phob gofyn, ac nid oedd arnynt eisiau cynnyrch y winwydden gan iddynt wneud adduned dros ganrif yn gynt nad yfent ddiod feddwol. Roedd yfed gwin felly yn tabŵ cysegredig iddynt.

Oherwydd y sefyllfa wleidyddol a militaraidd yn nyddiau Jeremeia, gorfododd amgylchiadau iddynt geisio lloches dros dro yn Jerwsalem. Gwelodd y proffwyd gyfle i ddefnyddio teyrngarwch y Rechabiaid i'w hegwyddorion hwy i gyflwyno'i neges i bobl Jwda. Roedd ymrwymiad yr Iddewon i'r Cyfamod â Duw yn gosod arnynt gyfrifoldeb arbennig i gadw eu gair - mwy na chyfrifoldeb y Rechabiaid oedd wedi addo bod yn ffyddlon i ddisgwyliadau eu cyndeidiau (35:6-8).

Aeth Jeremeia â'r Rechabiaid gydag ef i'r Deml, ac yno fe osododd win o'u blaen. Gwrthodasant ei yfed. Cyhoeddodd Jeremeia neges yr Arglwydd i bobl Jwda: Nid oeddent hwy wedi bod yn ffyddlon i Dduw, fel bu y Rechabiaid i'w hynafiaid hwy, er iddo ddanfon proffwydi atynt i'w rhybuddio am eu methiant i gadw'r Cyfamod a wnaeth ef â hwy. Oherwydd hynny, roedd diogelwch y Rechabiaid yn fwy sicr nag eiddo pobl y Cyfamod.

Myfyrdod

Mae'n anodd dianc oddi wrth thema gyson yn yr Hen Destament, sef methiant Iddewon i fod yn ffyddlon i'r Arglwydd Dduw, ac iddynt ddioddef llawer oherwydd hynny. Mae'r proffwydi yn tynnu sylw ato'n gyson ac yn methu deall pam nad yw'r bobl yn dysgu wrth gofio'r profiadau a gawsant pan fyddant wedi cefnu ar Dduw, ac yn gorfod dioddef y canlyniadau. Ond mae'r bobl fel pe baent wedi cyfarwyddo â'r sefyllfa ac yn ei derbyn.

Aeth gŵr ifanc i weld gwraig oedd yn dweud ffortiwn un tro. Dywedodd hi wrtho, 'Byddwch yn dlawd a bydd eich bywyd yn ddiflas tan eich bod chi'n cyrraedd hanner cant.'

'A beth fydd yn digwydd wedyn?' gofynnodd y gŵr ifanc yn eiddgar.

'Wel', meddai'r wraig, 'erbyn hynny, byddwch wedi cyfarwyddo â'r sefyllfa a'i derbyn!'

Roedd yr Iddewon wedi cyfarwyddo ag anwybyddu Duw a byw eu bywyd hebddo, gan beidio â'i wasanaethu. A yw hynny'n digwydd i ni? Onid oes perygl y gallwn ni dderbyn a dygymod â'r sefyllfa sy'n ein wynebu o Sul i Sul? Cau drws y capel i gadw'r gwres i mewn yn hytrach nag agor y drws a gadael i'r gwres fynd allan!

Gweddi

Arglwydd Dduw, na ad inni dderbyn sefyllfa dy Eglwys fel y mae yng Nghymru heddiw, ond gad inni gofio mai'r byd y tu allan i ddrysau'r capel yw'n maes cenhadol ni, ac mai yno y gorwedd ein cyfle i ddod o hyd bobl fydd yn newid a chryfhau'r Eglwys. Amen

37. Eseciel (1:4-28)

Cyflwyniad

Roedd Eseciel yn cael ei gyfrif gydag Eseia a Jeremeia yn un o dri phroffwyd mawr y grefydd Iddewig. Ond mae ei broffwydoliaethau yn wahanol iawn i eiddo'r ddau arall am eu bod yn apoctalyptaidd eu naws, gan gofnodi diwedd y byd mewn cyfres o ddarluniau a symbolau brawychus. Fel arfer gellir olrhain cefndir hanesyddol yr hyn a ysgrifenna.

Roedd yn ysgrifennu tua'r un amser â Jeremeia, ond ei fod ef yn gaeth ym Mabilon pan gofnododd ei weledigaethau - wedi ei gludo i'r gaethglud gan Nebuchadnesar tua 597 C.C. Roedd yn offeiriad yn ôl yn Jerwsalem ond nid oedd galw am ei wasanaeth ym Mabilon. Fodd bynnag, pum mlynedd ar ôl ei gaethiwo cafodd ei alw i fod yn 'weledydd' i'r Arglwydd yn y wlad a oresgynnodd gwlad Israel. Mae ei broffwydoliaeth yn llawn o weledigaethau.

Disgrifiodd un esboniwr ei weledigaeth gyntaf fel 'the weirdest in history'! Rhaid darllen y cofnod am yr hyn welodd Eseciel ar ei hyd er mwyn deall ergyd yr esboniwr; mae'n anodd ei grynhoi i ychydig o frawddegau.

Gweledigaeth fawr o Dduw mawr Israel a geir yn 1:4-28. Mae yno, yn bresennol gyda'i bobl ym Mabilon yn ei holl fawredd a'i rym, ymhell o dir Israel. Ef, y Duw hollbresennol, hollalluog, yw'r un sy'n sail i'r hyn a gofnododd Eseciel yn 1:4-28.

Myfyrdod

Your God is Too Small yw teitl un o lyfrau J.B.Phillips. Yn sicr, nid Duw bach oedd Duw Eseciel.

Er ein bod yn dal i ganu 'Duw mawr y ryfeddodau maith...' a 'Duw mawr y nefoedd faith...', mae perygl ein bod wedi gwneud Duw bach o'n Duw a Thad ein Harglwydd Iesu Grist. Gwnawn hyn yn eglur yn ein hagwedd at addoli.

Roedd hi'n oedfa Nadolig pan oedd mwy na'r gynulleidfa arferol yn bresennol. Ar ddiwedd yr oedfa y gweinidog yn gweld un na welsai ond unwaith bob blwyddyn mewn oedfa, er bod ei blant a'i wraig yn ffyddlon.

Dywedodd wrth y dyn, 'Mae'n bryd i ti ymuno â Byddin yr Arglwydd nawr, John!'

'Rwy eisoes yn y Fyddin', atebodd John.

'Wel, pam na welwn di ond ar adeg Nadolig?' gofynnodd y Gweinidog.

Edrychodd John o'i amgylch a sibrwd yn gellweirus yng nghlust y gweinidog, 'Rwy'n perthyn i'r Gwasanaeth Cudd!'

Onid oes gormod ohonom ni, aelodau'r Eglwys, yn bychanu'n Harglwydd drwy gymryd arnom ein bod yn perthyn i'r Gwasanaeth Cudd a pheidio â'i arddel yn gyhoeddus? Nid yw addoli bellach yn hanfod i'n ffydd. Byddwn hefyd yn bychanu'n haelodaeth o'r Eglwys drwy gadw draw o'r cwrdd am y resymau mwyaf tila. Y math hynny o ymddygiad sy'n cau capeli.

Gweddi

Arglwydd Dduw, na âd inni fod â chywilydd i wneud ein ffydd ynot ti yn hysbys i bawb. Gwna ni'n falch ein bod yn ddisgyblion i'r Iesu, gan arddel ei enw ef yn feunyddiol. Amen

38. Eseciel Dameg y Winwydden (15:1-8)

Cyflwyniad

Mae'n amlwg i'r oracl hon gael ei llefaru yn fuan ar ôl cwymp Jerwsalem a'r tân a'i difaodd yr adeg honno (2 Brenhinoedd 25:8-9).

Fel arfer ystyrir y winwydden fel planhigyn gwerthfawr, cynhyrchiol ac mae'r Iesu yn disgrifio'i hun fel 'y Wir Winwydden' (Ioan 15:1). Fodd bynnag mae Eseciel yn dweud nad oes fawr o werth ym mhren y winwydden. Ni all saer wneud dim ohono, ddim hyd yn oed 'hoelen bren i grogi rhywbeth arni'. Mae ei gwerth yn llai fyth pan nad yw ond golosg.

Fel gyda phren y winwydden, nid oedd i Jerwsalem fawr o werth cyn i dân ei dinistrio a'i gadael yn debyg i olosg. Os nad oedd y ddinas yn ddefnyddiol cyn ei llosgi, pa obaith oedd iddi fod yn ddefnyddiol ar ôl ei losgi?

Myfyrdod

Er mai anffyddlondeb Jerwsalem sy'n gyfrifol am y cyfeiriad hwn at ddiffygion y winwydden, mae'n ein hatgoffa o ffolineb gwneud defnydd anaddas o unrhyw beth - hyd yn oed ein ffydd. Cynhyrchu ffrwyth oedd pwrpas plannu gwinwydd, ac nid cynhyrchu pren ar gyfer y saer. Ffolineb fyddai ei defnyddio at bwrpas na fwriadwyd iddi.

Yn 1643, pan alwodd Senedd Hir Lloegr am ystyriaeth o amryw o bethau ym mywyd yr Eglwys, daeth 'diwinyddion hyddysg, duwiol a doeth' ynghyd i Abaty Westminster i drafod y mater. Cyffes Ffydd Westminster a ddeilliodd o waith Cymanfa'r Piwritaniaid. Ond dros gyfnod o rai blynyddoedd lluniwyd hefyd 'Gatecism Lleiaf Westminster' er mwyn dysgu plant am y ffydd Gristnogol. Seiliwyd y Catecism Lleiaf ar 'Gatecism Mwyaf Westminster' ar gyfer oedolion. Lluniwyd y Catecism Mwyaf gyda'r bwriad o gynorthwyo gweinidogion i hyfforddi'r gynulleidfa yn y Ffydd wrth bregethu. Ai doeth defnyddio Catecism hwnnw fel sail i Gatecism ar gyfer y plant? Nid dyna oedd ei bwrpas.

Ond mae ein deffiniad o 'ffydd' yn llac iawn, a gallwn ddefnyddio'r gair heb feddwl.

Dadlennol yw'r hyn a ddywed Katherine Tate am ei thad, Bertrand Russell. Fe'i magwyd ef ar aelwyd Gristnogol a dysgodd egwyddorion Cristnogaeth yn blentyn, ond fe gefnodd arnynt wrth dyfu'n hŷn, a dod yn un o'r lladmeryddion mwyaf brwd o blaid atheïstiaeth. Er hynny, dywedodd ei ferch amdano:

> *'Somewhere at the bottom of his heart, in the depths of his soul, there was an empty space that once had been filled by God, and he never found anything else to put in it.'*

Nid y math o 'bren' y gellir gwneud hoelen bren ohono a geir mewn gwinwydden gyffredin, heb sôn am lenwi bwlch; ond mae yn y Wir Winwydden win a all lenwi a llonni unrhyw wacter yn yr enaid.

Gweddi

Arglwydd, dywed yr emynydd fod 'mwy o bleser yn dy waith na dim a fedd y ddaear faith'; cymorth ni i ddod o hyd i'r pleser hwnnw, er gogoniant i'th enw. Amen

39. Eseciel Yr Esgyrn Sychion (37:1-14)

Cyflwyniad

Daeth un o ganeuon caethion America yn adnabyddus inni: '*Dem bones, dem bones, dem dry bones*'. Mae'n gân sy'n hoff gan gorau meibion. Cân yn seiliedig ar Eseciel 37 ydyw, 'Gweledigaeth Dyffryn yr Esgyrn Sychion'.

Roedd yr alltudion wedi treulio rhyw ddeng mlynedd ym Mabilon ac yn gwybod bod Jerwsalem bellach yn fawr mwy na thwmpath o sbwriel; a'r bobl wedi cael eu gwasgaru. Er yr addewidion yng ngweledigaethau Eseciel y deuai dyddiau'r gaethglud i ben, nid oedd unrhyw argoel o hynny'n digwydd. Yr oedd y bobl wedi danto, wedi anobeithio; yr oedd eu cenedl yn gorwedd yn farw, megis corff wedi ymddatod a'r esgyrn sychion wedi eu gwasgaru ar hyd y dyffryn.

Cwestiwn Duw i Eseciel oedd, 'a all yr esgyn hyn fyw?' 'Ti sy'n gwybod,' oedd ateb Eseciel, a chafodd ei sicrhau y gallai ac y byddai hynny'n digwydd, ac y deuai Jwda ac Israel yn ôl at ei gilydd o dan un brenin - 'Dafydd' arall (37:15-28).

Neges syml y weledigaeth yw fod pethau anhygoel yn bosibl gyda Duw.

Myfyrdod

Mae llawer yng Nghymru heddiw yn meddwl am yr eglwysi fel esgyrn sychion ar hyd y wlad. '*Dotting the countryside like extinct volcanoes*!' oedd disgrifiad Aneirin Bevan o'r eglwysi yng Nghymru ym mhumdegau'r ganrif ddiwethaf. Sôn yr oedd am eglwysi wedi colli eu grym ysbrydol. Erbyn hyn mae llawer o'r capeli oedd yn gartref i'r cynulleidfaoedd mwyaf yn adfeilion ar hyd y wlad. Mae eraill wedi cael eu chwalu, neu eu troi'n dai annedd, tai bwyta, tafarndai a neuaddau cymunedol. Ychydig iawn o adeiladu capeli newydd a welir. O chwilio'n fanwl, fe ddewch o hyd i rai, ond adeiladau newydd ydynt, sy'n llai o ran maint ac yn fwy modern na'r hen adeilad. Fel arfer, rhyw hen achos ag arian ganddo i allu ail-adeiladu capel newydd ar yr hen safle a welir.

Mor wahanol oedd hi ar droad yr ugeinfed ganrif ac fel canlyniad i Ddiwygiad 1904 roedd capel newydd yn cael ei agor yn rhywle yng Nghymru bob wythnos. Roedd ambell gapel mewn pentre gwledig yn gallu dal mwy na phoblogaeth yr ardal i gyd. Rhyfel 1914-18 a roes ddiwedd ar y twf. Pan ddychwelodd y milwyr o'r Rhyfel Mawr, roedd rhai wedi dychwelyd i'r capel, ond ni ddychwelodd pawb - y mwyafrif, o bosibl. Roeddent wedi eu dadrithio. Ni anghofiodd llawer mai gweinidogion yr Efengyl a'u hanogodd i ymuno â'r fyddin, a bod cynulleidfaoedd yn ymfalchïo yn y nifer o'u 'bechgyn' hwy a wirfoddolodd i ymladd dros eu brenin a Phrydain Fawr. At hynny roedd blynyddoedd y dirwasgiad yn ugeiniau'r ganrif wedi cynyddu'r dadrithio a gyrru llawer o'u cartrefi i chwilio am waith, byth i ddychwelyd, nac ymaelodi mewn eglwys wedi hynny. Arhosodd y merched yn ffyddlon.

Dechreuodd eglwysi Cymru 'farw' a datgymalu yn ôl yn y cyfnod hwnnw, ac er bod ambell ddigwyddiad trychinebus ers hynny wedi gyrru pobl yn ôl i'r capel, dros dro yn unig y bu hynny.

Nid gormod dweud bod eglwysi Crist yng Nghymru heddiw yn debyg i'r hyn a ddisgrifiwyd yng Ngweledigaeth Dyffryn yr Esgyrn Sychion, a'r cwestiwn ar ein gwefusau ni yw cwestiwn Duw i Eseciel: 'A all yr esgyn hyn fyw?' Ateb cadarnhaol glywodd Eseciel i'r cwestiwn. Pa ateb a glyw-wn ni?

Gweddi

Ysbryd byw y deffroadau,
disgyn yn dy nerth i lawr,
rhwyga'r awyr â'th daranau,
crea'r cyffroadau mawr;
chwyth drachefn y gwyntoedd cryfion
ddeffry'r meirw yn y glyn,
dyro anadliadau bywyd
yn y lladdedigion hyn. *(R.R.Morris)*

Cynorthwya ni i gofio, Arglwydd, nad ein ffordd ni yw dy ffordd di, ac fe allai adfywiad a diwygiad ddod mewn ffordd na freuddwydiom ni amdanynt. Amen

LLYFR DANIEL

40. Daniel (1:1-21)

Cyflwyniad
Mae'r bennod gyntaf o Lyfr Daniel yn adrodd y stori amdano'n cael ei gludo fel carcharor rhyfel i Babilon ar ôl i Jwda gael ei gorchfygu a'i meddiannu gan y Babiloniaid.

Cred llawer o ysgolheigion mai Llyfr Daniel yw'r olaf o lyfrau'r Hen Destament i gael ei ysgrifennu a bod y gweledigaethau a ddisgrifir yn y penodau olaf (7:1-12:13) yn cynrychioli neu'n adlais o rywbeth a oedd eisoes wedi digwydd pan luniwyd y llyfr.

Daw'r llyfr mewn dwy ran. Mae penodau 1-6 yn cofnodi hanes Iddew duwiol, galluog, o'r enw Daniel, sy'n ŵr dylanwadol yn y llys ym Mabilon yn nyddiau'r Gaethglud am ei fod yn gallu dehongli breuddwydion. Ond cafodd ei daflu i'r llewod am wrthod addoli delw aur a greodd y brenin, Nebuchadnesar. Yn lle addoli'r ddelw, mae'n agor ei ffenestr tua Jerwsalem i addoli Yahweh, Duw Israel.

Ceir stori Shadrach, Mesach ac Abednego yn y llyfr hefyd. Eu cosb hwy am eu daliadau crefyddol oedd cael eu taflu i'r ffwrnais o dân poeth.

Ysgrifennir y straeon hyn, sy'n darlunio ffyddlondeb i Dduw mewn amgylchiadau anodd, yn y trydydd person, ond y mae penodau 7-12 wedi eu hysgrifennu yn y person cyntaf ac o natur wahanol. Cofnodant hwy weledigaethau apocalyptaidd Daniel ei hun pan mae Gabriel yn egluro iddo eu hystyr a'u harwyddocâd. Daw'r gweledigaethau hyn yn uniongyrchol oddi wrth Dduw heb fod neb dynol yn eu cyfryngu. Am fod gan Daniel ddawn i ddehongli breuddwydion, mae'n bosibl i'r ail ddarn (7-12) gael ei ychwanegu at hanes Daniel - hanes a oedd eisoes wedi cael ei lunio. Awgrymir hyn gan fod Daniel 2:4-7:28 wedi ei ysgrifennu yn wreiddiol mewn Aramaeg, iaith y werin, tra bod y gweddill mewn Hebraeg, iaith y grefydd Iddewig, neu mewn Groeg.

Pwrpas y gweledigaethau oedd calonogi'r Iddewon a rhoi gobaith iddynt, ond ni ellir bod yn sicr faint o'r delweddau a ddeallent - er bod esbonwyr heddiw yn ddigon parod i'w hegluro! Ceir nifer o Gristnogion sy'n eu dehongli ac yn eu credu yn llythrennol; ond nid twyllo oedd bwriad Llyfr Daniel wrth ddefnyddio digwyddiadau cyfoes i gyflwyno ei neges. Pan luniwyd y fersiwn derfynol o'r llyfr, roedd Antioches Epiffanes yn gwneud ei orau i ddifa pob elfen o ddiwylliant Iddewig a gwthio diwylliant Groegaidd yn ei le. Cymerodd feddiant o'r Deml yn Jerwsalem, dwyn ei thrysorau, rhoi allor i Seŵs yno ac aberthu moch ar allor yr Iddewon. Gwaharddodd enwaedu a gorchymyn Iddewon i aberthu i dduwiau paganaidd, a bwyta porc. Cythruddwyd yr Iddewon, a'r canlyniad oedd gwrthryfel y Macabeaid.

Wrth iddo wisgo digwyddiadau'r blynyddoedd hyn mewn iaith apocalyptaidd a lleoli'r gweledigaethau yn yr oes flaenorol, roedd Llyfr Daniel yn cyhoeddi nad oedd dim wedi digwydd na wyddai Duw amdano eisoes. Bellach roedd yr Amser Diwethaf gerllaw, a chyfnod mwy blin nag erioed ar ddigwydd, ond byddai pob un yr ysgrifennwyd ei enw 'yn y llyfr' yn dianc. Byddai'r meirw yn dihuno o'u cwsg, 'rhai i fywyd tragwyddol, a rhai i waradwydd a dirmyg tragwyddol' (12:2). Mae Daniel yn cyfaddef nad yw ef ei hun wedi deall y cyfan, a gorchmynnir iddo gadw'r geiriau dan sêl, gydag addewid y bydd ef ei hun yn ei 'le priod' pan ddelai'r amser.

Myfyrdod

Ym mhennod 12 o Lyfr Daniel ceir y cyfeiriad cyntaf pendant yn yr Hen Destament at bwnc dadleuol atgyfodiad y meirw. Erbyn cyfnod y Testament Newydd roedd yn gred gyffredin ymhlith y mwyafrif o Iddewon, ar wahân i'r Sadwceaid.

Seilir cred y Cristion mewn atgyfodiad ar hanes Atgyfodiad yr Arglwydd Iesu. Roedd y Disgyblion ymhlith y tystion cyntaf iddo, ac nid oes tystiolaeth iddynt wadu i hynny ddigwydd tra buont fyw. Mae Paul yn rhestru rhai a fu'n dystion i'r Atgyfodiad gan ddweud wrth y Corinthiaid fod llawer o'r tystion yn fyw, ac awgrymu y gallent eu holi pe mynnent (1 Corinthiaid 15:5-7).

Ysgrifennodd Charles Colson, un o'r bobl oedd yn euog o droseddau Watergate yn arlywyddiaeth Richard Nixon:

> *'I know the resurrection is a fact, and Watergate proved it to me. How? Because 12 men testified they had seen Jesus raised from the dead, then they proclaimed that truth for 40 years, never once denying it. Every one was beaten, tortured, stoned and put in prison. They would not have endured that if it weren't true. Watergate embroiled 12 of the most powerful men in the world - and they couldn't keep a lie for*

> *three weeks. You're telling me 12 apostles could keep a lie for 40 years? Absolutely impossible.'*

Nid oedd Paul ei hun yn un o'r rhai fu'n dyst i'r Atgyfodiad yn Jerwsalem, ond cafodd brofiad byw iawn o'r Crist Atgyfodedig ar y ffordd i Ddamascus (1 Cor. 15:8). Ar sail ei brofiad ei hun mae'n gwahaniaethu rhwng cred y Groegiaid mewn atgyfodiad yr enaid a chred yr Iddew mewn atgyfodiad y corff. Mae deall y Cristion o atgyfodiad, felly, yn wahanol i eiddo'r Groegiaid a'r Iddew. Dweud wna Paul fod Atgyfodiad yr Arglwydd yn dangos bod y meirw yn codi yn 'gorff ysbrydol' (1 Cor.15:43-44; cymh. 35-43). Disgrifiwyd hyn gan un awdur fel 'bodolaeth ar ei newydd wedd y tu hwnt i afael marwolaeth' (*a transformed existence beyond the reach of death*).

Gweddi

Dyro imi, Arglwydd fy Nuw, feddwl i'th adnabod di, calon i'th geisio, doethineb i'th gael, ymarweddiad sy'n dy fodloni di, ffyddlondeb dygn i'th ddisgwyliadau a gobaith y caf yn y diwedd dy gofleidio di. Amen (Gweddi Tomos Acwin)

HOSEA

41. Hosea (1:1-9; 3:1-5)

Cyflwyniad

Proffwyd teyrnas y gogledd, sef Israel, oedd Hosea. Ym mhenodau 1-3 o'i broffwydoliaeth mae'n datgelu mwy amdano'i hunan nag a wna unrhyw un o broffwydi eraill yr Hen Destament - a stori drist sydd ganddo i'w hadrodd. Mae gweddill y llyfr (penodau 4-14) yn gasgliad o oraclau heb unrhyw gyfeiriadau personol ynddynt, ond bod stori bywyd Hosea megis cefndir i'r cyfan.

Priodasau'n cael eu trefnu oedd arfer y cyfnod, fel priodasau yn y Dwyrain Canol a rhai o wledydd y Dwyrain o hyd. Dywed Hosea i'w briodas ef gael ei threfnu gan Dduw ei hun pan ddywedodd wrtho, 'Dos, cymer i ti wraig o butain...' (1:2). Ufuddhaodd a chymerodd Gomer yn wraig iddo, a phan anwyd plant iddynt, Duw a'u henwodd. Ond bu Gomer yn anffyddlon i Hosea er ei fod yntau'n dal i'w charu.

Heb gyfeirio ati, mae stori Hosea a Gomer yn gefndir i'r oraclau a'r proffwydoliaethau sydd ym mhenodau 4-14. Ar anffyddlondeb Israel i Dduw y mae pwyslais y penodau hyn, a'i barodrwydd yntau i faddau i'r genedl.

Myfyrdod

Thema a welir yn rhedeg yn gyson drwy weithiau'r proffwydi yw'r alwad am ffyddlondeb. Dal ati a pheidio ildio beth bynnag yr amgylchiadau yw'r nod. Onidê, bydd rhaid wynebu'r canlyniadau. Dyna a geir yn ail ran proffwydoliaeth Hosea.

Pan oeddwn yn grwt, byddwn i, a phlant arall Treboeth, yn mynychu tri chwrdd plant ar nosweithiau gwahanol yn yr wythnos. I ni, blant Caersalem Newydd, roedd cwrdd plant ar nos Lun am 6.00 yn y festri; nos Fawrth am 6.00 yn y gangen, Ainon y Cwar; ac ar nos Iau aem gyda phlant eraill y pentref erbyn 6.00 i gwrdd plant Saesneg yn 'Y Mission'. Roedd hwnnw'n hollol wahanol i'r cyrddau Cymraeg, ac, am a wn i, hwnnw oedd yr un yr hoffem fwyaf. Ymhlith pethau eraill, fe ddysgem cytganau Saesneg yno. Un ohonynt sy'n dal yn y cof yw '*Hold the fort for I am coming*' a gyfansoddwyd yn 1870.

Stori o Ryfel Cartref America ysbrydolodd y gân. Y flwyddyn oedd 1864 pan oedd Byddyn Cynghreiriad y De yn amgylchynu adran fach o Fyddin yr Undeb a amddiffynai Fwlch Altoma yn Georgia. Roedd Byddin yr Undeb wedi dioddef colledion mawr, ond yn dal yn ffyddlon i'r gorchymyn i amddiffyn y Bwlch, er bod y sefyllfa'n ymddangos yn anobeithiol. Â'r diwedd anochel gerllaw, gwelwyd baneri gwyn rai milltiroedd i ffwrdd yn rhoddi arwydd yn enw y Cadfridog Sherman yn cyhoeddi, '*Hold the fort for I am coming*'. Brwydrodd cymaint ag oedd ar ôl o'r milwyr ym Mwlch Altoma i ddal eu tir, ac ar ôl ychydig o oriau cyrhaeddodd dynion Sherman.

Geiriau emyn P. P. Bliss (awdur nifer o emynau Saesnrg) yw:

Ho! my comrades, see the signal
Waving in the sky!
Reinforcements now appearing,
Victory is nigh!

'Hold the fort, for I am coming"
Jesus signals still,
Wave the answer back to Heaven,—
'By Thy grace, we will'.

Nid aelodau newydd yw prif angen yr Eglwys heddiw, ond ffyddlondeb y rhai sydd eisoes yn aelodau.

Gweddi

Mae'r gelyn yn ei gryfder
yn gwarchae pobol Dduw,
a sŵn ei fygythiadau
sy beunydd ar ein clyw ...
O Arglwydd, seinia'r utgorn
i'n cadarnhau'n ddi-baid,
a thawed pob ansicrwydd:
mae Crist y groes o'n plaid. Amen *(Siôn Aled, C.Ff., 616)*

JOEL

42. Joel

Cyflwyniad

Un o broffwydi Jwda oedd Joel, ond ni wyddom ddim mwy amdano nag enw ei dad, Pethuel. Mae dyddio ei broffwydoliath yn anodd, ond y mae ei neges yn glir ac yn ymwneud â'r dinistr achoswyd gan locustiaid (1:1-2:27) a barn Duw ar y Cenhedloedd (2:28-3:21).

Ymosodiad locustiaid ar y wlad oedd achlysur llunio'r broffwydoliaeth ac mae Joel yn ei ddehongli fel rhybudd gan Dduw i'r henuriaid. Mae'n tynnu sylw pobl at agweddau gwahanol o'r effeithiau a gafodd yr ymosodiad. Roedd locustiaid wedi malurio gwinwydd, a difethwyd y coed ffigys. Felly'r alwad yw:

> 'Deffrowch feddwon, ac wylwch;
> galarwch, bob yfwr gwin,
> am y gwin newydd a dorrwyd ymaith o'ch genau' (1:5).

Ond effeithiwyd hefyd ar yr offeiriaid;

> 'Pallodd y bwydoffrwm a'r diodoffrwm yn nhŷ'r Arglwydd:
> y mae'r offeiriaid, gweinidogion yr Arglwydd, yn galaru' (1:8).

Wrth alw'r bobl i edifeirwch (1:15) defnyddia Joel y gair 'Hollalluog', gair y gellid ei gyfieithu 'Y Distrywiwr'. Gelwir am edifeirwch ac ympryd a gwelir y gair 'dychwelwch' fel rhan o ddisgwyliad Duw gan ei bobl (2:12). Yn ei esboniad ar lyfr Joel, dywed Gareth Watts:

> 'Perthyn y gair "dychwel" i'r derminoleg filitaraidd, pan fyddai'r swyddog milwrol yn gorchymyn i'w filwyr droi'n ôl (*right about turn*), a daeth yn derm addas i gyfleu gwir ystyr edifeirwch dwfn.'

Geilw Joel am weddi, edifeirwch ac ympryd fel yr unig ffordd i osgoi canlyniadau ymosodiad y 'locustiaid' crefyddol a ddifethodd y Cyfamod rhwng Iddewon a Duw.

Myfyrdod

Mae'r Testament Newydd drwyddo yn galw am edifeirwch, a gwelwn ei fod yn aml yn cysylltu gweddi ac ympryd, Cysylltodd yr Arglwydd Iesu ympryd â gweddi. Digwyddodd hyn wedi i'r Disgyblion fethu gwella'r crwt a gymerwyd at yr Iesu i geisio iachâd. Roedd yr Iesu gyda Phedr, Iago ac Ioan ar ben mynydd y Gweddnewidiad pan gyrhaeddodd y tad. Disgynodd yr Iesu o'r mynydd ac iacháu'r bachgen, gan geryddu'r Disgyblion a fethodd wneud. Gofynnwyd iddo, pam na wnaethant hwy lwyddo? Ei ateb oedd mai dim ond trwy weddi ac ympryd y gellid gwneud hynny (Marc 9:29, yr hen gyfieithiad). Daw 'ympryd' yn y Bregeth ar y Mynydd hefyd (Matthew 6:16-18), lle cysylltir ymprydio ag anffurfio'r wyneb i dynnu sylw at y ffaith eu bod yn ymprydio. Gwaherddir gwneud 'shew' o ymprydio; dim ond Duw sydd i weld bod person yn ymprydio.

Arferai ymprydio fod yn rhan o fywyd yr Ymneilltuwyr. Ysgrifennodd y Cymro, David Rees, gweinidog yn Limehouse, ar ddechrau'r ddeunawfed ganrif am gwrdd ordeinio y bu ynddo yn Llundain, a dweud bod y gweinidogion wedi ymprydio cyn y cyfarfod - a mynd i'r dafarn yn syth ar ôl yr oedfa!

Ympryd o ryw fath a gysylltir ag adeg y Grawys, tra bod rhai aelodau mewn eglwysi Carismataidd yn ymprydio unwaith bob wythnos.

Dywedir bod ymprydio yn gallu miniogi meddwl ac ymwybyddiaeth person, ac yn hybu myfyrdod. Yn y blynyddoedd diwethaf fe ddaeth yn ffordd i brotestio. Prin fod hynny'n weithred Gristnogol gan i'r Iesu wahardd y Cristion i dynnu sylw ato'i hunan pan yn rhoi elusen, yn gweddïo neu'n ymprydio (gw. Mathew 6).

Ond dylid sylwi hefyd i'r Iesu ddweud wrth ei Ddisgyblion mai 'trwy weddi ac ympryd' yn unig y gellid gwella'r bachgen wrth droed mynydd y Gweddnewidiad. Rhywbeth a wneir dros amser yw ymprydio a byddai ar y pryd wedi oedi tipyn ar ymgais y Disgyblion i wella'r bachgen. Rhaid fod 'ymprydio' yn golygu mwy nag 'ymwrthod â' yn y cyswllt hwnnw. Nid oedd Iesu wedi gwneud ymprydio yn orfodol i'w ddisgyblion (Mathew 9:14-17) gan iddo bwysleisio mai math newydd o Iddewiaeth oedd Cristnogaeth - gwin newydd mewn costrelau crwyn newydd. Os nad oes disgwyl inni ymprydio yn yr ystyr arferol, mae ymprydio yn galw am hunan-ddisgyblaeth, ac mae Iesu yn disgwyl hynny gennym.

Gweddi

Arglwydd Iesu, dysg imi hunan-ddisgyblaeth er mwyn imi fedru dy wasanaethu di hyd eithaf fy ngallu. Amen

LLYFR AMOS

43. Amos

Cyflwyniad

Oraclau proffwydol wedi eu diogelu a'u cofnodi mewn barddoniaeth yw'r rhan fwyaf o Lyfr Amos. Nid yn nhrefn amser y mae Amos wedi cofnodi ei broffwydoliaethau. Ceir tameidiau sy'n perthyn i'w gilydd hwnt ac yma yn y llyfr. Wrth ei waith, 'bugail a garddwr coed sycamor' oedd Amos, gyda'i gartref yn Tecoa, Jwda, heb fod yn bell o Jerwsalem; ond teimlodd fod Duw yn ei ddanfon ef i Israel, teyrnas y gogledd, i broffwydo.

Aeth Amos i Fethel, lle gosododd y brenin Jeroboam (y cyntaf o'r un enw â brenhinoedd eraill), un llo aur pan rannwyd y deyrnas yn ddwy ar ôl marwolaeth Solomon. Gwleidyddiaeth oedd y tu ôl i sefydlu Bethel fel canolfan grefyddol y deyrnas newydd. Gwnaed hynny er mwyn ceisio cadw dinasyddion y gogledd rhag mynd nôl i Jerwsalem i addoli, a dod o dan ddylanwad brenin Jwda.

Mae Amos yn dechrau ei broffwydoliaeth drwy gondemnio'r gwledydd o gwmpas Israel, gan gynnwys Jwda. Ni ddisgwyliai mawrion Israel fod dim i'w gondemnio yn eu plith hwy. Oni welodd y wlad lwyddiant gwleidyddol ac economaidd mawr yn ystod teyrnasiad Jeroboam yr Ail? Tyfodd Israel, teyrnas y gogledd, yn ddylanwad mawr ar y gwledydd o gwmpas. Digwyddodd hyn pan oedd grym Asyria yn gwanhau; a thra bod y cyfoethog yn byw yn foethus iawn, ac uwchben eu digon. Ond roedd eu llwyddiant ar draul y tlawd a ecsbloetiwyd ganddynt (5:11).

Tra bod llwyddiant gwleidyddol ac economaidd mawr yn Israel, bu dirywiad echrydus yn ei chrefydd a'i moesau. Bradychwyd yr Arglwydd a chefnwyd ar Gyfraith Duw (2:6-8). Mae'r cyfeiriad at 'dyn a'i dad yn mynd at yr un llances' ac 'yfed gwin y ddirwy yn nhŷ eu Duw' (2:7-8) yn adlewyrchu arferion a berthynai i grefydd Canaaneaidd. Yr oedd credoau ac arferion paganaidd wedi llithro i fewn i grefydd Israel ym Methel. Proffwydodd Amos y byddai Jereboam yn marw trwy'r cleddyf ac Israel yn dioddef caethglud.

Nid oedd Amaseia 'offeiriad Bethel' am glywed hyn, a cheisiodd anwybyddu'r broffwydoliaeth drwy alltudio'r proffwyd. Dywedodd wrth Amos,

> 'Dos ymaith weledydd; ffo i wlad Jwda a phroffwyda yno. Paid â phroffwydo ym Methel eto, gan mai dyma gysegr y brenin a theml y wladwriaeth' (7:12).

Mynnodd Amos mai'r Arglwydd a'i danfonodd i broffwydo, ac na ddihangai Amaseia o effaith y celwydd a broffwydodd ef yn enw Duw (7:15-17). Cyhoeddodd hefyd dynged Israel gan ragfynegi bod trychineb i ddod a phoeni'r wlad. Bryd hynny y byddai'r bobl yn newynu am fara a dŵr ysbrydol, sef gair Duw (8:11-13), nid am foethusion bywyd.

Myfyrdod

Onid oes adlais ym mhroffwydoliaeth Amos o'r sefyllfa gymdeithasol a'r sefyllfa grefyddol yn y dyddiau hyn? Mae'r ddau beth yn galw'n arbennig am ein sylw ni.

Mae'r hyn a wyneba'r bobl dlotaf mewn cymdeithas yn ofid i lawer. Gwelwn fwy a mwy o bobl ddigartref ar strydoedd ein dinasoedd ac mae mwy a mwy o deuluoedd digartref yn cael eu gosod mewn tai gwely a brecwast 'dros dro', ac yn gorfod aros yno am hydoedd. Y mae'r sefyllfa yn llawer gwaeth pan feddyliwn am rai o wledydd y trydydd byd, gwledydd y bu'r Gorllewin yn eu rheibio yn y gorffennol. Ac yng ngwledydd tlotaf y byd y mae gwleidyddion yn casglu cyfoeth ar draul eu pobl eu hunain. Credai Amos mai Duw ei hun, yn gweithio yng nghalonau dynion, ddeuai ag ymwared i'r sefyllfa. Roedd yn ffyddiog y sylweddolai Israel hynny ac y deuai dydd pan fyddai pobl yn blysio bara a dŵr gan Dduw, ac nid cyfoeth ac eiddo.

Mae'r sefyllfa grefyddol hefyd yn debyg i'r hyn a brofodd Amos. Cefnodd y mwyafrif ar Dduw yn y cyfnod hwnnw, a chollwyd y wedd ysbrydol mewn bywyd. Mae'r un peth yn wir am ein cyfnod ni. Mae unrhyw drychineb yn dal i allu llenwi capel ac eglwys; ond mae'n hawdd credu nad oes llawer o ots beth mae person yn credu yn y cyfnod hwn, a gwelwn rai o'r syniadau a chyltiau 'Cristnogol' mwyaf od yn ymddangos dros y byd. Nid oes unrhyw argoel yn ein cyfnod ni y daw newyn 'am glywed geiriau'r Arglwydd', ond dylid cofio y bu cyfnodau tebyg cyn hyn, a neb yn gwybod pam na ddaeth blys am y bara a'r dŵr ysbrydol y gweddïwyd amdano. Er hynny, dylem barhau i weddïo y daw dydd pan wêl y byd eto'r angen am yr adnoddau ysbrydol nad ydynt ar gael ond gan yr Arglwydd. Dylem gyfrannu beth allwn ni i frysio dyfodiad y diwrnod hwnnw.

Honiad un gweinidog oedd:

> *'A lot of church members singing 'Standing on the Promises' are just sitting on the premises!'*

Gweddi

Daw dydd o brysur bwyso
Ar grefydd cyn bo hir;
Ceir gweld pwy sydd â sylwedd,
A phwy sydd heb y gwir:
O! Dduw, rho im adnabod
Ar f'ysbryd ôl dy law,
Cans dyna'r nod a'r ddelw
Arddelir ddydd a ddaw. Amen *(Ioan ap Gwilym)*

LLYFR OBADEIA

44. Obadeia (1-21)

Cyflwyniad

Y llyfr yn enw Obadeia yw'r byrraf yn yr Hen Destament. Ni wyddom ddim am y proffwyd ond ei enw, ac mae ansicrwydd ynghylch hwnnw. Mae'n wir y gall 'Obadeia' fod yn enw ar berson, ond ei ystyr yw 'gwas Yahweh, Duw Israel', a chred rhai esbonwyr yw na olyga mwy na 'phroffwyd'.

Cefndir ei broffwydoliaeth yw'r elyniaeth a fodolai rhwng Israel ac Edom. 'Edom' oedd yr enw a roddwyd ar lwyth Esau, ac 'Israel' oedd yr enw a roddwyd ar lwyth Jacob. Efeilliaid oedd y ddau, ond roedd y broffwydoliaeth a roddwyd amdanynt i'w mam cyn eu geni, yn awgrym o'r hyn a ddeuai: 'Dwy genedl sydd yn dy groth, a gwahenir dau lwyth o'th fru, bydd y naill yn gryfach na'r llall a'r hynaf yn gwasanaethu'r ieuengaf' (Genesis 25:23).

Esau oedd yr hynaf a'r cryfaf, ac mae'r ffaith fod Isaac wedi hawlio ei enedigaeth-fraint fel tâl am gawl coch pan oedd ei frawd yn llwgu yn dweud llawer am y berthynas oedd rhyngddynt (Genesis 25:29-34). Ni helpodd y fam bethau pan gynorthwyodd Jacob i dwyllo ei dad, yr hynafgwr dall, Isaac, a derbyn ei fendith cyn iddo farw (Genesis 27:1ff). Bu'n rhaid i Jacob ffoi, a bu dros ugain mlynedd cyn iddo gwrdd ag Esau eto.

Cymodwyd y brodyr, ond ni ellir dweud bod fawr o gariad rhyngddynt ar ôl hynny. Yn sicr ni bu erioed gariad rhwng disgynyddion Esau a Jacob, sef Edom ac Israel. Ffiniai Edom ac Israel, gydag Edom yn gorwedd i'r gorllewin o Israel rhwng Cefnfor Aquabah a'r Môr Marw. Ar hyd y blynyddoedd bu brwydrau rhwng y ddwy wlad - yn nyddiau Dafydd, Solomon ac eraill o frenhinoedd Israel a Jwda. Rhagfynegai Obadeia farn ar Edom oherwydd chwerwedd a chasineb tuag at Israel.

Myfyrdod

Ysywaeth, nid peth anarferol yw gelyniaeth sy'n gallu parhau rhwng gwledydd am ganrifoedd - fel yr elyniaeth rhwng Lloegr a Ffrainc tan gytundeb yr *Entente Cordiale* (1904). Ers 1948 gwelwn elyniaeth yn y Dwyrain Canol rhwng Israel a'r gwledydd Arabaidd, ac nid oes unrhyw argoel y bydd hynny'n dod i ben yn fuan.

Darllenais fod ysgolheigion wedi amcangyfrif ar ddechrau'r 1990au mai dim ond 292 o flynyddoedd o heddwch a welodd y byd rhwng 3600 C.C. a 1969 O.C. Yn ystod y cyfnod hwnnw bu 14,351 o ryfeloedd bach a mawr. Amcangyfrifwyd fod 3.64 biliwn o bobl wedi eu lladd, a bod gwerth yr eiddo a ddinistriwyd yn gyfartal â gwerth cylch o aur, 97.2 milltir o led, a hyd at 33 troedfedd o uchder, yn cylchynu'r byd. Mae'r niferoedd wedi cynyddu'n sylweddol er 1969!

Nid yw'r Eglwys erioed wedi gwybod yn iawn sut i ymateb i ryfel. Mae'r ddelwedd o ryfel yn amlwg yn ein hemynyddiaeth ni. Rhai o'r swyddogion recriwtio gorau yng Nghymru adeg y Rhyfel Byd Cyntaf oedd y gweinidigion Anghydffurfiol. Pregethai John Williams, Brynsiencyn, mewn lifrau milwrol wedi iddo gael ei wneud yn gyrnol 'anrhydeddus' yn y fyddin. Dyfarnodd Prifysgol Cymru D.D. er anrhydedd iddo. Ond nid ef oedd yr unig weinidog i annog bechgyn Cymru i ymuno â'r fyddin. Talodd y capeli'n ddrud am hynny ar ôl 1919.

Ceisiodd Awstin Sant a Thomas Aquinas ac eraill ddadlau o blaid Rhyfel Cyfiawn, a gosodwyd rheolau iddo, megis bod rhaid cael rheswm da drosto; mai diogelu heddwch yw'r nod; na ddylid mynd i ryfel er mwyn hunan-les, nac er mwyn profi grym; bod pob ffordd arall o gwrdd â'r drwg wedi methu, neu'n debygol o fethu; na fyddai'r defnydd o arfau yn creu mwy o ddrwg na'r hyn y mae rhyfel yn ceisio rhoi terfyn arno, ac ati. A ellir llunio rheolau ar gyfer y fath beth â rhyfel - ac os gellir, pwy fydd yn sicrhau eu bod yn cael eu cadw? '*We have misguided men with guided missiles*', oedd rhybudd Martin Luther King.

Mae her i'r Cristion yng ngeiriau Iesu yn Mathew 5:39: '... Os bydd rhywun yn dy daro ar dy foch dde, tro'r llall ato hefyd.' Gallwn wneud hynny fel unigolion, efallai, ond beth ddisgwylir inni wneud os mai taro'n rhieni, neu'n gwraig neu'n plant, neu rywun annwyl a wna gelyn?

Gweddi

Arglwydd Iesu, cynorthwya ni i wireddu geiriau'r emynydd:
Duw'n Dad trugarog, brodyr oll ŷm ni,
cerddwn oll gyda'n gilydd mewn hedd a harmoni. Amen

(cyf. Harri Williams, C.Ff., 867)

LLYFR JONA

45. Jona (4:1-11)

Cyflwyniad

Am a wn i, Jona o blith 'y proffwydi llai' yw'r un y gwyddom fwyaf amdano. Mae ei enw yn adnabyddus i blant, ac fe wyddant rywfaint o'i stori, er mai pysgodyn mawr a'i llyncodd, nid morfil! Mae'r llyfr hwn yn wahanol i lyfrau'r proffwydi eraill i gyd oherwydd stori am broffwyd ydyw, ac nid cofnod o broffwydoliaeth. Yn wir, dameg ydyw.

Galwodd Duw ar Jona i fynd i Ninefe yn Assyria i rybuddio'r trigolion yno ei fod yn ymwybodol o'u drygioni ac fe'i cosbir. Dewisodd Jona beidio â mynd, a ffoi oddi wrth yr Arglwydd gan fynd y ffordd arall ac anelu am Tarsis ar long yn hwylio o Joppa. Gwrthod mynd i gyhoeddi neges yr Arglwydd i elyn Israel wnaeth Jona gan ei fod yn siwr y byddai maddeuant ar gael iddynt ped edifarhaent (4:2). Roedd Jona am weld gelynion Israel yn dioddef, ac roedd yn gas ganddo feddwl y gallent ddianc rhag cosb Duw drwy edifarhau; ac felly ceisiodd osgoi mynd i bregethu yn Ninefe.

Wrth iddo ffoi ar y môr, danfonodd yr Arglwydd storm mor arw 'nes bod y llong mewn perygl o gael ei dryllio'. Roedd Jona eisoes wedi dweud wrth y morwyr ei fod yn ffoi oddi wrth yr Arglwydd, ei Dduw (1:10), a thaflwyd ef i'r môr, 'a llonyddodd y môr o'i gynnwrf'. Ond roedd Duw wedi trefnu i bysgodyn mawr i lyncu Jona, a bu ym mol y pysgodyn am dri diwrnod cyn cael ei chwydu ar y lan.

Pan ddaeth gair yr Arglwydd ato'r eildro, ufuddhaodd a mynd i Ninefe. Fe gafodd lwyddiant anhygoel pan ddywedodd y byddai dinas Ninefe yn cael ei dymchwel mewn deugain niwrnod. Clywodd y brenin y newydd a chyhoeddodd broclamasiwn yn gorchymyn i'r bobl wisgo sachliain a galw ar enw yr Arglwydd. Felly credodd pobl Ninefe, edifarhau, ac ennill ffafr Duw. Dyna yr ofnai Jona y byddai'n digwydd, ac fe bwdodd. Ymneilltuodd i gaban yn nwyrain y ddinas ac aros i weld beth a ddigwyddai. Oherwydd y gwres, trefnodd Duw i blanhigyn dyfu i gysgodi Jona. Ond drannoeth lladdodd prifyn y planhigyn, a chollodd

Jona'r cysgod, a theimlo'n ddig wrth Dduw. Roedd y goeden yn beth da, a lladdodd Duw ef. A dywedodd Duw:

> 'Yr wyt ti'n tosturio wrth blanhigyn na fuost yn llafurio gydag ef nac yn ei dyfu ... Oni thosturiaf finnau wrth Ninefe, y ddinas fawr lle mae mwy na chant ac ugain o filoedd o ddynion ...?' (4:11)

Myfyrdod

Mae'n amheus a oes unrhyw un yn gallu hawlio ei fod yn rhydd o bob rhagfarn - er y byddem ni'n debygol o ddadlau nad yw'n wir amdanom ni'n bersonol! Fe ddywedwyd mai rhywbeth a ddysgwn ydyw, gan na chafodd neb ei eni â rhagfarn yn ei gyfansoddiad.

Hoffaf y stori am y crwt bach yn dechrau yn yr ysgol ac wedi mynd adre yn dweud bod ganddo ffrind newydd. Gofynnodd ei fam beth oedd enw ei ffrind, a phan glywodd yr ateb meddyliodd mai crwt bach du ydoedd. Gofynnodd i'w mab bach ai bachgen bach du oedd y ffrind newydd, a'r ateb a gafodd oedd, 'Fe edrycha' i yfory!'

Mae rhagfarn yn ein cymell i chwilio am esgus i feirniadu, a gall arwain hefyd at ddieithrwch, ac ymgais i briodoli bob siort o wendidau i'r person arall. Anelir rhagfarn at bob math o bobl: yr anabl; y diwaith; y digartref; y sawl sy'n perthyn i ryw blaid wleidyddol gwahanol i'r hyn a gefnogwn ni; neu pobl sydd â safbwynt gwahanol i'r eiddom ni; ffoaduriaid a phobl o hil a chrefydd wahanol. Gall hyd yn oed oedran arwain at ragfarn mewn rhai pobl. Mae'r rhestr yn ddiddiwedd.

Gwelir rhagfarn yn y Testament Newydd: Iddew a Chenedl-ddyn; Pharisead a Sadwcead; y Crefyddol a'r 'Publicaniaid'; rhagfarn yn erbyn merched. Cafodd yr Iesu ei hun flas o ragfarn yr offeiriaid; a Christnogion ragfarn yr Iddewon Uniongred.

Tybed a ydym yn adnabod ein rhagfarnau ni ein hunain?

Gweddi

Ehanga 'mryd a gwared fi
rhag culni o bob rhyw,
rho imi weld pob mab [a merch] *i ti,*
yn frawd [a chwaer] *i mi, O Dduw.* Amen *(cyf. Nantlais, C.Ff., 805)*

LLYFR MICHA

46. Micha (6:8-16)

Cyflwyniad

Cyfoedion Micha oedd Amos a Hosea a broffwydai yn nheyrnas y gogledd (Israel), ac Eseia, a broffwydai yn nheyrnas y de (Jwda). Cyfeiria Micha ei eiriau at Jerwsalem a Samaria, prifddinasoedd y ddwy deyrnas, ond mae'r hyn a ddywed hefyd yn berthnasol i'n dyddiau ni.

Condemnia fawrion Jwda ac Israel: llywodraethwyr, offeiriaid a phroffwydi. Gresyna Mica at y llwgrwobrwyo a'r budr elwa a welir yn y teyrnasoedd o gwmpas, a hynny ar draul y tlodion (y gwan); mae'n gofidio am anonestrwydd mewn busnes ac yn condemnio'r hyn a ystyriai yn grefydd arwynebol.

Myfyrdod

Mae'r hyn a flinai Micha i'w weld mewn sawl cymdeithas yn ein byd o hyd. Ni ddiflannodd yr anghyfiawnder y bu ef ei gondemnio mor hallt.

O ran llwgrwobrwyo a budr elw, fe'i gwelir yn rhemp yn rhai o wledydd y 'Trydydd Byd'. Yno, wedi cyfnodau o dan sawdl imperialaeth, mae arweinwyr yn casglu cyfoeth mawr iddynt hwy eu hunain a'u perthnasau, ar draul ecsbloetio pobl dlotaf eu gwlad. Nid yw Prydain yn rhydd o'r camwri chwaith. Y mae'r newyddiadurwyr a ymchwiliodd i fywyd ein gwleidyddion yn ystod y blynyddoedd diwethaf yn dangos nad yw pob un ohonynt hwythau yn ddieuog o gamddefnyddio'u safleoedd er mwyn elwa. Mae rhai gwleidyddion amlwg, a fu ar un adeg yn dadlau o blaid a chefnogi'r gweithiwr, ac a gyrhaeddodd y brig, bellach yn werth eu miliynau, gan godi miloedd o bunnoedd am siarad mewn cynadleddau!

Fe glywn yn gyson am y 'fat cats' ym myd busnes a diwydiant, gyda chyfarwyddwyr cwmnïoedd mawr yn talu miliynau o bunnoedd iddynt hwy eu hunain, a swm 'teidi' i'w cyfranddalwyr, pan yw eu busnesau yn methu, yn gwneud colled ac yn cau. Fe'u gwnânt ar draul y gweithwyr cyffredin sy'n talu am hyn drwy'r camddefnydd o'r arian a gyfrannwyd i gronfa eu pensiynau hwy. Ac ar ben hynny collant eu gwaith.

Mae hyd yn oed crefydd yn cael ei llygru hefyd. Mae'r straeon a glywir am gyfoeth rhai o weinidogion America a gwledydd eraill sy'n sefydlu eu 'heglwysi' eu hunain, a'r ymlyniad eithafol iddynt (*personality cult*) yn heintio Cristnogaeth ac yn rhoi enw drwg iddi. Nid yw clywed y gweinidogion hyn yn addo llwyddiant i'w cefnogwyr os cyfrannant arian at eu gwaith yn beth dieithr. Tra bo rhai gweinidogion yn ennill ond ychydig am eu gwasanaeth i'r Deyrnas, weithiau ar gost uchel iddynt hwy eu hunain a'u teulu, mae eraill yn gwneud ffortiwn. Cyfiawnheir hyn gan ddiwinyddiaeth llwyddiant - y '*Prosperity Gospel*' - sydd mor amlwg yn America. Cred yw hwn bod llwyddiant ariannol yn arwydd o lwyddiant ysbrydol.

Fersiwn ryfedd arall o Efengyl Ffyniant yw '*Name it and claim it*'. Ynddo mae person yn dod o hyd i adnod yn cynnwys ryw addewid yn y Beibl (yr Hen Destament fel arfer, a does dim ots am gysylltiadau'r adnod) ac yn hawlio'r addewid sydd yn yr adnod honno iddo ef ei hunan, bydded am gyfoeth, iechyd, llwyddiant, ac ati. Fe welir yr 'Efengylwyr' hyn ymhlith y *televangelists* mewn rhaglenni a ddangosir ar rai o orsafoedd Cristionogol y wlad hon. Prin fod eisiau dweud mai gorsafoedd teledu masnachol yw'r rhai Cristnogol, hefyd.

Nid yr hyn a eilw Dafydd Morris yn 'grefydd heb ei grym' (C.Ff., 291) yw unig broblem Cristionogaeth heddiw, ond pobl sy'n arfer y math pechadurus o rym.

Gweddi

O Arglwydd grasol, trugarha
a symud bla y gwledydd,
darostwng falchder calon dyn
a nwydau blin orthymydd;
a dysg genhedloedd byd o'r bron
i rodio'n isel ger dy fron,
Iôr union, bydd arweinydd. Amen *(J.T.Job, C.Ff., 855)*

LLYFR NAHUM

47. Nahum (1:1-9)

Cefndir

Roedd dinas Nineveh yn gorwedd ar lan yr afon Tigris, ger y fan a adwaenom ni heddiw fel Mosul, Irac. Hi oedd prifddinas Asyria, y ddinas wych y cafodd Jona ei gomisiynu i'w hachub, a hynny'n groes i'w ewyllys. Mae Nahum yn cael comisiwn gwahanol sef darogan cwymp a dinistr y ddinas. (Mae rhybudd debyg yn ymddangos eto ym mhroffwydoliaeth Seffaneia, 2:13.)

Prifddinas y wlad a oresgynnodd Israel oedd Ninefe, ac er mai rhagweld cwymp Asyria a wna'r proffwyd, mae ei broffwydoliaeth yn dechrau drwy sôn am gyfiawnder, grym a gallu Duw Israel. Ar sail hyn cyhoedda fod goruchafiaeth Asyria ar ddod i ben (1:15) ac y byddai Ninefe yn cael ei llwyr ddinistrio. Digwyddodd hynny, a heddiw gwelir twmpath gerllaw Mosul, lle safai Ninefe unwaith. Achubwyd llawer o'i thrysorau gan archaeolegwyr, ond cafodd nifer fawr ohonynt eu difetha yn y blynyddoedd pan oedd Mosul wedi ei meddiannu gan ISIL (2014-2017).

Lle gynt yr oedd Duw wedi defnyddio byddin Asyria i gosbi Israel, yr oedd ef bellach am ddefnyddio byddinoedd Babilon a Media i ddifetha Ninefe ac Asyria yn llwyr, a'u hanrheithio (pennod 2). Mae'n cymharu'r dinistr fel ymosodiad gan lew sy'n darnio'i ysglyfaeth ac yn llenwi ei ffau â'r gweddillion (2:11-12). Mae darlun o'r hyn fydd yn ddigwydd i Ninefe yn dilyn (3:1-4). Fe ddigwydd hynny am iddi hi ddenu'r cenhedloedd ati, fel putain, i dreisio Israel. Fe fydd yn dioddef yr hyn a ddioddefodd No-amon (Thebae) yn yr Aifft, a 'Bydd pob un a glyw'r newydd amdanat yn curo dwylo o'th blegid. A oes rhywun nad yw wedi dioddef oddi wrth dy ddrygioni diddiwedd?' (3:19)

Myfyrdod

Mae proffwydoliaeth Nahum yn hollol wahanol i broffwydoliaeth Jona. Y naill yn dangos Duw yn mynnu cosbi Ninefe am ei drwg-wethredoedd, y llall yn mynnu bod Ninefe i gael ail gyfle pe bai'n edifarhau - a dyna a ddigwyddodd. Ni theimlai Jona fod hynny'n deg; roedd am weld Ninefe yn cael ei dinistrio.

Mae gan y Testament Newydd ddarlun hollol wahanol o Dduw nag eiddo'r Hen Destament, sy'n ei ddarlunio fel duw mympwyol. Roedd cyfraniad yr Iddew yn y byd crefyddol wedi gwneud cam mawr ymlaen wrth sylweddoli mai un Duw sydd, a hwnnw'n Dduw byw, er na welai dynion ef â'u llygaid, ond ei adnabod yn eu profiad. Ni allent beidio â phriodoli rhinweddau dynol i Dduw wedi iddynt sylweddoli nad oedd eilunod yn ddim ond gwrthrychau o waith llaw dyn. Dod i'r byd i ddatguddio'r holl wirionedd am Dduw wnaeth Iesu Grist gyda'i ddatguddiad yn dangos bod yr Arglwydd Dduw yn Abba Dad ac mai dyna a fu erioed. Roedd Iesu a'r Tad yn un (Ioan 19:30), a'r neb a welodd ef a welodd y Tad (Ioan 1:18; cymh. 6:46), a chyhoedda'r Testament Newydd hefyd fod 'Iesu Grist, yr un ddoe, a heddiw ac am byth' (Hebreaid 13:8). Golyga hyn i gyd y gellir dweud bod yr Arglwydd Dduw, hefyd, 'yr un ddoe, a heddiw ac am byth.' Mae'n ddigyfnewid.

Un sy'n gallu newid ei feddwl a gweithio'n fympwyol yw darlun yr Hen Destament o Dduw. Mae'n dduw all fod yn drugarog, ond ar adegau eraill mae'n cosbi'n ddi-drugaredd. Mae'n digio ac yn dial, a'r gosb yn parhau hyd at y drydedd a'r bedwaredd genhedlaeth, ac mae ei ofynion yn drwm a chaled. Mae'n dduw sy'n anwadal, yn anghyson. Sonnir amdano'n edifarhau am yr hyn a wnaeth (2 Samuel 24:16). Dim ond am bobl yn edifarhau y darllenwn yn y Testament Newydd.

Duw sy'n 'Abba Dad' yw datguddiad yr Iesu ohono. Gair Aramaeg (iaith bob dydd yr Iesu) oedd 'Abba'. Ni theimlai y sawl oedd yn gyfrifol am ysgrifennu'r Testament Newydd mewn Groeg y gallent ei gyfieithu (fel ein gair 'hiraeth' ni). Ni chawsai caethweision gyfarch eu meistr fel 'Abba', er mai ef oedd 'tad' y teulu. 'Abba', oedd y ffordd y byddai plant bach ar yr aelwyd yn cyfarch eu tad, gan ymddiried yn llwyr ynddo, a theimlo eu bod yn agos ato, ac yntau atynt hwy. I mi, mae rhyw ddieithrwch rhwng y plant a'u tad pan alwant ef yn 'Father'. Nid yw defnyddio'r gair Cymraeg, 'Nhad', yn caniatáu'r fath ddieithrwch!

Rhywun agos i'w blant yw tad da; bydd ei blant yn credu y gall wneud unrhyw beth, ond ni fydd yn eu sbwylio /difetha; fe fydd yn eu disgyblu ar adegau ond byth yn eu niweidio. Yn wir, mae cosb gorfforol ar blentyn yn anghyfreithlon ym Mhrydain heddiw. 'Abba Dad' yw Duw, a dyna fu ein Tad nefol erioed.

Gweddi

Diolchaf am gael Duw sy'n Dad i mi!
Cael Duw yn Dad, a Thad yn noddfa,
noddfa'n graig, a'r graig yn dŵr,
mwy nis gallaf ei ddymuno
gyda mi mewn tân a dŵr:
ohono ef mae fy nigonedd,
ynddo drwy fyddinoedd af;
hebddo, eiddil, gwan a dinerth,
colli'r dydd yn wir a wnaf. Amen *(Ann Griffiths, C.Ff., 192)*

LLYFR HABACUC

48. Habacuc (1:1-4; 3:17-19)

Cyflwyniad

Ymgodymu â hen broblem oesol a wna Habacuc: 'Pam y mae Duw yn caniatáu i'r drwg lwyddo pan yw'r da yn dioddef?' Awgryma nad yw cyfiawnder byth yn llwyddo, a bod y gyfraith yn rhy wan i ddelio ag anghyfiawnder.

Ateb Duw iddo oedd ei fod ef yn gweithredu, ond mewn ffordd 'na choeliech, pe dywedwn wrthych'. Nid yw'r ateb yn bodloni Habacuc gan mai'r Arglwydd ei hun a osododd y safon ar gyfer pobl. Ymateb Duw i hyn oedd rhestru nifer o waeau. Wedi dweud bod cyfoeth yn dwyllodrus, ychwanega:

> 'Gwae'r un sy'n pentyrru'r hyn nad yw'n eiddo iddo
> ac yn ei feichio'i hun â gwystlon ...
> Gwae'r sawl a gais enillion drygionnus i'w feddiant
> er mwyn gosod ei nyth yn uchel ...
> Gwae'r sawl sy'n adeiladu dinas drwy waed
> ac yn sylfaenu dinas ar anwiredd ...
> Gwae'r sawl sy'n gwneud i'w gymydog yfed o win ei lid,,
> ac yn ei feddwi er mwyn cael gweld ei noethni ...
> Gwae'r sawl a ddywed wrth [eilun] bren, "Deffro"
> ac wrth garreg fud, "symud" ' (2:6; 9; 12; 15; 19).

Cofia Habacuc am rai o weithredoedd Duw yn hanes Israel, ac mae'n erfyn arno i barhau ei waith. Cyhoedda fod Duw yn Rhyfelwr Dwyfol grymus sy'n gwrthwynebu'r sawl sy'n gormesu ei bobl ddewisiedig. Ef hefyd yw crëwr a chynhaliwr y bydysawd, ac er na chafodd Habacuc ateb uniongyrchol i'w gwestiwn, mae ei sgwrs â Duw wedi cryfhau ei ffydd a'i ymddiriedaeth ynddo, beth bynnag yr amgylchiadau.

Dengys proffwydoliaeth Habacuc nad ydyw'n bechod i gwestiynu bwriadau Duw, oherwydd er na ddaw'r ateb a geisiwn, gall arwain at gryfhau'n ffydd ynddo.

Myfyrdod

Fe glyw-wn pobl yn dweud am ryw ddigwyddiad, 'Roedd hi'n fendith bod hynny wedi digwydd'. Dywedais y peth fy hunan, droeon. Pan fu farw Verina dywedodd sawl un hynny wrthyf fi, wrth sôn am ei dioddefaint a'r boen a gafodd yn ystod blwyddyn olaf ei bywyd. Nid amheuais ei fod yn fendith i Verina, ond roedd ymhell o fod yn fendith i mi. Y cwestiwn a'm poenai oedd, 'Pam Verina?' Amrywiaeth ydyw ar gwestiwn Habacuc. Ac mae'r cwestiwn 'Pam?' ar wefus pawb ar adegau yn eu hanes hwy. Ysywaeth, mae'n gwestiwn na all neb ei ateb.

Gweld rhywbeth yn y tymor byr a wnawn ni, ond mae Duw yn gweithio yn y tymor hir, ac yn aml mewn ffordd sydd y tu hwnt i'n deall a'n dychymyg ni. Os sylweddolwn hyn, gallwn ddweud gyda Habacuc,

'Er nad yw'r ffigysbren yn blodeuo,
ac er nad yw'r gwinwydd yn dwyn ffrwyth:
er i'r cynhaeaf olew ballu,
ac er nad yw'r meysydd yn rhoi bwyd;
er i'r praidd ddarfod o'r gorlan,
ac er nad oes gwartheg yn y beudai;
eto llawenychaf yn yr Arglwydd,
a llawenhaf yn Nuw fy iachawdwriaeth.
Yr Arglwydd Dduw yw fy nerth;
gwna fy nhraed yn ysgafn fel ewig,
a phâr imi rodio uchelfannau' (Habacuc 3:17-19).

Gweddi

Trwy ddirgel ffyrdd mae'r uchel Iôr
yn dwyn ei waith i ben ...
Na farna Dduw â'th reswm noeth,
cred ei addewid rad;
tu cefn i len rhagluniaeth ddoeth
mae'n cuddio wyneb Tad. (cyf. Lewis Edwards. C.Ff., 66)

Pan na ddeallwn dy ffyrdd, Arglwydd Da, cynorthwya ni i gofio mai ffyrdd Tad sy'n ein caru ydynt. Amen

LLYFR SEFFANEIA

49. Seffaneia (3:1-13}

Cyflwyniad

Roedd Seffaneia yn proffwydo yn gynnar yn nheyrniasad Joseia, a hynny cyn y diwygiad a ddigwyddodd yn Jwda [gw. Myfyrdod 13]. Pan broffwydai roedd y deyrnas yn dal yn drwm o dan ddylanwad tad Joseia, y brenin Amon, a'i dad-cu, Manasse - dau frenin y dywed y Beibl amdanynt y gwnaethant 'ddrwg yng ngolwg yr Arglwydd' (2 Bren.21:20). Roedd safonau crefyddol a moesol y wlad wedi disgyn yn isel iawn yn ystod teyrnasiad hynafiaid Joseia. Cyflwr Jwda a boenai Seffaneia, y proffwyd, pan ddaeth Joseia i'r orsedd. Ni ddywed hynny yn ei broffwydoliaeth, ond mae'r ffaith fod copi'r Deml o 'Lyfr Cyfraith yr Arglwydd' wedi mynd i golli yn dangos hynny.

Achau Seffaneia yn adnod gyntaf ei broffwydoliaeth yw'r cyflwyniad mwyaf manwl o gefndir proffwyd a welir yn yr Hen Destament; ac wedi'r cyflwyniad, cyn dweud dim arall, ceir rhybudd am farn Duw. Y mae'r Goruchaf yn barod i ddadwneud yn llwyr y gwaith a wnaeth wrth greu'r byd (1:2-3). Ond tynnir sylw arbennig at Jwda a Jerwsalem, y rhai a wnaeth gyfamod ag ef. Am iddynt dorri eu cyfamod â Duw bydd eu dioddefaint hwy yn waeth. Maent wedi addoli Baal ac wedi ceisio cyfuno arferion paganaidd ag Iddewiaeth. Roeddent yn addoli duwiau eraill yn ogystal â Yahweh, Duw Israel. Roedd Duw eisoes wedi paratoi ar gyfer eu aberthau hwy, fel y gwna offeiriad. Y rhai cyntaf i'w cosbi fyddai 'y swyddogion a'r tŷ brenhinol, a phawb sy'n gwisgo dillad estron' h.y., y bobl sy'n gyfrifol am gymysgu'r crefyddau ac yn gyfrifol am drais a thwyll (1:8-9). Ac ar y dydd hwnnw, bydd barn Duw yn lledu dros y wlad i gyd. Byddai'n ddydd o ddicter, blinder, gofid, dinistr, difrod, ac ati (1:14-18).

Ond, er hynny i gyd, y mae gobaith os gwna'r bobl edifarhau (2:1-4). Fodd bynnag, y mae difrifoldeb y sefyllfa'n cael ei bwysleisio drwy sôn am yr hyn a ddigwydd i'r gwledydd o amgylch, cyn i'r proffwyd gyfeirio at Jwda a Jerwsalem unwaith eto.

Yn hanes Jwda, achubwyd y sefyllfa pan ddarganfuwyd 'Llyfr

Cyfraith Moses' wrth atgyweirio'r Deml, a daeth hwnnw'n sail i ddiwygiad Joseia (2 Brenhinoedd 34:8ff.) pan roddwyd Duw a chyfiawnder yn ôl ar yr orsedd.

Myfyrdod

Mae hen stori am ferch fach yn mynd i'r Band of Hope ar ganol wythnos ac yn cael dau bisyn chwech gan ei mam. (Ddwedais i ei bod yn hen stori!) Roedd un ar gyfer y casgliad yng nghwrdd y plant, a'r llall iddi hi i brynu loshin ar y ffordd adre, am fod yn ferch dda. Wrth redeg lawr yr hewl, syrthiodd un darn arian o'i llaw a rholio i fewn i'r gratin ger y pafin. 'Mae'n ddrwg 'da fi, Duw', meddai'r ferch fach, 'ond dy bisyn chwech di oedd hwnna!'

I bob pwrpas, dyna grynodeb o neges Seffaneia. Ar ôl holl ddaioni a bendithion Duw i'r genedl, mae Jwda wedi ei wthio i'r ail safle yn ei Deml ei hun gan i'r bobl gofleidio crefyddau a duwiau eraill, a rhoi lle amlwg iddynt yn y Deml yn Jerwsalem. Roeddent wedi diystyru ac o bosibl anghofio bendithion a haelioni'r Arglwydd.

Mae Luc 12:47 yn cofnodi geiriau'r Iesu:

> 'A phob un y mae llawer wedi ei roi iddo, llawer a geisir ganddo; a'r hwn y mae llawer wedi ei ymddiried iddo, mwy fyth a ofynnir ganddo'.

Ymddiriedodd Duw lawer i Brydain dros y blynyddoedd. Rhoddodd gyfoeth inni o adnoddau a berthynai i wledydd eraill, ond beth wnaethom ag ef? Onid ei gadw i ni ein hunan, gan elwa arno a methu â gofalu am yr anghenus ar draws y byd? Bellach cwynwn fod y rhai a amddifadwyd gan y Gorllewin o'u hadnoddau a'u cyfoeth hwy eu hunain yn y gorffennol, am ddod i fyw yn ein gwlad ni; a chwynwn am y cymorth a roddwn i rai o wledydd tlotaf y byd. Ar Sinai rhoddodd yr Arglwydd arweiniad sut y dylai ei bobl fyw. Ond, fel yn nyddiau Amon a Manasse, tad a thad-cu Joseia, fe gollasom ni, hefyd, 'Llyfr Cyfraith yr Arglwydd'. Rŷm ni wedi anwybyddu Duw, ei hawliau a'i gyfarwyddiadau i bob pwrpas, a chreu ein safonau ein hunain. Dioddefwn y canlyniadau.

Os yw Cymdeithas yn chwalu yng Nghymru a Phrydain heddiw, pwy sy'n gyfrifol am hynny?

Gweddi

Cyffwrdd ynom, Dduw pob gweithred,
ennyn ynom awydd gwiw
i liniaru ofnau dwysaf
yr anghenus o bob lliw:
dysg i'n dwylo roi esmwythyd
i'r eiddilaf dan ei loes;
gad i'n traed ledaenu cariad
a ddadlennwyd ar y groes. Amen *(Dewi Jones, C.Ff., 585)*

LLYFR HAGGAI

50. Haggai (2:1-9)

Cyflwyniad

Pwrpas Haggai wrth broffwydo oedd calonogi a chefnogi ei gyd-wladwyr i ail-adeiladu'r Deml [gw. Myfyrdodau 16 a 17]. Ychydig dros drigain mlynedd yn gynt, roedd y Babiloniaid wedi gorchfygu'r Iddewon, dinistrio'u Teml, dwyn ei chyfoeth, a chludo'r bobl i gaethiwed Babilon. Ond daeth tro ar fyd, a chafodd y Babiloniaid hwythau eu dinistrio gan y Persiaid, a chaniataodd Cyrus, brenin Persia, i 50,000 o Iddewon i ddychwelyd i Jerwsalem i ail-adeiladu'r Deml. Ni frysiwyd gyda'r gwaith – yn rhannol oherwydd gwrthwynebiad cymdogion yr Iddewon, ond yn bennaf oherwydd difrawder y bobl.

Aeth deunaw mlynedd heibio wedi dychwelyd i Jerwsalem cyn i Haggai ddechrau proffwydo, a'i amcan oedd annog ac ysgogi ei gydwladwyr i fwrw ati o ddifri a gweithio'n fwy dygn ac egnïol i orffen y dasg ac anrhydeddu'r Arglwydd. Dyna pam y gofynnodd: 'A adawyd un yn eich plith a welodd y tŷ hwn yn ei ogoniant cyntaf? Sut yr ydych chwi yn ei weled yn awr? … Bydd gogoniant y tŷ diwethaf hwn yn fwy na'r cyntaf …' (2:3).

Mae pawb wrth edrych yn ôl yn tueddu i gofio gorau'r gorffennol, gan anghofio'r gwaethaf (cymh. Numeri 11:4). Meddai R.T.Jenkins: 'Y mae'r gorffennol ymhell oddi wrthym; y mae'n haws gweled ei ragoriaethau na'i ffaeleddau.' 'Ddoe'n aur, heddiw'n arian', meddai J.Rhys Daniels. Nid oes amheuaeth fod Haggai yn sicr y byddai unrhyw un a gofiai am Deml Solomon fel y bu cyn ei dinistrio gan y Babiloniaid yn cofio'i gwychder a'i godidowgrwydd; a gwyddai fod heddiw'r Deml yn Jerwsalem yn warth – a'i awydd ef oedd adfer gwychder y Deml a bwrw ati i weithio gan gael eraill i gydweithio ag ef.

Roedd y sefyllfa a wynebai'r dychweledigion pan ganiataodd Cyrus iddynt fynd nôl i Jerwsalem yn drychinebus: y Deml fawr wedi'i dinistrio, y gwaith yn aruthrol, a'r cymdogion yn elyniaethus. Fe ddechreuwyd ar y gwaith yn ddigon brwdfrydig, a chwblhawyd y gwaith o ail-osod y sylfeini o fewn dwy flynedd. Ond, i bob pwrpas, daeth y gwaith i ben ar ôl hynny, ac wedi blynddoedd o wneud fawr o ddim, y mae Haggai yn ceisio tanio brwdfrydedd y dychweledigion unwaith eto. Roedd y bobl wedi llaesu dwylo i'r fath raddau fel na sylweddolent ei bod hi'n argyfwng arnynt ac yn hen bryd iddynt weithio!

Roedd Haggai yn gwybod yn dda am wychder y gorffennol ac am y sefyllfa gyfoes, ac eto roedd yn gwbl hyderus am y dyfodol. Pam? Am ei fod yn sylweddoli na fyrhawyd braich yr Arglwydd. Nid yn y dyfodol yr oedd ei ffydd – ond yn Nuw.

Myfyrdod

Yn ystod yr Ail Ryfel Byd roedd yr Arglwydd Elwyn Jones yn aelod seneddol yn nwyrain Llundain. Clywodd am dŷ wedi ei chwalu yn yr etholaeth gan *flying bomb*. Pan aeth y Gwasanaethau Achub yno, gwelsant fod y tŷ wedi ei chwalu yn llwyr ar wahân i'r lloches a adeiladwyd yn y cwtsh dan y stâr - arfer cyffredin mewn dinasoedd ar y pryd. Roedd hen wraig wedi cysgodi yno, a phan arweiniwyd hi allan roedd yn dal yn dynn mewn potel o wisgi. Anogodd yr achubwyr hi i yfed diferyn. Gwrthododd a dweud, '*I'm keeping it for an emergency* !'

Ni wyddai'r fenyw fach pryd roedd hi'n argyfwng arni hi!

Mewn llyfr, *Giant Awakenings*, a gyhoeddwyd yn 1995, y mae Thom S. Rainer yn herio chwech honiad a glywai ef yn America. Heriodd y syniad fod difodiant eglwysi bychain, eglwysi traddodiadol ac addoliad traddodiadol, yr Ysgol Sul, efengylu, a'r enwadau yn anochel. Fe ddiflannent oni ddechreuai'r bobl gydnabod y sefyllfa, meddai, ac ymglywed â'r argyfwng, a dechrau gweithio. 'Ond os gweithiwn, cyhoeddwyd eu tranc yn gynamserol', meddai.

Y methiant i sylwi ei bod hi'n argyfwng arnynt ac yn oedi cyn gwneud dim byd tra'n diethrio oddi wrth Dduw, oedd yn poeni Haggai; ond roedd yn argyhoeddedig mai Duw oedd biau yfory ac nid oedd wedi colli dim o'i ffydd yng ngallu Duw. Nid addo y byddai'r gorffennol yn cael ei ailadrodd a wnaeth y proffwyd, ond addo y byddai'r dyfodol yn rhagori. Mae 'na wahaniaeth! Roedd yr addewid am rywbeth gwahanol, ond gwell. Cofiwn fod yr Eglwys wedi esblygu dros y blynyddoedd. Nid yr un yw'n heglwysi heddiw ag oeddent pan gawsant eu plannu yn yr ail ganrif ar bymtheg.

A gredwn i'r Eglwys fod rhy araf yn sylweddoli ei bod hi'n argyfwng arni hi, a'i bod bellach ar ben arni? Neu a gredwn o hyd mai Duw biau yfory, a bod ganddo rywbeth gwahanol ond gwell ar gyfer ei Eglwys?

Gweddi

Arglwydd Iesu, digalonni, oedi, a llaesu dwylo wnaeth y dychweledigion o Fabilon pan welsant anferthedd y gwaith o ailadeiladu'r Deml yn Jerwsalem; cadw ni rhag digalonni, oedi mwy, a llaesu dwylo wrth gydweithio gyda thi i ailadeiladu dy Eglwys yng Nghymru. Amen

LLYFR SECHAREIA

51. Sechareia (9:9-10)

Cyflwyniad

Proffwydai Sechareia tua'r un adeg â Haggai, a gwelwn yn Llyfr Esra 5:1 a 6:14 fod ganddo ef hefyd gonsyrn am adeiladu'r Deml [gw. Myfyrdodau 16 a 17]. Nid yw hynny mor amlwg yn ei broffwydoliaeth, er iddo ddweud y daw pobl o bell i adeiladu Teml yr Arglwydd (6:15). Fel proffwydoliaeth Eseciel, mae'r hyn oedd ganddo i'w ddweud yn llawn o weledigaethau ac oraclau nad yw eu perthnasedd bob amser yn eglur. I mi, mae Sechareia ymhlith y proffwydoliaethau mwyaf anodd i'w deall a cheisio'u crynhoi a'u hesbonio.

Mae'r wyth cyntaf o'i oraclau (1:7- 6:8), wedi iddynt ddechrau yn fygythiol, yn weledigaethau sy'n mynegi gobaith; '*a positive prophecy [with] exception clauses*' yw sylw un esboniwr. Mae rhan o'r bumed oracl (4:6-10) yn ymwneud â Sorobabel, ac yn ei galonogi i fynd ymlaen â'r gwaith o adeiladu'r Deml. Yn dilyn yr wythfed oracl ceir gweledigaeth o goroni Josua'r Archoffeiriad (er mai enw Sorobabel ddylai fod yno yn ôl rhai) a'i wneud yn fath o frenin. Bwriad Duw oedd i Israel fod yn ddwyfol-lywodraeth (*theocracy*). Roedd y syniad hwn yn ddwfn ym meddwl yr Iddew, er bod cyfnodau hir pan na welwyd brenin Iddewig yn llywodraethu gan fod y gwledydd a goncrai'r wlad yn dewis eu llywodraethwyr eu hunain arni. Glynodd yr Iddew duwiol wrth y syniad, beth bynnag a ddigwyddai, ac wedi blynyddoedd hir o ddisgwyl dechreuwyd sôn am ddyfodiad 'Meseia' - enw nas gwelir yn yr Hen Destament. Ei ystyr yw 'yr un a eneiniwyd', neu 'yr un a ddewiswyd'. Hyd yn oed os nad yw'r gair ei hun yn yr Hen Destament, fe ddisgwylid y byddai Duw yn danfon rhywun i waredu ei bobl. Y person hwnnw yw'r un gafodd ei alw yn 'Meseia' yn y Testament Newydd.

Myfyrdod

Mae'r hyn a ddywed Sechareia am y 'Meseia' i'w weld yn 9:9-10, ac ailadroddir ei broffwydoliaeth yn Mathew 21:4 a Ioan 12:12-16 (cymh.

Marc 11:1-11; Luc 19:28-30). Y geiriau hyn gan Sechareia yw'r adnodau sydd fwyaf adnabyddus o'r holl lyfr - er na sylweddolwn, efallai, mai geiriau Sechareia ydynt. Fe'u deellir fel cyfeiriad at ddyfodiad y Meseia. Awgrym rhai yw mai Iesu ei hun a dynnodd sylw at yr adnod. Nid yw hyn yn peri bod y broffwydoliaeth yn ofer. Profiad yw'r unig beth all wireddu proffwydoliaeth.

Fel arfer, wrth esbonio proffwydoliaethau'r Hen Destament, rhyw berson neu ddigwyddiad cyfoes a gysylltir â'r geiriau a esbonnir. Ond ambell waith mae'n rhaid aros am flynyddoedd - canrifoedd, hyd yn oed - er mwyn gweld perthnasedd yr hyn a ddywed y proffwyd. Mae'r adnodau hyn yn enghraifft dda o hynny. Yr oedi hir cyn i'r hyn a broffwydwyd ddigwydd sy'n creu anhawster i lawer i gredu mewn proffwydoliaeth.

Nid yw proffwyd yn arfer rhoi dyddiad wrth yr hyn a broffwyda, ond mae pobl o hyd yn ddigon parod i wneud hynny drosto! Pa sawl gwaith y clywsom bobl yn dweud yn union pryd bydd yr Ailddyfodiad, neu ddiwedd y byd yn digwydd, gyda'r sawl sy'n cyhoeddi hynny wedi anghofio i'r Iesu ei hun ddweud mai Duw yn unig ŵyr y dydd a'r awr (Mat. 24:36; Marc 13:32)?

Gweddi

Diolch am broffwydoliaethau a all fod yn gyfrwng i'n herio ac agor ychydig ar ein meddyliau. Amen

LLYFR MALACHI

52. Malachi (1:6-14)

Cyflwyniad

Erbyn i Malachi lunio ei broffwydoliaeth, roedd y Deml ar ei thraed, ond bu dirywiad yn yr hyn a ddigwyddai o'i mewn. Roedd y bobl yn dangos eu dirmyg a'u hamharch o Dduw a oedd 'yn fawr hyd yn oed tu allan i Israel'. Fe wnaent hyn oherwydd fod yr offeiriaid yn barod i aberthu aberthau â nam arnynt yn hytrach na'r gorau. Roeddent yn arwain pobl ar gyfeiliorn yn hytrach na dysgu'r gwirionedd iddynt.

Roedd Iddewon yn priodi merched 'duw estron' a daeth paganiaeth yn rhan o'r grefydd Iddewig oherwydd hynny. Iddew yn priodi Iddewes oedd yr unig ffordd i gael 'plant i Dduw'. Roedd Duw yn casáu ysgariad a gweld dynion 'yn anffyddlon i wraig eich ieuenctid'.

Roedd methu parchu Duw yn arwain at fethu parchu cyd-ddyn, a byddai i hyn ei ganlyniadau pan ddeuai yr Arglwydd 'i mewn i'w Deml'. Mae'r Arglwydd Dduw yn ddigyfnewid - a'i safonau a'i ddisgwyliadau yn ddigyfnewid. Cwyn ganddo yn erbyn Iddewon yw iddynt geisio ei dwyllo ef yn eu degymau a'u cyfraniadau. Roedd Duw yn rhoi iddynt hwy lawer mwy na'r hyn roeddent hwy yn fodlon rhoi iddo ef er mwyn cynhaliaeth y Deml.

Ond er y rhestr o fethiannau'r Genedl mewn perthynas â Duw, mae cyfeiriad anuniongyrchol at y Meseia wrth i Dduw gyhoeddi bod trugaredd ar gael i'r Iddew sy'n parchu (ofni) ei enw. Er mwyn i hynny ddigwydd, meddai Duw,

> 'Wele fi'n danfon atoch Elias y proffwyd cyn dod dydd mawr ac ofnadwy'r Arglwydd. Ac fe dry galonnau'r tadau at y plant a chalonnau'r plant at y tadau, rhag imi ddod a tharo'r ddaear â difodiant' (4:5-6).

[Fel y nodwyd eisoes (gw. Myfyrdod 51) ni welir y gair 'Meseia' yng nghyfieithiad y Beibl Cymraeg Newydd o'r Hen Destament. Lle gwelir y gair 'Mashiach' yn nhestun Hebraeg yr Hen Destament, cyfeiria at frenin neu offeiriad a eneiniwyd ag olew sanctaidd.]

Myfyrdod

Er mai llyfr digon byr yw proffwydoliaeth Malachi, mae'n cyffwrdd â nifer o bynciau sy'n berthnasol i'r Eglwys heddiw: amharchu - neu o leiaf anwybyddu - Duw a'i hawliau arnom; cynnig llai na'r gorau iddo; y berthynas rhwng y crefyddau; yr agwedd at wragedd; degymu, a methiant i roi i Dduw yr hyn y mae ganddo'r hawl iddo. Ac eto, nid rhain yw'r pethau pwysicaf i'n trafodaeth ni, ond y cyfeiriad at Elias a'r gobaith a ddeuai gydag ef pan ddychwelai i'r byd.

Roedd i Elias le pwysig yn y grefydd Iddewig, fel mewn Cristnogaeth. Roedd ef a Moses ar fynydd y gweddnewidiad gyda'r Iesu (Mathew 17:1-13), ond fe uniaetha'r Testament Newydd ef â Ioan Feddyddiwr, rhagflaenydd yr Iesu. Ef oedd i gyhoeddi dyfodiad y Meseia, a'r gobaith am ymwared a ddeuai yn ei sgîl.

Fe ellir dadlau bod elfen negyddol yn perthyn i obaith. Pan yw pethau'n wael ac ansicr, rŷm ni'n gobeithio y daw pethau'n well, ond does dim sicrwydd mai felly y bydd. Ar y llaw arall, does dim byd negyddol yn nefnydd Paul o'r gair gan ei fod yn cysylltu gobaith â ffydd a chariad. Awgryma un diwinydd mai perthyn i'r gorffennol y mae ffydd; perthyn i'r presennol y mae cariad; perthyn i'r dyfodol y mae gobaith - edrych ymlaen am a ddaw i ran pob Cristion. Cariad sy'n bwysig yn y presennol. Yma! Nawr! (1 Corinthiaid 13:13). Edrych ymlaen yn hyderus i'r dyfodol wna gobaith.

Mewn cyfweliad â Desmond Tutu yn 2001, gofynnwyd iddo sut y gallai ddal yn optimistaidd yng ngoleuni problemau De Affrica? 'Dwy'i ddim yn optimist', atebodd. 'Mae gen i obaith, a chredaf fod hynny'n llawer gwell.'

Gweddi

Diolch, Arglwydd am y gobaith a roddaist yn ein calonnau.

Gobaith mawr y mae'r addewid
  wedi ei osod draw o'm blaen;
hwn a gynnal f'enaid egwan
  rhag i'm lwfrhau yn lân.

Gobaith, ar ôl maith gystuddiau,
y caf fod heb boen na chlwy';
gobaith, yn y ffwrnais danllyd,
y'm ceir heb fy sorod mwy.

Gobaith yn yr anial garw
y cyrhaeddaf Ganaan wlad;
wedi crwydro 'mhell o gartref
gobaith dod i dŷ fy Nhad. Amen *(John Jones, C.Ff., 778)*

Y Testament Newydd
RHAGARWEINIAD

Pan oedd Verina a fi ar ein gwyliau ar ddechrau 2010 prynais ddau lyfr, *The Complete Gospels* (1998) a'r *Complete Jewish Bible* (1998). Mae'r cyntaf yn cynnwys y pedair Efengyl, ynghyd â chopi o bob darn o 'Efengyl' (16 o ddarnau) a ddarganfuwyd yn y canrifoedd diwethaf, mewn llyfrgelloedd ac mewn ogofâu yn yr Aifft. Copi o gyfieithiad Saesneg gan Iddew sy'n Gristion yw'r *Complete Jewish Bible*. Cyfieithodd testun Groeg y Testament Newydd i'r Hebraeg cyn trosi'r Hen a'r Newydd i'r Saesneg.

Y syndod yw mai mewn siop lyfrau yn Dubai, gwlad Fwslemaidd, y prynais y llyfrau. Roeddem ar un o'n hymweliadau â'r teulu oedd yn byw yno ar y pryd.

David H. Stern, Iddew Meseianaidd (*Messianic Jew*) yw cyfieithydd y *Complete Jewish Bible*. Hwy yw'r Iddewon sydd wedi derbyn yr Arglwydd Iesu Grist fel y Meseia ac maent yn cynnal eu cyfarfodydd mewn 'Synagogau Meseianaidd' ar y Saboth. [Bernir bod Iddewon Cristnogol ar draws y byd yn rhifo hyd at ryw hanner miliwn erbyn hyn.] Y mae'r Beibl hwn yn fersiwn newydd spon sy'n seiliedig ar destun Hebraeg o'r Hen Destament a'r Newydd Yr enwau Hebraeg a roddir i bob cymeriad yn yr argraffiad a chedwir ambell i ymadrodd Hebraeg sy'n anodd ei drosi.

Un llyfr yw'r Beibl hwn, gan na chred y Cristion Meseianaidd fod toriad rhwng yr Hen Destament a'r hyn a alwn ni yn Destament Newydd. Un llyfr ydyw a honnir mai Iddewon oedd awduron y cyfan - dadleuir mai proselyt oedd Luc, yr unig Genedl-ddyn ymhlith awduron y Testament Newydd. Ar gyfer Iddew neu broselyt y casglwyd yr efengylau a'r llythyrau a gweddill y cynnwys yn wreiddiol. Iddew a gyflwynodd y neges i'r Cenedl-ddyn gyntaf, a'r ddadl yn yr Eglwys Fore bryd hynny oedd am y priodoldeb o gredu yn y Meseia heb yn gyntaf gofleidio Iddewiaeth. Cofnodi datblygiad Cyfamod Duw â'i bobl wna'r Beibl Iddewig, o'i ddechrau i'w ddiwedd.

Argyhoeddiad y sawl a baratôdd y *Complete Jewish Bible* yw na ellir gwahaniaethu na gweld ynddo rwyg rhwng Cristnogaeth ac Iddewiaeth yn yr Eglwys Fore. Dylid cofio hyn pan yn dehongli a cheisio esbonio'r Testament Newydd yng ngoleuni gwaith Stern. Aralleiriad geir ganddo yn aml, a rhaid bod yn ymwybodol o hyn. '... *my version of the entire Bible*' yw disgrifiad Stern ei hun o'i waith. Ac eto mae yn ei waith rai cyffyrddiadau gwerthfawr. Ond nid ffydd uniongred yr Eglwys a gyhoedda bob tro.

YR EFENGYLAU
EFENGYL MATHEW

53. Y Gwynfydau (Mathew 5:1-12)

Cyflwyniad

Makarios yw'r gair am 'gwyn eu byd' yn y Bregeth ar y Mynydd. 'Makarios' oedd disgrifiad yr Hen Fyd o Ynys Cyprys, a bydd llawer ohonom yn cofio mai'r Archesgob Makarios oedd Arlywydd cyntaf Cyprys. Fel disgrifiad o'r ynys yr oedd y gair 'makarios' yn cyhoeddi bod yr ynys yn wynfydedig. Ceid ynddi bob math o fendithion nad oedd gan rannau eraill o'r Hen Fyd: adnoddau naturiol; tir yn ddigon ffrwythlon i gynhyrchu pedwar cnwd y flwyddyn; yr hinsawdd yn berffaith, ac ati. Roedd gan yr ynys hon yn y Môr Canoldir yr holl fendithion oedd yn angenrheidiol ar gyfer byw yn dda. Un felly yw'r Cristion 'makarios' hefyd, meddai'r Arglwydd Iesu yn y Bregeth ar y Mynydd.

Nid ysgrythur hawdd i'w dehongli yw'r Bregeth ar y Mynydd. Mae'r ffaith fod Mathew, yr Iddew, wedi ei lleoli ar y mynydd yn pwysleisio ei phwysigrwydd. Onid ar Fynydd Sinai y datguddiodd Duw i Moses ei ddisgwyliadau ef gan y genedl Iddewig? Ac fel nad oedd Duw yn rhoi dewis i'r bobl pa un o'r deg gorchymyn yr oeddent i'w ddilyn, nid yw Iesu chwaith yn rhoi dewis i'r bobl a wrandawai arno ef pa un o'r gwynfydau a enwir y mae am iddynt ei gofleidio. Disgwyliai i'r cyfan fod yn wir amdanynt. Roedd am i'w ddilynwyr fod yn dlodion yn yr ysbryd; yn galaru am sefyllfa'r byd y cawsant eu hunain ynddo; yn addfwyn; yn newynu a sychedu am gyfiawnder; yn drugarog; yn bur o galon; yn dangnefedd-weithredwyr; yn barod i gael eu herlid yn achos cyfiawnder; yn barod i gymryd eu henllibio er mwyn yr Efengyl. Dyma oedd y gost o ddilyn yr Arglwydd Iesu.

Byddem ni'n meddwl bod yr hyn mae Iesu'n gofyn amdano yn amhosibl. Nid yw llwyddo i gyflawni unrhyw un o'r gofynion hyn yn orchwyl hawdd. Y mae'r nawfed yn enghraifft o gymhlethdod yr hyn y gofynnir amdano.

Myfyrdod

'Gwyn eu byd y tangnefedd-weithredwyr' yw'r cyfieithiad gorau o'r nawfed adnod yn adran y Gwynfydau yn y Bregeth ar y Mynydd - the *peacemakers*. Nid pobl niwtral yw'r 'tangnefeddwyr'; nid pobl sy'n sefyll o'r neilltu, a thra'n cydnabod a chondemnio gweithredoedd gormesol yn gwneud dim byd. Y cwestiwn anodd sy'n codi yw, 'Beth ddylid ei wneud? Sut ddylem weithredu fel tangnefedd-weithredwyr? A yw protestio yn ddigon?'

Y mae rhyfel heddiw yn rhywbeth erchyll, barbaraidd, a berygla'r bydysawd, er bod rhyfeloedd 'bach' yn digwydd ar draws y byd ymhobman. Gallai rhai o'r rhai hyn arwain at drychineb llawer gwaeth. '*Either war is obsolete or men are*!' yw un dyfyniad a welais. Y mae rheolau ar gael ar gyfer rhyfeloedd, erbyn hyn! Mae gwasanaethau dyngarol yn ceisio gweithredu drwy ofalu am les y sawl sy'n dioddef, ac yn galw am gadoediad er mwyn diogelu'r plant a'r diniwed sydd yn y rhannau o'r gwledydd lle gwelir y trais ar ei waethaf. Maent yn gwylio pa fath o arfau a ddefnyddir. Ond anwybyddir eu hapêl ac ni pheidia'r trais. 'Y mae'r un sy'n gorthrymu'r tlawd yn amharchu ei greawdwr, ond y sawl sy'n trugarhau wrth yr anghenus yn ei anrhydeddu' (Diarhebion 14:31).

> 'Y mae ateb llednais yn dofi dig ond gair garw yn cynnau llid', meddai Diarhebion 15:1. Ac nid yw dihareb o Tseina yn annhebyg: 'Os siaradwch â llais tyner ni fydd angen pastwn arnoch.' Fodd bynnag, y gwirionedd yw mai 'treisiaf treisied, gwannaf gwaedded' yw hi yn hanes y byd heddiw, fel y bu ar hyd y blynyddoedd. Ysywaeth nid yw'n ymddangos y gall neb ohonom wneud dim byd mwy yn y sefyllfa hwn na phrotestio. Ond a yw hynny'n ddigon, neu a oes mwy y gallem wneud fel tangnefedd-weithredwyr i'r Arglwydd? Ac os oes mwy, y cwestiwn nesaf yw, 'Beth? Sut?'

Os gallwn droi boch i'r drwg yn ein herbyn ni ein hunain, beth ddylem ni wneud os mai rhywun arall - rhywun agos - sy'n dioddef yr ergyd i'w foch?

Gweddi

Arglwydd Iesu, daw y newyddion dyddiol â rhyw hanes inni am erchylltra rhyfel ac am y gwan yn dioddef. Â ninnau wedi ymrwymo i wasanaethu Tywysog Tangnefedd, rho inni weledigaeth o'r ffordd orau i wneud hyn a gweld llwyddiant yn ein hymdrechion o'i blaid. Amen

54. Cyffwrdd â Iesu (Mathew 9:20-22)

(cymh. Marc 5:25-34; Luc 8:42-48)

Cyflwyniad

Mae cyfieithad yr Iddewon Meseianaidd o'r adrannau hyn sy'n cyfeirio at y wraig â gwaedlif ganddi a ddaeth at Iesu gan gyffwrdd 'ag ymyl ei fantell', yn honni mai cyffwrdd â'r tzitzit ar ei wisg a wnaeth. Hwnnw oedd y cwlwm bychan a glymwyd ym mhedair cornel y fantell a wisgai Iddew Uniongred. Cynrychiolai pob cwlwm yr angen i ufuddhau i holl orchmynion yr Arglwydd Dduw.

Myfyrdod

Y mae dehongliad yr Iddewon Meseianaidd yn awgrymu mai Iddew Ceidwadol, os nad Uniongred, oedd Iesu Grist ac mae hanes yr Eglwys Fore fel pe'n cadarnhau hyn gan mai Iddewon Uniongred oedd aelodau cyntaf yr Eglwys yn Jerwsalem. Ni welent unrhyw reswm i gefnu ar grefydd eu tadau. Fe âi Pedr ac Ioan yn gyson i addoli yn y Deml ar ôl eu profiad o'r Atgyfodiad. Cyndyn oedd Pedr i gefnu ar arferion ei Dadau pan yn ymweld â Chornelius yng Nghesarea (Actau 10). Yr angen i ddiogelu unoliaeth yr Eglwys Fore oedd yn gyfrifol am Gyngor Jerwsalem pan geisiwyd gwneud enwaedu yn orfodol ar Genedl-ddyn a gofleidiai Gristnogaeth, fel y byddai disgwyl y gwnâi Cenedl-ddyn a gofleidiai'r Ffydd Iddewig (Actau 15). Yn y synagog lleol y dechreuai Paul ei ymgyrchoedd cenhadol yn y dinasoedd ar draws Ewrop (Actau 17:1-2). Parhaodd Iago, brawd Iesu, yn Iddew Uniongred - a dyna oedd Cristnogion Jerwsalem o dan ei arweiniad. Pan ymwelodd Paul â'r ddinas, cydsyniodd ag awgrym Iago i ddangos ei fod yn dilyn ac yn cadw'r Gyfraith (Actau 20:24).

Ni olygai hyn fod yr Efengyl yn anhyblyg ac yn gaeth i'r gorffennol. Pan ddinistriwyd Jerwsalem yn 70 O.C., a'r Deml ddim yn bod mwyach, nid dyna oedd y diwedd ar y Ffydd Gristnogol a'r gred mai Iesu oedd y Meseia. Roedd y syniad am Gristnogion Cenhedlig wedi tyfu a sefydlu ei hunan ers dyddiau Paul.

Ond mae hanes y wraig a gwaedlif ganddi hefyd yn awgrymu mai drwy gleber y cyhoedd y clywodd hi am ddawn Iesu i iacháu. Roedd natur clefyd y wraig yn ei gwneud yn ffiaidd yng ngolwg eraill, ac mae'n anodd dychmygu neb yn mynd ati hi i sôn am alluoedd Iesu. Mae'n dra thebygol mai digwydd clywed amdano a wnaeth, a mentro mynd yng nghysgod y dyrfa i weld a allai ef ei helpu hi. Roedd arni hi ormod o gywilydd ac yn rhy swil i ofyn, ac felly, yng nghanol tyrfa na wyddai pwy oedd hi, cyffyrddod â gwisg yr Iesu.

'*Gossip the Gospel*' oedd un o ymadroddion y Prifathro J. Williams Hughes i'w fyfyrwyr ym Mangor ers talwm. A chlywais un o'n gweinidogion, wrth sôn am aelodau o'r eglwys yn cerdded i'r cwrdd ar y Sul yn cario llyfr emynau, yn eu galw yn 'inffantri'r Efengyl - *the Gospel foot-soldiers*'! Ni cherddwn ac ni chariwn llyfr emynau heddiw!

Ni allwn fyth fod yn siwr o effaith ein geiriau ar eraill - er gwell neu er gwaeth. Dylem fod yn barod bob amser i sôn am Iesu, a pheidio â bod â chywilydd nac yn rhy swil i arddel ein ffydd yn gyhoeddus, gan weddïo y bydd rhywrai yn troi at yr Arglwydd oherwydd ein geiriau a'n hymarweddiad ni.

Gweddi

Cyffwrdd ynom, Dduw pob llafar,
rho i'n moliant newydd flas;
rho'r marworyn ar bob gwefus
i gyhoeddi maint dy ras. Amen (*Dewi Jones, C.Ff., 585*)

55. Pedr (Mathew 26:30-46)

Cyflwyniad

Pe gofynnid a oes gennym ffefryn ymhlith Deuddeg Disgybl yr Iesu, a pha un sydd orau gennym, mae'n bosibl - os nad yn debygol - mai Pedr fyddai dewis y mwyafrif. Mae rhywbeth mor ddynol a chyffredin yn ei gymeriad a'i fywyd (er iddo gael ei ddyrchafu gan Eglwys Gatholig y Gorllewin i fod yn Bab cyntaf yr Eglwys). Gwyddom fwy am Pedr nag am unrhyw un arall o'r Deuddeg. Gwyddom am ei gefndir. Roedd yn frawd i Andreas, un arall o'r Deuddeg; yn bysgotwr o ran ei alwedigaeth ac roedd ganddo fusnes bysgota yng Nghapernaum; roedd yn briod chanddo wraig - sonia Marc am ei fam-yng-nghyfraith; roedd yn arweinydd ymhlith y Deuddeg ac yn un o dri oedd yn agos iawn at Iesu, ac yn mynd gydag ef ar adegau pwysig yn ei fywyd.

Daeth yn un o arweinwyr pwysicaf y Disgyblion, er ei afael ansicr ar y Ffydd. Dychwelodd i bysgota ar ôl yr Atgyfodiad, ond ef a bregethodd i'r dyrfa ar Ddydd y Pentecost. Cyndyn oedd i fynd i dystio yn nhŷ Cornelius, ac mae Paul yn ei gyhuddo o wamalrwydd yn Antiochia pan gefnodd ar gwmni o Genedl-ddynion ar ddyfodiad Cristnogion Iddewig ceidwadol i'r cwmni (Galatiaid 2:11).

O ran ei gymeriad roedd ychydig yn rhodresgar ac yn ddigon parod i geryddu a chywiro'r Arglwydd ei hun pan ddywedodd yntau y byddai'n dioddef a chael ei ladd yn Jerwsalem. Gwnaeth hyn o fewn dim amser i'r adeg pan alwodd ef Iesu yn 'Fab y Duw byw' a chael ei enwi yn 'Graig sylfaen' i'r Eglwys (16:13-22). Mae rhywbeth dynol iawn yn ei ymffrost na fyddai ef byth yn gwadu Iesu, er i'r lleill o'r Disgyblion wneud hynny. Bu'n ddigon dewr i ddilyn yr Iesu i Lys yr Archoffeiriad, ond yno gwadodd deirgwaith iddo ei adnabod erioed.

Myfyrdod

Nid dyn llwfr oedd Pedr, fel y dangosodd wedi hynny, felly pam gwadu iddo adnabod Iesu ar yr adeg hon? Ni ellir ond dyfalu, ond ymddengys nad oedd Pedr wedi sylweddoli pa fath o Feseia oedd Iesu, na pha fath o ddewrder oedd angen arno fel dilynwr i Iesu Grist. Dim ond yn raddol y deallodd yr holl oblygiadau a thyfu yn y Ffydd.

Y mae rhyw gymaint o Pedr yn perthyn inni gyd. Mae anghysondeb yn un ohonynt. Un arall yw bod yn fwy parod i ddod o hyd i feiau eraill na chydnabod ein beiau ni ein hunain. Mae'n bosibl mai balchder yw un arall oherwydd gallwn deimlo ein bod ni yn rhagorach dilynwyr i Grist nag eraill o'n cyd-aelodau! A oes tebygrwydd arall?

Gweddi

Arglwydd, mae mor hawdd i ni feio Pedr am dy wadu di. Ond beth fyddem ni wedi gwneud, a beth wnawn ni heddiw mewn amgylchiadau tebyg? Mor hawdd yw hi i ni i gondemnio'r Disgyblion a redodd i ffwrdd a chuddio wedi'r hyn a ddigwyddodd yn Gethsemane. Ond beth fyddem ni wedi gwneud, ac a redwn ni i ffwrdd heddiw pan yw pethau'n anodd? Cynorthwya ni, Arglwydd, i ystyried beth fyddem ni wedi gwneud pe baem ni yn Jerwsalem ar Wener y Groglith pan groesholiwyd y Meseia. Cymorth ni i weithredu bob amser fel y byddet ti'n dymuno i ni wneud. Amen

56. Y Groes (Mathew 27:45-56)

Cyflwyniad

Ni all y Cristion osgoi Croes yr Arglwydd Iesu. Y Groes yw calon y Ffydd Gristnogol. Hebddo ni fodolai Cristnogaeth. Mae'n debyg i'r symbol mathemategol + , ac mae'n cydio'r hen gyfamod ag Israel â'r cyfamod newydd â'r Eglwys - yr Hen Destament â'r Newydd.

Er bod y Groes weithiau yn cael ei gwisgo i ddynodi ffydd y sawl sy'n gwneud hynny, mae'n ymddangos hefyd ar dlysau fel addurn. Mae'n rhyfedd gwisgo fel addurn unrhywbeth sy'n darlunio peth mor erchyll â'r Groes, ac mae gwneud hynny yn dynodi dibristod, neu anwybodaeth, o'i harwyddocâd. Marw ar groes oedd y ffordd mwyaf creulon y gallai'r Rhufeiniaid ei ddyfeisio i ddienyddio troseddwr. Mae ffilm Mel Gibson, *The Passion of the Christ*, yn ddigyfaddawd wrth ddarlunio'r croeshoeliad yn ei holl erchyllder. Ni chaniatâwyd croeshoelio dinesydd Rhufeinig. Pan groeshoeliwyd Pedr yn Rhufain, ni chaniatâwyd gwneud hynny i Paul am ei fod yn ddinesydd Rhufeinig. Yn wir ni ddylid fod wedi ei fflangellu yn Philipi (Actau 16:37), a chydnabu capten y milwyr yn Jerwsalem ei hawliau fel dinesydd Rhufeinig (Actau 22:25ff.).

Y peth rhyfeddaf am y Groes yw bod y Cristion yn ei weld fel arwydd gobeithiol, yn dangos cariad Duw. Ar y Groes bu'r Iesu'n eiriol dros y sawl a fu'n ei gamdrin: 'O Dad, maddau iddynt oherwydd ni wyddant beth y maent yn ei wneud' (Luc 23:34). Argyhoeddiad y Cristion yw ei fod yn dal i eiriol dros bechaduriaid gerbron ei Dad.

Myfyrdod

Yn ei hunangofiant, *The Door Wherein I Went,* y mae'r Arglwydd Hailsham yn dadlau nad ffigwr trist, pruddaidd, anatyniadol, asgetig, oedd yr Iesu a groeshoeliwyd ar Galfaria. Credai mai dyna'r Crist y meddyliwn ni amdano, ond ni chredai ef mai dyna oedd yr Arglwydd Iesu i'w gyfoedion. '*What they crucified*', meddai, '*was a young man, vital, full of life and the joy of it, the Lord of life itself ... someone so utterly attractive that people followed him for the sheer fun of it.*' Dywedodd Iesu ei hun iddo gael ei gyhuddo o fod yn 'feddwyn glwth' ac yn gyfaill i bobl a ffieiddid gan bobl barchus (Mathew 11:19). Honnodd ef ei hunan iddo ddod er mwyn i bobl gael bywyd, a'i gael yn ei holl gyflawnder (Ioan 10:11). Ehangu gorwellion oedd ei fwriad ef, a galw pobl i wneud hynny drwy eu hymwybyddiaeth o gariad y Tad.

Pan ddywedodd Iesu 'Gorffennwyd!' tra'n hongian ar y Groes, bloedd o fuddugoliaeth ydoedd. Roedd y gwaith y daeth i'r ddaear i'w gyflawni wedi ei orffen. Roedd wedi datguddio yr hyn a ddisgwyliai Duw gan drigolion y ddaear, ac wedi dangos ei gariad tuag atynt.

Troes Duw y Groes yn fendith. Gall pobl symud y Groes o ganol eu crefydd a rhoi yn ei lle ddysgeidiaeth gymdeithasol y Crist; ond er mor bwysig yw hynny, mae'r Groes yn ein atgoffa bod llawer mwy yn perthyn i stori Calfaria nag a feddyliwn.

Gweddi

A fu erioed gariad tebyg i'r hwn a ddangoswyd ar y Groes, ac a fu diolch erioed mor glaear â'n diolch ni? Derbyn fy niolch a'm hymgysegriad, Arglwydd da. Amen

EFENGYL MARC

57. Bendithio plant (Marc 10:13-16)

Cyflwyniad

Am blant bach yr oedd yr Arglwydd Iesu'n sôn pan ddywedodd, 'Gadewch i'r plant ddod ataf fi; peidiwch â'u rhwystro, oherwydd i rai fel hwy y mae teyrnas nefoedd yn perthyn. Yn wir, rwy'n dweud wrthych, pwy bynnag nad yw'n derbyn teyrnas Dduw yn null plentyn, nid â byth i mewn iddi'. Gair sy'n golygu 'plant bach' a welir yn y Groeg, nid ieuenctid neu bobl yn eu harddegau. '*The accent today may be on youth, but the stress is on parents*!' meddai rhywun yn ddiweddar; ond llawenydd yw plant bach yn ein golwg.

Lle isel-radd oedd i blant yn yr Hen Fyd, ac er bod cael etifedd yn bwysig er mwyn diogelu enw'r tad, roedd plant yn ddibwys. Ond roedd agwedd yr Arglwydd at blant bach yn wahanol. Mae ei bwyslais ar fod fel plant, ond nid ar fod yn blentynnaidd - *child<u>like</u>* nid *child<u>ish</u>*. Angen Eglwys Crist yw pobl â rhinweddau naturiol plentyn.

Ond beth oedd e' ynglŷn â phlant bychain oedd mor atyniadol i'r Iesu wrth iddo sefydlu ei deyrnas? Mae'n siwr fod llawer o bethau.

Myfyrdod

Mae plant bach yn gorfod dibynnu ar eraill am hanfodion bywyd: bwyd, dillad, glendid, cysur, gofal, gwres, ac ati. Ar rieni maent yn dibynnu fwyaf, ond hefyd ar athrawon a phobl debyg. Cyn belled ag y mae Teyrnas Dduw yn y cwestiwn, gorau i gyd os ŷm ni'n ymglywed â'n llwyr ymddibyniaeth ar Dduw. Gorau i gyd yw ein bod fel plant – ond nid yn blentynnaidd!

Os daw rhywbeth mawr, trychinebus, i ran plentyn, bydd yn ddigon parod i ymddiried mewn oedolion, yn enwedig ei rieni. Mae'r ysgrythur yn dysgu'n syml: 'Cred yn yr Arglwydd Iesu Grist a chadwedig fyddi, ti a'th deulu' (Actau 16:31). Mae'n ymddangos bod Paul ond yn annog ymddiriedaeth yn Iesu, yn hytrach nag ar llond côl o egwyddorion y mae'n rhaid inni eu cofleidio.

Nid yw plant am aros yn blant, chwaith. Maent am dyfu. Pe gofynnid i blentyn, 'Beth wyt ti am fod pan wyt ti'n fawr?', mae'r ateb fel arfer yn barod - er y bydd wedi newid ei feddwl sawl gwaith cyn iddo orfod penderfynu'n derfynol. Mae rhywbeth o le pan nad yw plentyn yn tyfu – yn gorfforol ac yn feddyliol. Ac mae rhywbeth o le os ŷm ni fel plant yn nheyrnas Crist yn aros yn ein hunfan ac yn methu datblygu a thyfu.

Ond hefyd mae 'na ddiniweidrwydd heriol yn perthyn i blentyn. Rwy'n hoff o hanes gwraig yn Atlanta Georgia, yn y Bible Belt yn America, yn mynd â'i thri o blant i gael brecwast mewn *diner* - rhywbeth tebyg i gerbyd rheilffordd a chownter hir yn rhedeg ar hyd-ddo lle roedd pobl yn eistedd i fwyta Dim lle iddynt eistedd gyda'i gilydd wrth y cownter, a'r groten fach wyth oed yn eistedd ym mhendraw'r cownter oddi wrth ei mam. Eraill yn cael brecwast o'u blaen a dyma hi'n gweiddi ar ei mam y pen arall i'r cownter, 'Mam, dyw pobl ddim yn dweud gras bwyd yma!' Y lle'n tawelu ar unwaith. Y fam ddim yn gwybod beth i'w ddweud. Y dyn oedd yn gweini'r brecwast y tu ôl i'r cownter yn dweud wrth y groten, 'Dweda di'r gras drostom ni i gyd.' A dyna ddigwyddodd - a phawb yn y diner yn y Bible Belt yn anghyffyrddus o dawel.

'Yn wir, rwy'n dweud wrthych, pwy bynnag nad yw'n derbyn teyrnas Dduw yn null plentyn, nid â byth i mewn iddi' (Marc 10:15).

Gweddi

Arglwydd Da, mewn dyddiau pan glywn am gamdrin plant bron yn ddyddiol, ein gweddi yw: 'Iesu, cofia'r plant', a bydd di yn ymgeledd iddynt. A rho i ni rinweddau gorau'r plentyn wrth i ni geisio rhoi mynegiant i'n ffydd ynot ti. Amen

58. Ofn (Marc 16:1-8)

Cyflwyniad

Er mai Efengyl Mathew yw'r llyfr cyntaf yn y Testament Newydd, Efengyl Marc oedd y cyntaf o'r Efengylau i gael ei hysgrifennu, a hynny tua 30-35 mlynedd ar ôl marwolaeth yr Arglwydd. Ysgrifennai mewn cyfnod pan oedd stori'r Iesu wedi cael ei chadw'n fyw gan rym y traddodiad llafar. Mae Mathew a Luc yn seilio llawer o'r hyn sydd ganddynt hwy i ddweud ar yr hyn a ysgrifennodd Ioan Marc, gan ychwanegu ato ambell stori a newid ychydig ar ambell ddigwyddiad a gronicla.

Dywedodd Papias, Esgob Hierapolis, yn hanner cyntaf yr ail ganrif, mai 'dehonglydd' Pedr oedd Marc ac iddo gofnodi pregethau Pedr yn ei efengyl. Os felly, atgofion llygad-dyst a welir yn yr efengyl hon. Mae'n cynnwys pytiau o wybodaeth na welir yn yr efengylau eraill a chofnoda rai o eiriau Iesu mewn Aramaeg, mamiaith yr Arglwydd. Enghreifftiau o hyn yw: *Talitha cŵm'* (5:41); *Ephphatha* (7:34); *Eloï, Eloï, lema sabachthani* (15:34) tra mai gair Aramaeg yw *Abba* ar wefusau Iesu. Aramaeg fyddai iaith gyntaf Pedr a'r Iesu. Ac mae'r Groeg a ysgrifenna Marc yn ddigon amrwd, er mai enw Groegaidd yw 'Marc'. Cred rhai mai Rhufeinwr oedd tad Marc ac mai Iddewes oedd ei fam.

Roedd hefyd yn gefnder i Barnabas (Colosiaid 4:10) a chydymaith i Paul am gyfnod.

Dichon bod cysylltiad Marc â Phedr i'w olrhain yn ôl i'r Oruwch Ystafell. Darllenwn yn Actau 12:12 mai yng Nghartref Ioan Marc yr oedd yr Eglwys Fore yn cwrdd wedi'r Atgyfodiad, a chred llawer mai yno hefyd roedd yr Oruwch Ystafell lle cynhaliwyd y Swper Olaf. Dywedir bod cant ac ugain yn bresennol yno ar Ddydd y Pentecost (Actau1:15) sy'n golygu fod cartre Marc yn dŷ mawr - ac yn dynodi cyfoeth? Ai tad Ioan Marc, felly, oedd y gŵr gostyngedig a gariodd stenaid o ddŵr (gwaith merch) i arwain y Disgyblion i'r lle ble roeddent i fwyta'r Pasg (Marc 14:13; Luc 22:7-14)? Os mai Rhufeinwr oedd tad Marc, y mae'r stori am gariwr y stên yn arddangos gostyngeiddrwydd rhyfeddol. A phwy oedd y dyn ifanc a ddechreuodd ddilyn yr Iesu o Ardd Gethsemane, cyn iddo gael ei weld a gorfod ffoi (Marc 14:51)? Ai Marc ei hun, gan mai ef yw'r unig un sy'n adrodd y stori? Os felly, cyfuniad yw Efengyl Marc o atgofion y Marc ifanc a phrofiad Pedr.

Myfyrdod

Un peth hynod am Efengyl Marc yw'r ffordd mae hi'n gorffen. Ar yr olwg gyntaf mae'n gorffen ar hanner brawddeg - yn llythrennol: 'Yr oeddent yn ofni, oherwydd...'. Ond oherwydd beth? Mae cyfieithad *The Complete Gospels yn darawiadol: 'And they did not breathe a word to anyone: talk about being terrified ...'.*

Mae rhai yn dadlau bod y diwedd gwreiddiol wedi mynd i golli a luniwyd dau derfyniad arall i'r Efengyl er mwyn cau pen y mwdwl - un byr ac un hir. Gellir gweld y ddau derfyniad yn y Beibl Cymraeg Newydd. Mae eraill o'r farn fod Marc wedi bwriadu ysgrifennu ail rhan i'w Efengyl , fel gwnaeth Luc, ond na ddaeth y cyfle iddo wneud hynny am ryw reswm.

Ond os oedd ei Efengyl yn gorffen fel y saif, yna mae her i'n ffydd ni yn y geiriau. Sut byddem ni'n ymateb i'r bedd gwag os nad ydym wedi deall yr addewid am yr Atgyfodiad? Y mae'r bedd gwag a'r Atgyfodiad wedi bod, ac yn dal i fod, yn faen tramgwydd i lawer. Beth wnelem ni yn y sefyllfa y cafodd y gwragedd eu hunain ynddi? A fyddem ni wedi aros yn dawel heb ddweud dim wrth neb?

Yn y diwedd agored, y mae Efengyl Marc fel pe'n ein herio ni drwy ddweud, 'Gorffennwch chi stori Iesu' !

Gweddi

O am deimlo cariad Iesu
yn ein tynnu at ei waith,
cariad cryf i gadw'i eiriau
nes i'n gyrraedd pen ein taith;
cariad fwrio ofnau allan,
drygau cedyrn rhagddo'n ffoi
fel na allo gallu'r fagddu
beri inni'n ôl i droi. Amen *(Gomer, C.Ff., 733)*

EFENGYL LUC

59. Efengyl i'r Difreintiedig (Luc 10:25-37)

Cyflwyniad

Y mae Luc yn gyfrifol am ysgrifennu dros chwarter o'r Testament Newydd, sef ei Efengyl ac Actau'r Apostolion - mwy na neb arall, gan gynnwys yr Apostol Paul. Er i Stern yn *Complete Jewish Bible* honni mai proselyt Iddewig ydoedd, nid oes sail i hynny yn y Testament Newydd ei hun. Nid amheuai Paul mai ymhlith y Cenedl-ddynion y dylid rhestru Luc (Colosiaid 4:14). Cenedl-ddyn ydoedd, yn ysgrifennu ei Efengyl yn bennaf ar gyfer Cenedl-ddynion. Un nodwedd o hyn yw ei fod naill ai'n cyfieithu ymadroddion Aramaeg neu'n eu hepgor o'i fersiwn ef o'r Efengyl. Yn aml y mae'n cofnodi fersiwn Groeg o enw yn hytrach na'r fersiwn Aramaeg /Hebreig. O'r cyfieithiad Groeg o'r Hen Destament - y Septwagint - y daw ei ddyfyniadau Beiblaidd.

Un arall o nodweddion ei Efengyl yw'r lle a rydd i'r difreintedig - y Cenedl-ddyn, y weddw, y gwragedd a'r tlawd. Luc yw'r un sy'n rhoi'r lle amlycaf iddynt. Ef sy'n adrodd Dameg y Samariad Trugarog (Luc 10), a hanes y Samariad a aeth yn ôl i ddiolch i Iesu wedi iddo gael ei iacháu o'r gwahanglwyf (Luc 17); bugeiliaid, gweithwyr cyffredin, ddaw at y crud pan aned Iesu ac nid 'Doethion' â'u hanrhegion drud (Luc 2); hefyd mae'r Arglwydd yn iacháu gwas y canwriad (Luc 7); roedd gwragedd yn teithio gyda'r Iesu a'r Disgyblion (Luc 8); mewn gwlad estron yr iacheir y dyn oedd ym meddiant cythreuliaid (Luc 8); y weddw sy'n llwyddiannus yn nameg y Weddw a'r Barnwr (Luc 18); canmolir offrwm y weddw o hatling (Luc 21), ac ati. Ond mae Luc yn ddigon sensitif o'i ddarllenwyr i beidio â chyfeirio at yr hyn y gellid ei ystyried yn sarhâd ar Genedl-ddynion drwy gyfeirio atynt fel 'cŵn', fel y gwnath Mathew a Marc (gw. Mathew 15:21-8; Marc 7:26-28; '*pet dogs*' yw cyfieithiad *Complete Jewish Bible* y ddeudro).

Meddyg oedd Luc yn ôl traddodiad, ac mae fel pe'n lliniaru'r feirniadaeth o feddygon a welir yn Marc 5:26. Does dim awgrym gan Luc fod meddygon wedi cymryd mantais o'r wraig a bod ei chyflwr wedi gwaethygu wedi iddi hi wario'i holl arian yn ymgynghori â doctoriaid

(Luc 8:43). '... nid oedd wedi llwyddo i gael ei gwella gan neb'. '... *had found no-one able to heal her ...*' yw trosiad *The Complete Gospels.*

Myfyrdod

'Newyddion Da' yw ystyr y gair efengyl . 'Newyddion da am lawenydd mawr a ddaw i'r holl bobl' oedd y neges am ddyfodiad Iesu i'r byd yng ngolwg Luc (2:10). Ac roedd ymhlith y mwyaf brwd i ddangos bod y newyddion da ar gyfer y byd i gyd. Efallai mai'r Iddew a'i clywodd gyntaf, ond nid oedd y Crist i aros yn eiddo i'r Iddew yn unig. Rhaid oedd ei rannu ag eraill.

Llinell yn englyn Robert Williams, y Bala, yw 'Beibl i bawb o bobl y byd' a ddaeth yn rhyw fath o arwyddair i Gymdeithas y Beibl. Ymadrodd arall a gysylltir â'r Gymdeithas yw '*Give it away or give it up*!' Mae'r ddau ymadrodd yn crynhoi gweledigaeth Luc fod yr Efengyl ar gyfer pawb, Iddew a Chenedl-ddyn. Rhannu'r Efengyl â phawb oedd nod Luc, a dylai hynny fod yn nod i bob aelod o'r Eglwys.

Gweddi

Mawl i Dduw am air y bywyd,
gair y nef yn iaith y llawr,
gair y cerydd a'r gorchymyn,
gair yr addewidion mawr;
gair i'r cadarn yn ei afiaith,
gair i'r egwan dan ei bwn,
cafodd cenedlaethau daear
olau ffydd yng ngeiriau hwn. *(Gwilym R. Tilsley, C.Ff., 201)*

Cymorth ni, Arglwydd i weld rhagoriaethau dy Air, a phwysigrwydd ei rannu ag eraill. Amen

60. Emaus (Luc 24:13-50)

Cyflwyniad

Mae elfennau gwahanol o hanes yr Atgyfodiad nas gwelir yn yr Efengylau eraill yn cael eu cofnodi yn Efengyl Luc (ac Actau). Cyfyngir yr hanes am yr hyn ddigwyddodd ar ôl Atgyfodiad Iesu i Jerwsalem, gan sôn ond am y ddinas honno. Nid oes sôn am ddychwelyd i Galilea ar ôl yr Atgyfodiad fel a geir yn Efengyl Mathew ac Ioan. Ac yn Jerwsalem, lle mae Luc yn gorffen ei Efengyl, y mae'n dechrau ei ail gyfrol, Actau'r Apostolion - stori'r Eglwys a datblygiad y genhadaeth Gristnogol. Ar ddechrau'r ail gyfrol dywed i'r Iesu orchymyn i'w Ddisgyblion i beidio ag ymadael â Jerwsalem tan iddynt gael eu bedyddio gan yr Ysbryd Glân (Actau 1:4).

Stori sydd yn Efengyl Luc yn unig yw stori'r ddau ar y ffordd i Emaus, wedi'r Atgyfodiad.

Wedi clywed tystiolaeth y gwragedd am yr hyn a ddigwyddodd wrth fedd gwag yr Iesu, gyda Phedr ei hun yn cadarnhau eu honiad bod y bedd yn wag, roedd y Disgyblion a'r dilynwyr eraill yn rhyfeddu ac wedi drysu, ac yn methu credu i'r Iesu godi o'r bedd. Wrth i ddau ohonynt, Cleopas a'i wraig, deithio adre i Emaus, y bedd gwag oedd testun y sgwrs. Ymunodd dieithryn â hwy ar y ffordd gan gymryd rhan yn y sgwrs. Er ei bod yn ymddangos na wyddai ddim am yr hyn oedd wedi digwydd yn Jerwsalem, roedd yn hyddysg iawn am y Meseia a'r cefndir ysgrythurol.

Wedi cyrraedd Emaus cymerodd y dieithryn arno ei fod yn mynd ymlaen yn bellach, ond pwyswyd arno i aros dros nos gyda'r teulu bach, ac wrth eistedd i fwyta gwelsant ei ddwylo ag ôl yr hoelion ynddynt, a'i nabod. Diflannodd yntau o'u golwg. Rhuthrasant hwythau yn ôl i Jerwsalem i rannu'r newyddion ag eraill o'r cwmni.

Myfyrdod

Mae hanes y ddau ar y ffordd i Emaus yn dangos fel y bu i'r newyddion da am yr Atgyfodiad beri cryn ansicrwydd i ddilynwyr yr Iesu. Roedd yn newyddion annisgwyl ac yn anghredadwy, ac roedd y canlynwyr yn ôl yn Jerwsalem yn ymddangos yr un mor amheus o beth welodd y gwragedd a aeth at y bedd. Roedd eu hamheuaeth hwy wedi creu ansicrwydd yn Cleopas a'i wraig, ac ni ddiflannodd hwnnw tan iddynt cael profiad o'r Crist byw,

Mae argyhoeddiad cryf pobl eraill yn gallu helpu'n cred ni mewn pethau na welwn ac na ddeallwn. Wn i ddim faint o ddarllenwyr y myfyrdodau hyn sy'n hyddysg mewn gwyddoniaeth. Cyffesaf nad wyf fi'n un ohonynt, ond rwy'n credu llawer o'r hyn a ddywed gwyddonwyr am bethau sy'n rhy fach i'm llygaid eu gweld, ac na ddeallaf y rhesymau dros eu datganiadau, ac ni wnânt unrhyw wahaniaeth i mi. Y mae llawer iawn hefyd mewn diwinyddiaeth na ddeallaf, ond y mae tystiolaeth pobl eraill yn gallu bod o help i gryfhau fy nghred a'm ffydd. Ond y cam pwysig cyntaf yw credu, a help i gredu yw argyhoeddiad eraill, ond nid yw hynny bob amser yn gyfystyr â ffydd ynom ni. Er pwysiced credu, dibynna ffydd mwy ar brofiad, neu weledigaeth a gawsom ni ein hunain, ac nid ar gredu pobl eraill yn unig (cymh. Ioan 4:42). Meddai Blaise Pascal fod digon o olau mewn ffydd i'r sawl sy'n credu fedru gweld, ond digon o gysgodion hefyd i ddallu'r sawl na fynn gredu.

Mae'n arwyddocâol hefyd fod Luc yn dweud i Iesu gymryd arno ei fod yn mynd ymhellach wrth agosáu at Emaus (28). Nid oes unrhyw awgrym o dwyll yn hyn, ond yn hytrach mae'n pwysleisio nad yw'r Crist am wthio'i hunan ar neb. Roedd yn aros am wahoddiad i mewn i'w cartref. Dyna pam y mae pwyslais y Bedyddwyr ar 'Fedydd Credinwyr', tra bod yr enwadau sy'n taenellu plant yn galw am gonfyrmasiwn pan fyddant yn oedolion. Oedolion sy'n penderfynu a ydynt am roi lle i Grist yn eu bywyd neu peidio; nid yw Crist yn gwthio ei hunan ar neb.

Gweddi

Tydi, fu'n cerdded gyda'r ddau
  i'w cartref wedi'r brad
cerdd gyda ni bob awr o'n hoes
  hyd drothwy tŷ ein Tad. Amen *(J.Edward Williams, C.Ff., 633)*

EFENGYL IOAN

61. Ni oes neb wedi gweld Duw erioed... (Ioan 1:1-18)

Cyflwyniad

Daeth yr Arglwydd Iesu Grist i ddatguddio sut un yw ein Duw, oherwydd 'Nid oes neb wedi gweld Duw erioed; yr unig Un, ac yntau'n Dduw, yr hwn sydd ym mynwes y Tad, hwnnw a'i hysbysodd ef' (1:18).

Trwy eu hanes a'u proffwydi roedd yr Iddewon wedi dysgu llawer am Dduw, ond roedd eu gwybodaeth yn ddiffygiol. Sail popeth a gredent am Dduw oedd y Gyfraith a roddwyd i Moses ar Fynydd Sinai. Roedd eu hadnabyddiaeth o Dduw felly'n anghyflawn ac roedd bod yn ddialgar, yn ddicllon a methu maddau, yn rhan o'u darlun o gymeriad y Goruchaf. Pan ddaeth Iesu i'r byd dangosodd mai cariad, graslonrwydd a maddeuant oedd yn nodweddu Duw.

Mae Hebreaid 11:6 yn ein hatgoffa bod yn rhaid i'r sawl sydd yn dyfod at Dduw gredu ei fod ef. Y mae arolygon a wnaethpwyd yn y blynyddoedd diwethaf yn dangos bod y mwyafrif llethol o gredinwyr ym Mhrydain dros 55 oed, ac nad yw llawer iawn o'r ifanc yn credu tystiolaeth y Testament Newydd am fywyd yr Iesu.

Myfyrdod

Ni allaf gymryd arnaf fy mod yn deall y cyffro yn Cern, y Swisdir, pan gadarnhawyd ym mis Mawrth 2013 fodolaeth y gronyn bach gwyddonol a elwid yn Higgs Bosun. Honnwyd mai hwn oedd y darn olaf yn jig-so'r Creu a chafodd ei alw gan rai, 'the God particle.' Yn fuan wedyn darllenais erthygl yn y *Times* gan J.C.Lennox, Athro Mathemateg yn Rhydychen, a chymrawd o Gymdeithas *Mathematics and Philosophy of Science*. Y teitl ar ei erthygl oedd '*He is not God of the Gaps, he is God of the Whole Show*'. Dadleuai nad oedd gwybodaeth am fecaneg y Creu yn gyfystyr a gwybod pwy oedd yn gyfrifol am y Creu. Perthyn i'r Cread drefn y mae gwyddonwyr yn dibynnu arni. Credai'r arloeswyr yn y byd gwyddonol - Galileo, Kepler, Newton, Clerk Maxwell, Babbage, a llawer un arall - fod gwyddoniaeth ond yn bosibl oherwydd bodolaeth Creawdwr gwybodus.

Dyfynna John Lennox C.S.Lewis: '*Men became scientific because they expected law in nature because they believed in a lawgiver.*'

Un o eglurebau a ddefnyddiodd yr Athro Lennox yw darlun Michelangelo yng nghapel Sistine y Fatican. Dywed y gallai gwyddonwyr ddadelfennu'r gronynnau o baent a ddefnyddiwyd i greu'r darlun, ond ni fyddai'r wybodaeth a ddeuai o hynny yn profi nad Michelangelo oedd yn gyfrifol am y gwaith. Nid yw Higgs Boson yn gwneud dim i herio'r gwirionedd mai Duw yw Crëwr y bydysawd a phopeth sydd ynddo.

Casgliad Lennox yw mai'r unig beth y gellir dweud am ronyn Higgs Bosun yw mai Duw oedd yr un a'i creodd, Higgs oedd yr un a ragwelodd ei bwysigrwydd, a Cern ddaeth o hyd iddo.

Ar ryw olwg, hen ddadl ydyw hon, sef dadl y wats (yr oriawr) a'i wneuthurwr. Er hynny, â gwybodaeth am fecaneg y Creu wedi cynyddu llawer dros y blynyddoedd diwethaf, y mae statws awdur yr erthygl fel mathemategydd o fri yn rhoi golwg newydd ar yr hen ddadl.

Gweddi

Cofiwn ger dy fron, Arglwydd, mai
Newid mae gwybodaeth
a dysgeidiaeth dyn:
aros mae Efengyl
Iesu byth yr un:
Athro ac Arweinydd
yw efe 'mhob oes:
a thra peri'r ddaear
pery golau'r groes. Amen *(J.Edward Williams, C.Ff., 633)*

62. Y Briodas yng Nghana (Ioan 2:1-12)

Cyflwyniad

Er nad oes unfrydedd o bell ffordd ymhlith yr ysgolheigion, y farn gyffredinol yw mai Ioan, y 'Disgybl Annwyl', oedd awdur (neu ffynhonnell) yr Efengyl hon ac iddo fod yn dyst o'r hyn a groniclir ynddi. Oherwydd hyn mae llawer o ysgolheigion yn barod i dderbyn ei thystiolaeth am ddigwyddiadau hanesyddol, er mai ychydig o wybodaeth hanesyddol a geir ynddi. Enghraifft o rywbeth a wneir yn glir yn Efengyl Ioan yw ymweliadau Iesu â Jerwsalem. Wrth ddarllen yr Efengylau eraill, y mae'n ymddangos mai dim ond unwaith yr aeth Iesu i fyny i Jerwsalem i ddathlu'r Pasg, a dyna pryd y croeshoeliwyd ef. Ond yn ôl Ioan treuliodd Iesu dri Phasg yn y ddinas, ac ar yr ymweliad cyntaf y glanhâodd y Deml (2:13-20; gw. hefyd penodau 7 a 12). Mae'n debyg mai'r ddau ymweliad cyntaf a gythruddodd yr awdurdodau yn Jerwsalem a'u gwneud yn benderfynol i'w gosbi pe deuai i Jerwsalem eto.

Y mae stori Ioan am y briodas yng Nghana yn awgrymu bod rhyw berthynas deuluol rhwng Mair, mam Iesu, â'r pâr oedd yn priodi, er na ellir dweud pa berthynas oedd yn bodoli rhyngddynt. Y mae astudiaeth fanwl (a chymhleth!) o enwau'r gwragedd yn yr Efengylau, wedi perswadio rhai mai chwaer Mair, mam Iesu, oedd Salome, gwraig Sebedeus a mam Iago a Ioan. Modryb Iesu, felly, oedd yr un a ofynnodd am safle amlwg i'w meibion pan ddelai'r Arglwydd i'w orsedd (Mathew 20:20). Y ddau frawd a Phedr oedd y tri oedd gyda Iesu ar Fynydd y Gweddnewidiad ac ar achlysuron eraill. Os yw'r ddamcaniaeth am y berthynas deuluol â Mair yn gywir, cefnderwyr i Iesu oedd y Disgybl Annwyl a Iago. Pan ymddiriedodd yr Arglwydd gofal am ei fam i'r Disgybl Annwyl, ei rhoi hi yng ngofal ei nai hi ei hun a wnaeth (Ioan 19:26-27). Mae'n bosibl, felly, fod Ioan yn y briodas gyda'i fam yntau, ac yn dyst i'r hyn a ddigwyddodd yno.

Adrodd hanes yr Iesu yn syml wnaeth Marc yn ei Efengyl ef; ychwanegu elfen Hebreig ati wnaeth Mathew, tra bod lle amlwg i'r Cenedl-ddyn, y tlawd a'r difreintiedig yn Efengyl Luc. Ond mae natur a chynnwys Efengyl Ioan yn hollol wahanol i'r tair Efengyl arall. 'Arwyddion' geir ganddo ef yn hytrach na gwyrthiau; cymariaethau yn hytrach na damhegion; ac mae sgyrsiau Iesu â'i Ddisgyblion ac eraill yn hir a dadlennol. Ystyrir Efengyl Ioan fel y mwyaf 'ysbrydol' o'r Efengylau gan ei bod yn rhoi sylw i arwyddocâd ysbrydol yr hyn a gronicla. Mae'n Efengyl felly fel pe ar ddwy lefel: lefel y ffeithiol a lefel yr ysbrydol.

Mae'n agor ei Efengyl gyda datganiad diwinyddol a thystiolaeth am yr Arglwydd Iesu, gan ddweud mai ef oedd Gair creadigol Duw a'i fod yn rhan o'r duwdod o'r dechrau cyntaf.

Myfyrdod

Rhywbeth i'w dderbyn mewn ffydd yw gwyrth; nid oes modd inni ei hesbonio. Ond dywed Ioan mai'r hyn a wnaeth yr Iesu yn y briodas yng Nghana wrth droi'r dŵr yn win oedd cyflawni'r cyntaf o'i arwyddion (2: 11). Os na allwn esbonio gwyrth, fe allwn geisio deall y neges yn yr arwydd.

Yr allwedd i ddeall neges y briodas yng Nghana yw fod yno 'chwech o lestri carreg ... ar gyfer defod glanhau'r Iddewon' (2: 6). Roedd defodau glanhau seremonïol yn rhan hanfodol o Iddewiaeth, yn ymwneud â phob agwedd o ddefodau crefyddol yr Iddew (gan gynnwys golchi llestri), ac yn galw am ddigon o ddŵr ar eu cyfer. Ac er bod y chwe llestr carreg yn dal digonedd o ddŵr, byddai digon o alw amdano pan ystyrir fod cymaint o ddefodau glanhau i'w cyflawni.

Mae rhai esbonwyr yn tynnu sylw at y ffaith mai chwech o lestri dŵr oedd yno ac yn dweud mai saith yw 'rhif perffeithrwydd' i'r Iddew. Os oes unrhyw arwyddocâd i'r chwe llestr carreg, maent yn cynrychioli rhywbeth llai na'r perffaith. Dichon mai dweud wna'r cyntaf o arwyddion Crist a groniclir yn Efengyl Ioan, fod gan yr Iesu win gorau bywyd ar gynnig.

Rhaid imi gyfaddef na chefais i erioed flas ar win, ond mae dau ddywediad ynghlŷn a'r ddiod yn dod i'm meddwl - ac rwy'n cymryd eu bod nhw'n wir! Un yw bod rhannu gwin â rhywun arall yn beth cymdeithasol i'w wneud. Ni ellir amau bod disgwyl inni rannu 'gwin yr Efengyl' ag eraill. Y llall yw fod gwin yn gwella gydag amser. Dyna sy'n digwydd i'r sawl sy'n drachtio o win yr Efengyl: y mae gwir grefydd yn aeddfedu gydag amser.

Gweddi

O llefara, addfwyn Iesu,
mae dy eiriau fel y gwin,
oll yn dwyn i mewn dangnefedd
ag sydd o anfeidrol rin. (W. W. C.Ff. 340)

Arglwydd Iesu, rho inni flas ar dy eiriau melys a chynorthwya ni i'w rhannu ag eraill. Amen

63. Iesu a Nicodemus (Ioan 3:1-21)

Cyflwyniad

Y mae'r drafodaeth a gafodd Iesu gyda Nicodemus yn nodweddiadol o'r math o drafod a fu rhyngddo â'r Wraig wrth Ffynnon Jacob a chyda'i Ddisgyblion yn ôl Efengyl Ioan. A dim ond yn Efengyl Ioan y gwelir y fath drafod manwl.

Mae'n ymddangos bod Nicodemus ei hunan wedi bod yn bresennol a gweld rhai o arwyddion yr Arglwydd (3:2) ac mai dyna a greodd ynddo'r awydd (neu chwilfrydedd) i gwrdd â Iesu. Ond fel Pharisead ac aelod o Gyngor yr Iddewon - y Sanhedrin - ystyriai y byddai'n peryglu ei statws a'i enw da pe gwelid ef yn mynd i gwrdd â Iesu. Dewisodd, felly, fynd ato 'liw nos', dan fantell y tywyllwch, pan na welai neb ef.

Cyn bod Nicodemus yn cael cyfle i ofyn yr un cwestiwn, soniodd Iesu wrtho am yr angen i berson gael 'ei eni o'r newydd'. Ni ddeallai Nicodemus beth olygai hynny ac eglurodd Iesu fod angen adnewyddiad neu enedigaeth ysbrydol ar bawb, beth bynnag ei oedran. Ceir dadlau am arwyddocâd y cyfeiriad at 'eni o ddŵr' yn y sgwrs, ond mae'n debyg mai cyfeiriad at 'fedydd edifeiriol' ydyw gan fod rhaid i edifeirwch rhagflaenu bedydd yr Ysbryd Glân.

Mae'n amlwg fod 'cnawd' ac 'ysbryd' yn ddau beth hollol wahanol, ac fel mae'n rhaid geni'r cnawd o groth y fam, y mae'n rhaid geni'r ysbryd hefyd. Oddi wrth Dduw ei hun y daw'r adnewyddiad, sef y 'geni' ysbrydol hwn. Dyma sydd y tu ôl i'r gair diwinyddol 'aileni'.

Mae'n rhaid bod cwrdd â Iesu wedi cael dylanwad mawr ar Nicodemus oherwydd yn Ioan 7:50-51 y mae'n dadlau o'i blaid gerbron y Sanhedrin; ac yn Ioan 19:39-40 ceir hanes amdano yng nghwmni Joseff o Arimathea, aelod arall o'r Sanhedrin, yn cymryd 'tua chan pwys o fyrr ac aloes yn gymysg' i rwymo corff Iesu 'yn unol ag arferion claddu'r Iddewon'.

Myfyrdod

Y teirgwaith y cyfeirir at Nicodemus yn Efengyl Ioan, cawn ein hatgoffa mai ef yw'r un a ddaeth at Iesu yn y dirgel, dan fantell y nos. Er y gallai Duw faddau pechodau Nichodemus ac anghofio ei wendid, ni allai'r Eglwys Fore wneud hynny. Ac onid ei wendid a gofiwn ni heddiw bob tro y clywn enw Nicodemus: iddo ddod at Iesu dan fantell y nos fel na welai neb ef?

Mae methiant yr Eglwys Fore a Christnogion heddiw i anghofio ofnau Nicodemus am ei enw da wrth ddod at yr Arglwydd yn ein herio ni am yr hyn a gredwn am faddeuant. Pa sawl gwaith y clywsom rhywun yn dweud (ac efallai i ni ddweud hynny ein hunan): 'Rwy'n fodlon maddau, ond alla'i byth angofio'? Onid yw maddeuant yn golygu anghofio? Os nad ŷm ni'n fodlon anghofio'r 'pechod' a wnaeth rhywun yn ein herbyn, a ydym yn cynnig gwir faddeuant iddo?

Mae anghofio yn rhan o faddeuant Duw i ni: '... oherwydd maddeuaf iddynt eu hanwiredd ac ni chofiaf eu pechodau byth mwy' (Jeremeia 31:31-34; Hebreaid 8:7-12).

Oni ddylai ein maddeuant ni i eraill adlewyrchu maddeuant Duw i ni?

Gweddi

Arglwydd da,
Na chofia'n mawr wendidau mwy,
a mawr eu holl ffolineb hwy;
tydi, yr unig un a ŵyr,
rho di drugaredd gyda'r hwyr. (T.Gwynn Jones, C.Ff. 173)

A helpa ni i anghofio'r pechod pan fyddwn ni yn maddau i eraill. Amen

64. Myfi yw ... (Ioan 6:35; 8:12; 10:7; 10:11,14; 11:25; 15:1,5)

Cyflwyniad

Ar saith achlysur y mae Ioan yn dweud i'r Iesu roi mynegiant i'w bwrpas ar y ddaear mewn datganiad sy'n dechrau 'Myfi yw ...' : bara'r bywyd; goleuni'r byd; drws y defaid; y bugail da; yr atgyfodiad a'r bywyd; y ffordd (at Dduw), y gwirionedd (am Dduw) a'r bywyd (yn Nuw); a'r wir winwydden. Mae'r cymariaethau a ddefnyddiodd Iesu yn codi'n naturiol o'r sgwrs mae'n cynnal ar y pryd.

Myfyrdod

Wrth edrych ar y saith, gwelir bod pob un ohonynt yn berthnasol i fywyd Cristion. Ond mae'n debyg mai'r darlun o'r Crist fel y bugail da yw'r un sy'n taro tant ac ein hatgoffa orau o'r darlun o Dduw a geir yn yr Hen Destament (10:7-21).

Ers dyddiau Abraham roedd y bugail yn bwysig yn hanes Israel. Roedd Duw ei hun megis bugail, a bugeiliaid oedd llawer o'r arweinwyr a'r proffwydi; bugail oedd brenin mwyaf llwyddiannus y genedl; ac i fugeiliaid yr ymddangosodd yr angylion yn stori geni Iesu.

Mae'n anodd i ni amgyffred sut y gallai bugail nabod ei ddefaid wrth eu henwau - fel y byddwn ni'n nabod ci. Ond roedd y bugail yn nyddiau Iesu yn rhoi enwau i rai o'r defaid a hwythau'n ymateb i'w henwau. A byddai'r defaid i gyd yn adnabod llais eu bugail hwy. Nid eu gyrru fel praidd a wnâi ond galw arnynt, a hwythau yn ei ddilyn. Gallai dau neu dri phraidd fod yn llochesu yn yr un gorlan ar adegau, a phob un yn nabod llais ei fugail ei hun, ac yn ei ddilyn allan o'u lloches ac ar hyd y ffordd.

[Diddorol nodi mai sail ysgrythurol y Mormoniaid am fodolaeth eu heglwys yw eu dehongliad o 10:16. Hwy oedd 'y defaid eraill nad ydynt yn perthyn i'r gorlan hon'. Fe'i gwelant fel cefnogaeth i'w cred fod yr Iesu wedi mynd i America yn ystod y tri diwrnod yr oedd yn y bedd, a sefydlu ei eglwys yno ymhlith trigolion cyntefig y wlad.]

Fel dywed Ioan 10:7, y bugail hefyd oedd 'drws y defaid', ac roedd hyn yn llythrennol wir am y gorlan. Wal amrwd wedi ei hadeiladu o gwmpas darn bach o dir gyda bwlch yn un ochr y wal oedd y gorlan. Fe'u gwelid hwy hwnt ac yma ar hyd Palesteina yn nyddiau Iesu. Byddai bugail yn eistedd a chysgu yn yr agoriad gyda'i bastwn a'i ffon (ei wialen a'i ffon, Salm 23) wrth ei ochr, a'i gorff yn yn gweithredu fel drws i'r gorlan dros nos. Pan nad oedd corlan ar gael byddai bugail yn chwilio am ogof, a chyda'i braidd yn ddiogel oddi mewn, ei gorff ef fyddai'r drws. Roedd bugail da felly'n barod i beryglu ei fywyd ei hun dros y defaid. Ni ddigwyddai dim o'r fath beth gyda rhywun a gyflogid ar gyfer y gwaith o fugeilio. Byddai yntau'n ffoi pan oedd perygl.

Mae'r gair a ddefnyddir am 'da' yn yr ymadodd 'Bugail da' yn air sydd hefyd yn golygu 'deniadol', ac mae'n syndod ei weld yn y cyswllt hwn, fel y mae'n syndod y parch sydd i fugail yn y Beibl. Roedd galwedigaeth bugail yn ei gwneud hi'n anodd iddo ddilyn yr arferion a'r cyfarwyddiadau a roddwyd i'r Iddew yn Llyfr Lefiticus. Oherwydd y gwaith a wnâi, ni allai bugail gadw'r Saboth, ac roedd natur ei waith hefyd yn gwneud bugail yn seremonïol amhur. Byddai'n rhaid iddo weithio mewn bryntni o bob math a thrafod cyrff anifeiliaid, fel y gwnâi'r barcer. Fe ddylai felly fod ymhlith y pechaduriaid a'r casglwyr trethi - pobl oedd y tu hwnt i afael Duw yng ngolwg y grefydd Iddewig. Ond na! Bugeiliaid oedd rhai o frenhinoedd ac arwyr y genedl Iddewig.

Efallai fod y bugail yn ymddangos yn annerbyniol o safbwynt cyfraith Israel, ond nid gan Dduw! Mae Paul yn ein hatgoffa bod Duw yn defnyddio 'pethau ffôl y byd ... a phethau gwan y byd ... a phethau distadl y byd a phethau dirmygedig...' (1 Cor. 1:26). Nid ein lle ni, felly, yw collfarnu'r sawl y mae Duw yn eu defnyddio. Gall Duw ddefnyddio pawb ac mae'n galw pawb, gan gymhwyso'r sawl sy'n ymateb i'w alwad. '*Whom God calls, he equips.*'

Gweddi

Tydi, fu'n agor cloriau'r gair
  a dangos meddwl Duw,
llefara wrthym ninnau nawr
  dy wirioneddau byw. Amen *(J.Edward Williams, C.Ff., 633)*

65. Golchi Traed y Disgyblion (Ioan 13:1-20)

Cyflwyniad

Er bod yr hyn a ddisgrifir ym mhennod 13 o Efengyl Ioan wedi digwydd yn yr Oruwch Ystafell, nid oes sôn gan Ioan am sefydlu defod Swper yr Arglwydd. Mae Ioan yn sôn am rywbeth arall a ddigwyddodd yno, rhywbeth na chrybwyllir yn yr Efengylau eraill, ond a oedd yn arferol mewn gwledd o unrhyw fath.

Nid oes arwyddocâd arbennig i'r ffaith na chofnoda Ioan sefydlu'r Swper Olaf. Roedd Efengylau Marc, Luc a Mathew eisoes wedi gweld golau dydd rai blynyddoedd cyn ysgrifennu Efengyl Ioan, ac roedd y stori a'r arfer o ddathlu'r Swper wedi'i hen sefydlu. Yn wir, deg i bymtheg mlynedd cyn ymddangosiad Efengyl Marc - y gyntaf o'r Efengylau i gael ei llunio - roedd yr Eglwys ar Gyfandir Ewrop yn dathlu'r Cymun. Gwyddom hyn gan fod Paul yn cyfarwyddo eglwys y tu allan i Balesteina sut y dylid dathlu Swper yr Arglwydd (1 Corinthiaid 11:17-34). Felly mae Ioan am bwysleisio rhywbeth arall a ddigwyddodd yn ystod y Swper Olaf - digwyddiad a oedd efallai wedi cael ei anghofio - a hwnnw oedd i'r Iesu olchi traed y Disgyblion ar yr achlysur.

Pan ddeuai cwmni ynghyd, yr arfer oedd i'r person mwyaf distadl yno i olchi traed y lleill. Cyfrifoldeb y caethwas, neu rhyw was arall, fyddai gwneud hyn fel arfer, ond mae'n amlwg mai dim ond Iesu a'r Disgyblion oedd yn bresennol yn yr Oruwch Ystafell ar yr achlysur hwn ac mai un ohonyn nhw ddylai gyflawni'r gorchwyl. Nid oedd neb o'r Disgyblion am wneud gan y byddai hynny yn gyfaddefiad o'i statws isel yn y cwmni; ac, wedi'r cwbwl, oni bu ffrae ymhlith y disgyblion am ba un ohonynt oedd i'w gyfrif y mwyaf? (Luc 22:24)

Y rheswm am yr arfer o olchi traed oedd y byddent yn llychlyd ac anghyfforddus wedi cerdded mewn sandalau ar hyd llwybrau digon bawlyd. Dim ond y traed fyddai eisiau sylw gan y byddai pawb wedi ymolchi cyn cerdded yno. Pan welodd yr Arglwydd gyndynrwydd y Disgyblion i ymddarostwng gerbron eraill, cymerodd ef y tywel a'r badell ddŵr a gwneud y gorchwyl ei hunan. Mae'n ymddangos i Judas Iscariot ganiatáu i'w draed gael eu golchi cyn iddo adael y cwmni i drefnu bradychu Iesu; ond cyndyn oedd Pedr i adael i'w draed ef gael eu golchi gan yr Arglwydd.

Myfyrdod

Nid neges ddiwinyddol geir yn yr hanesyn hwn yn gymaint ag esiampl ymarferol yn ymwneud â rhoi cariad ar waith - dilyn esiampl Iesu ei hun.

Yn y cyfnod cyn bod pobl ddigartref yn cysgu ar y stryd wedi dod yn olygfa gyffredin, adroddai un person ei brofiad: 'Pan oeddwn i a ffrind yn mynd allan am bryd o fwyd, fe welsom ddyn yn gorwedd ar yr hewl a neb yn sylwi arno a'i helpu. Ar ôl inni fwyta fe aethom heibio iddo ar y ffordd adref; roedd y dyn yn dal i orwedd ar yr hewl a neb wedi boddran ei helpu!' Ni sylweddolent eu cyfrifoldeb hwy tuag at y truan.

Yn 90au'r ganrif ddwethaf pan âi Verina a mi yn rheolaidd i America, fe ddaethom ar draws pobl a wisgai freichledau a bathodynnau ac arnynt y llythrennau WWJD, talfyriad o '*What would Jesus do*?' Fe welir y cwestiwn yn un o bregethau C.H.Spurgeon. Beirniadwyd y bathodynau a breichledau gan rai am na all neb wneud beth wnâi Iesu. Ond roedd golchi traed ei gilydd yn orchwyl y gallai unrhyw un o'r Disgyblion fod wedi ei wneud; ac nid oes awgrym yn unman y disgwylia Iesu inni wneud popeth, ond yr hyn sydd o fewn ein gallu.

Felly mae'r cwestiwn 'Beth wnelai'r Iesu?' yn dal yn berthnasol i ni ei ofyn ynghanol yr holl alwadau sydd arnom ni heddiw.

Gweddi

Dysg im wneuthur heb nacâd
'wyllys Duw, fy nefol Dad,
n'ad im ddigio Ysbryd Duw,
er d'ogoniant gad i'm fyw. Amen *(cyf. W.O.Evans C.Ff. 373)*

66. Wrth Fôr Tiberias (Ioan 21:1-19)

Cyflwyniad

Wrth ddarllen Ioan 20, mae'n ymddangos mai dyma lle bwriadai Ioan orffen ei Efengyl ac mai rhyw fath o ôl nodiad yw Ioan 21. Ond nid pawb sy'n derbyn mai Ioan oedd awdur y bennod hon. Barn rhai yw mai un o ddisgyblion Ioan yn Effesus a ychwanegodd y stori a glywodd gan Ioan ei hun.

Dyma'r unig adroddiad sydd gennym o beth wnaeth y Disgyblion yn y cyfnod wedi ymddangosiad Iesu iddynt ar y trydydd dydd a chyn yr Esgyniad. Mae'n rhaid eu bod wedi gwneud rhywbeth, a mynd adre o Jerwsalem oedd hynny. Roeddent yn ei chael hi'n anodd i gredu bod Iesu'n fyw, er iddynt ei weld. Felly fe aeth y pysgotwyr yn eu plith yn ôl i Galilea i bysgota, gan ddilyn penderfyniad Pedr mai dyna yr oedd ef am ei wneud. Ymddengys mai saith o'r disgyblion oedd â chanddynt gefndir yn y byd pysgota. Ag eithrio Mathew, mae'n debyg i'r Disgyblion eraill fynd yn ôl at eu gwaith hwythau hefyd.

Wrth iddynt bysgota ymddangosodd Iesu ar lan Môr Tiberias lle roedd wedi cynnau tân i baratoi pryd o fwyd iddynt. Yn fyrbwyll, fel arfer, bwriodd Pedr ei hun i'r môr a nofio i'r lan. Glaniodd y disgyblion yn fuan ar ôl hynny wedi dal 153 o bysgod. Mae'r rhif yn arwyddocâol, oherwydd y gred yn gyffredinol oedd mai 153 o fathau o bysgod oedd yn y môr. A oedd Ioan am awgrymu bod un o bob math wedi ei ddal yn y rhwyd, a hynny yn ei dro yn awgrymu bod Ioan yn argyhoeddedig y byddai'r byd i gyd rhyw ddiwrnod yn eiddo i Grist?

Roedd yr egwyl ar lan y môr, ger y cwch pysgota, yn gyfle i Iesu adfer hyder Pedr, 'y Graig' a wadodd deirgwaith yn llys yr Archoffeiriad ei fod yn ei adnabod. Teirgwaith y gofynnodd Iesu i Pedr am y gymdeithas a fodolai rhyngddynt, gan adfer hyder Pedr drwy roi iddo gyfrifoldeb bob tro yr atebai yntau y cwestiwn. Ond dylid sylwi ar ddau beth. Yn gyntaf, fel 'Simon fab Jona' y mae Iesu yn cyfarch Pedr wrth ei holi - ei enw cyn iddo gael ei alw 'y Graig', er mwyn iddo fedru ennill yr enw hwnnw yn ôl. Yn ail, geiriau gwahanol a ddefnyddia Iesu y ddeudro cyntaf y mae'n ei holi: 'A wyt ti yn fy ngharu i?' A'r ddeudro ni fentrodd Pedr ddweud mwy na'i fod yn ei 'hoffi'. Y trydydd tro, 'hoffi' sydd yn y cwestiwn a'r ateb. Sylw'r Prifathro William Edwards yn ei gyfieithiad o'r Testament Newydd yw: 'Os na allai Pedr godi i lwyfan uchel Crist, daw Crist i lawr mewn cydymdeimlad tyner, ac a rydd help llaw, fel y gwnaeth gynt ar y môr' (Mathew 14:22-33; Marc 6:45-52; Ioan 6:16-21).

Ac felly yr adferwyd y llysenw a roddodd Iesu i Pedr.

Myfyrdod

Efengyl yr ail gyfle yw Efengyl yr Arglwydd Iesu. Ni raid ofni methiant oherwydd y mae maddeuant ar gael wrth edifarhau, a chyfle i ddechrau eto.

Pan ofynnodd Pedr i Iesu pa sawl gwaith yr oedd disgwyl iddo faddau i'w frawd: 'Ai hyd seithwaith?', roedd yn meddwl ei fod yn hael yn awgrymu'r fath rif; ond yr ateb a gafodd gan Iesu oedd, 'Nid hyd seithwaith ... ond hyd saith deg seithwaith' (Mathew 18:21-22). Dweud wna Iesu na ddylid meddwl am gyfrif o gwbl sawl gwaith y mae'n rhaid maddau pan yw person yn edifeiriol. Nid cyfrif wna Duw. Wrth feddwl am Dduw yn maddau, ni allwn redeg allan o ailgyfleoedd, dim ond o amser i edifarhau.

Mae idiom Saesneg sy'n dweud '*to sieze time by the forelock*'. Mae'n seiliedig ar y syniad fod amser fel gŵr ifanc chwimwth â chudyn hir o wallt hir ar ei dalcen - yn wahanol iawn i'r darlun o '*Father time*'. Yr unig ffordd i'w ddal yw wrth ei wallt wrth iddo wibio heibio. Os methwch, mae wedi diflannu am byth. Rhaid dal ar y cyfle pan ddaw.

Dal ar y cyfle cyntaf pan ddaw sydd orau bob amser, ond crefydd yr ail-gyfle yw Cristnogaeth, a daw eto gyfle ar ôl cyfle am faddeuant ac edifeirwch.

Ac os yw anghofio yn rhan o faddeuant Duw i ni (Myfyrdod 60), mae'r pechod blaenorol a wnaethom eisoes wedi ei anghofio. Fe ddylai hyn fod yn wir am bechod pobl yn erbyn ei gilydd hefyd - er na chawn hynny'n hawdd.

Gweddi

Maddeuant, O maddeuant!
Maddeuant cyfan, rhad,
yw'r cyntaf peth rwy'n ceisio
yn awr gerbron y Tad. Amen

ACTAUR APOSTOLION

67. Actau 1:12-20

Cyflwyniad

Mae'r rhagymadrodd byr ar ddechrau Llyfr yr Actau fel ar ddechrau Efengyl Luc yn cyflwyno'r gwaith i Theoffilus. Enw Rhufeinig yw Theoffilus, ond ni ŵyr neb pwy ydoedd na dim amdano. Fodd bynnag, mae'r anwybodaeth wedi esgor ar ddamcaniaethau diddorol.

Roedd Luc yn galw Theoffilus yn 'Ardderchocaf' yn ei efengyl a dyna'r teitl a roddir i Ffelix a Ffestus yn yr Actau (23:26; 24:13 a 26:25) sy'n awgrymu ei fod yn swyddog uchel yn yr ymerodraeth. Ond pa fath o swyddog ydoedd, ni wyddom. Oherwydd fod Actau yn gorffen pan oedd Paul yn cael ei gaethiwo i'w dŷ yn disgwyl am ei brawf yn Rhufain, un awgrym diddorol yw mai cyfreithiwr Paul ar gyfer ei ymddangosiad o flaen Nero oedd Theoffilus, ac mai dogfennau cyflwyno (*briefing documents*) i'w gyfreithiwr oedd yr Efengyl a'r Actau. Gwendid amlwg yr awgrym hwn yw bod Efengyl Luc yn defnyddio Efengyl Marc fel un ffynhonnell i'w waith, ac ni ysgrifennodd Marc ei efengyl tan ar ôl i Paul farw.

Ystyr 'Theoffilus' yw 'un mae Duw'n ei garu', neu 'un sy'n caru Duw'. A allai'r enw olygu mai llyfr ar gyfer credinwyr yr Eglwys Fore ydyw? Anhawster yr awgrym hwn i rai yw bod y rhagymadroddion i'r Efengyl a'r Actau mewn iaith mwy coeth na gweddill y ddau lyfr.

Myfyrdod

Mae'r Actau yn dechrau lle mae'r Efengyl yn gorffen, gyda'r Esgyniad, a hwnnw'n digwydd yng nghyffiniau Jerwsalem. Nid oes awgrym i'r Iesu a'i ddisgyblion ddychwelyd i Galilea, fel fel sydd yn Mathew ac Ioan. Ac mae diwedd gwreiddiol Efengyl Marc ar goll.

Gyda dilynwyr Iesu - 120 ohonynt - yn yr Oruwch Ystafell, y mae Pedr yn galw am ddewis rhywun arall yn Apostol yn lle Jwdas Iscariot.

Roedd Iesu ei hun wedi dewis y Deuddeg gwreiddiol o blith nifer o'i ddisgyblion, ac wedi eu galw'n Apostolion (Luc 6:12-16).

I fod yn Apostol ag 'A' fawr, roedd yn rhaid i berson (i) fod wedi ei ddewis gan Iesu ei hun; (ii) yn ddyn; (iii) yn dyst i'r Atgyfodiad; a (iv) wedi bod gyda Iesu ar hyd ei weinidogaeth ar y ddaear, o ddyddiau Ioan Fedyddiwr ymlaen. Ar wahân i'r gwragedd oedd yno hefyd (Actau 1:14) roedd y sawl oedd yn yr Oruwch Ystafell y diwrnod hwnnw yn cwrdd â'r gofynion hynny i gyd. Ond sut y gellid adnabod pa un ohonynt fyddai dewis Iesu i gymryd lle Jwdas? Roedd yr ateb yn perthyn i arferion y Genedl a'r gred am fwrw coelbren: 'Er bwrw coelbren i'r arffed, oddi wrth yr Arglwydd y daw pob dyfarniad' (Diarhebion 16:33). ('Mae'r deis yn cael ei daflu, ond y mae'r canlyniad yn llaw'r Arglwydd', yw aralleiriad Beibl. net.) Fe fyddai Iesu'n gwneud y dewis drwy iddynt hwy fwrw coelbren i wybod ei ewyllys. Dyna a wnaed, a Mathias oedd y dewis i fod yn un o'r Deuddeg ac yn Apostol.

Ni wyddom ddim am Mathias. Dyma'r unig dro y caiff ei enwi yn y Testament Newydd. Mae rhai o Dadau'r Eglwys yn cyfeirio at 'Efengyl Mathias'. Os bu un, nid oes dim ohoni wedi goroesi ac mae hynny'n awgrymu bod yr Eglwys Fore wedi ei hystyried o bosibl yn efengyl ffug. Mae'r ffaith ei fod yn yr Oruwch Ystafell y diwrnod hwnnw yn awgrymu bod Mathias ymhlith y rhai oedd yn dyst i'r Atgyfodiad ac wedi bod gyda Iesu ers dyddiau Ioan Fedyddiwr. Gellir mentro ei fod hefyd ymhlith y 70 neu 72 o 'ddisgyblion' - mae'r nifer yn amrywio yn y llawysgrifau - a ddanfonodd Iesu allan i genhadu (Luke 10:1-10).

Ystyr 'apostol' ag 'A' fawr neu 'a' fach yw 'un wedi ei ddanfon allan', a hynny i genhadu. Yn Effesiaid 4:11-12 y mae Paul yn dweud bod apostol, fel y proffwyd, yr efengylwr, y bugail a'r athro, yn gyfrifoldeb mewn eglwys y gall pob Cristion ymgyrraedd ato. Mae'r gwahanol ffyrdd y gallwn wasanaethu'r Eglwys yn niferus.

Yng ngoleuni stori Mathias a gofynion bod yn Apostol, tybed pa bethau y dylid eu hystyried yn ofynnol gan y Cristion 'cyffredin' heddiw?

Gweddi

Arglwydd Dduw, diolchwn am dy Eglwys ac am y fraint o gael bod yn rhan ohoni. Gad inni ymfalchïo yn y fraint ac ymroi i'th wasanaethu di hyd eithaf ein gallu. Amen

68. Tywalltiad yr Ysbryd (Actau 2:14-42)

Cyflwyniad

Ar y Disgyblion a dilynwyr Iesu y syrthiodd yr Ysbryd Glân yn yr Oruwch Ystafell, ac roedd yr effaith a gafodd ar y sawl oedd yno yn amlwg. Aethant allan o'r lle hwnnw i blith Iddewon oedd wedi dod i Jerwsalem o'u cartrefi ar draws yr hen fyd i ddathlu'r Pentecost. Sylweddolodd rheiny fod rhywbeth mawr wedi digwydd i'r bobl ddaeth i'w plith - hyd yn oed credu mai wedi yfed gormod oedd hynny!

Roedd Pedr am egluro i gylch ehangach yr hyn oedd wedi digwydd, a safodd gyda gweddill y Disgyblion i olrhain cefndir y digwyddiadau, o ddyddiau'r proffwyd Joel hyd atgyfodiad yr Arglwydd. Credodd nifer fawr o'r gwrandawyr ac ymuno â'r Eglwys.

Oherwydd eu cefndir Iddewig, byddai'r ymwelwyr â Jerwsalem ar yr Ŵyl yn gyfarwydd â'r iaith Hebraeg ac roedd tebygrwydd rhyngddo a'r Aramaeg, iaith y Disgyblion. Efallai gallai acen Galilea fod wedi eu drysu ar adegau, ond roedd pawb yn deall Pedr a gweddill canlynwyr Iesu ar y diwrnod hwnnw. Nid oedd Luc yn bresennol pan bregethodd Pedr ac nid oedd neb yno yn cofnodi yn union yr hyn a ddywedodd. Clywed am y diwrnod mawr hwnnw a wnaeth Luc rai blynyddoedd ar ôl hynny, a rhoi crynodeb o'r hyn y deallodd i Bedr gyhoeddi yn y bregeth, a'i gynnwys yn Actau'r Apostolion.

Roedd y credinwyr yn rhifo gormod iddynt allu cwrdd yn yr un lle, ac nid yw Luc yn manylu ar beth ddigwyddodd iddynt wedi eu tröedigaeth. Mae'n debyg iddynt ddychwelyd i'w synagogau cenedlaethol yn Jerwsalem a dathlu dyfodiad y Meseia yno (Actau 2:9-11) a chofio am Iesu uwchben pryd o fwyd oedd yn seiliedig ar swper y Pasg. [Nid yw'n ymddangos bod Paul wedi cael unrhyw rwystr i fynychu synagogau yn Ewrop a sôn am Iesu, er nad oedd ei genadwri yn llwyddiannus bob tro. Mae'n bosibl bod yr addolwyr yn y synagogau hyn wedi clywed am beth ddigwyddodd yn Jerwsalem gan y sawl fu yno.]

Ar y gymdeithas rhwng Cristonogion a'u cyfrifoldeb tuag at ei gilydd y mae Luc yn canolbwyntio wedi'r adroddiad am bregeth Pedr. Mae ei bwyslais ar y cymdethasol, ond ar yr ysbrydol hefyd.

(i.) Roeddent yn dal pob peth yn gyffredin.

(ii.) Roeddent yn gwerthu eu heiddo a'u meddiannau.

(iii.) Roeddent yn rhannu'r elw â'r sawl oedd mewn angen.
(iv.) Roeddent yn mwynhau eu crefydd a chrefydda. (Cymharer Actau 4:32-37.)

Myfyrdod

Nid comiwnyddiaeth oedd hyn fel y mynnodd rhai, ond pobl o'u gwirfodd yn rhannu ag eraill. Nid oedd unrhyw orfodiaeth. Nid methu rhannu oedd pechod Ananias a Saffeira, ond ceisio twyllo'r gymuned drwy gymryd arnynt eu bod yn rhoi'r cyfan a gawsant wrth werthu eu heiddo. Meddai Pedr wrth Ananias:

> 'Tra oedd yn aros heb ei werthu, onid yn dy feddiant di yr oedd yn aros? Ac wedi ei werthu, onid gennyt ti yr oedd yr hawl ar yr arian? Sut y rhoddaist le yn dy feddwl i'r fath weithred? Nid wrth ddynion y dywedaist gelwydd, ond wrth Dduw' (Actau 5:3-4).

Mae'n ymddangos mai o gwmpas Jerwsalem yn unig, a dim ond am gyfnod byr, y dilynwyd yr arfer hon, ac o hyn ymlaen mae Luc yn canolbwyntio ar ddatblygiad yr Eglwys yn ystod pum mlynedd ar hugain cyntaf ei hanes. Fodd bynnag, er nad oedd rhannu eiddo yn orfodol, ni all cymdeithas Ffydd fodoli hebddo.

Yr hyn a ddigwyddodd wedi i'r Ysbryd Glân ddisgyn ar yr Eglwys Fore oedd i'r Disgyblion gael eu hysbrydoli i rannu yn orfoleddus a chyda brwdfrydedd y neges am yr Arglwydd Iesu, y Crist Atgyfodedig. Pregethu, cyhoeddi'r Gair, oedd y ffordd i ennill dilynwyr eraill yn eu tyb hwy, a dyna a wnaethant. Buont yn llwyddiannus iawn, a hyd at ganol y ganrif ddiwethaf gwisgo'r Efengyl mewn dillad pregeth a wnaethpwyd. Bellach mae'n ymddangos nad yw'r Gair yn ddigon yn nyddiau'r teledu a'r wê - a difyrrwch yw rhaglenni fel 'Dechrau Canu, Dechrau Canmol' erbyn hyn, ym marn llawer ohonom.

Problem y Cristion heddiw yw sut i rannu'r Gair ag eraill, gan ddiogelu bodolaeth cymdeithas yn yr Efengyl. Mae'n debyg mai'r man cychwyn yw'r hyn a ddywedodd Oliver Goldsmith, '*You can preach a better sermon with your life than with your lips.*' A rhaid cofio hefyd esgyll englyn coffa William Morris i Tom Nefyn:

> ac o'i bregethau i gyd,
> y fwyaf oedd ei fywyd.

Gweddi

Rho dy fendith, Ysbryd Glân,
  yma'r awron;
dyro di y bedydd tân
  yn ein calon;
llanw ein heneidiau ni
  â sancteiddrwydd;
gwna ni'n eiddo llwyr i ti,
  dyner Arglwydd. Amen *(Ben Davies, C.Ff. 33)*

69. Tyst i Labyddio Steffan (Actau 7:54-8.1)

Cyflwyniad

Ar ddiwedd stori llabyddio Steffan, ceir adnod sy'n dweud bod Saul (cyn iddo fabwysiadu'r enw Paul) yn bresennol ac 'yn cydsynio â'i lofruddio' (Actau 8:1). Wrth amddiffyn ei hun o flaen y dorf a gynhyrfwyd gan ei bresenoldeb yn y Deml yn Jerwsalem tua diwedd ei oes, y mae Paul yn ychwanegu manylyn bach arall am y digwyddiad, sef ei fod yn gwarchod dillad y rhai oedd yn llabyddio Steffan (Actau 22:22). Ni thaflodd ef ei hun yr un garreg.

Mae'n siwr mai Paul ei hun oedd ffynhonnell Luc am lawer o'r hyn a ysgrifennodd yn Actau am ddatblygiad yr Eglwys Fore. Ar wahân i rannu'r hanes a glywodd gan yr Apostol ei hun, fe allai mai Paul oedd wedi ategu gwirionedd rhai o'r pethau eraill a groniclir yn yr Actau. Bu ef a Luc yn gymdeithion am beth o'r amser ar deithiau cenhadol Paul yn ôl y dehongliad naturiol o'r darnau o'r Actau a ysgrifennir yn y person cyntaf (Actau 16:10-17; 20:5-15; 21:1-8; 27:1-28:16). Bu Paul yn ddigon gonest i rannu gwybodaeth â Luc am rai digwyddiadau na fyddai wedi ymfalchïo ynddynt, megis ei bresenoldeb pan labyddiwyd Steffan; erlid yr Eglwys (Actau 8:1-3); ei gweryl â Barnabas (Actau 15:36-40); ffoi o Thesalonica ac yna o Berea (Actau 17:1-14); ac ati.

Cred rhai mai Luc oedd y gŵr o Facedonia ym mreuddwyd Paul (Actau 16:6-10). Awgrym diddorol arall yw mai Paul oedd y dyn ifanc cyfoethog oedd wedi holi Iesu am ennill bywyd tragwyddol. Roedd ef wedi cadw gofynion y Gyfraith i gyd o'i ieuenctid, meddai, ond pan ddywedwyd wrtho am rannu ei gyfoeth ag eraill a dilyn Iesu, ni allai wneud hynny. Fe hoffodd yr Iesu ef er na allai gefnu ar ei gyfoeth (Marc 10:17-31; cymh. Mt. 19:16-30; Luc 18:18-30). Mae'n rhaid fod Paul yn ddyn cymharol gyfoethog, gan iddo letya yn Rhufain am ddwy flynedd gyfan 'ar ei gost ei hun' (Actau 28:30). Ffaith ddiddorol yw bod Paul wrth siarad â henuriaid Effesus wedi cynnwys dyfyniad o eiddo'r Iesu na welir yn unman arall yn y Testament Newydd. A dyfyniad yn ymwneud â chyfoeth yw hwnnw (Actau 20:35).

Un peth a wyddom i sicrwydd am Paul yn y dyddiau cynnar yn Jerwsalem, a hynny yw mai Pharisead ydoedd. Er ei fod yn ddinesydd Rhufeinig ac yn cael ei gysylltu bob amser â Tarsus, roedd rhai o'r teulu'n byw yn Jerwsalem (Actau 23:16), a dyna lle bu'n astudio'r Gyfraith o dan gyfarwyddyd Gamaliel. Roedd yn frwd dros y Gyfraith, sy'n awgrymu y gallai fod wedi bod ymhlith y rhai fu'n herio Iesu yn ystod ei weinidogaeth. Mae'n anodd credu na fyddai wedi bod ymhlith y Phariseaid a fu'n poeni Iesu yn Jerwsalem ar ei ymweliadau yno. Os felly, mae'n anodd deall pam na fyddai wedi cyfeirio at y ffaith, er bod rhai am ddadlau iddo wneud hynny yn 2 Corinthiaid 5:16.

Myfyrdod

Ni thaflodd Paul ei hun yr un garreg at Steffan, ond roedd yn ddigon parod i gefnogi beth roedd yr Iddewon digllon yn ei wneud, ac yn helpu rhywfaint drwy ofalu am ddillad y llabyddwyr. Nid oes rhaid gwneud dim byd mawr er mwyn cefnogi rhywbeth. Mae hyd yn oed gwneud a dweud dim yn gallu bod yn gefnogaeth 'negyddol'! Mae sylw Edmund Burke yn gyfarwydd i bawb: '*The only thing necessary for the triumph of evil is for good men to do nothing*'.

Ond fel y gall rhai pethau bach gyfrannu at ddrwg mawr, gall pethau bach eraill fod yn gyfraniad i ddaioni mawr. Ni wnaeth Dewi Sant ond cymell i'w ddilynwyr i wneud y pethau bychain.

Gweddi

Arglwydd Dduw, helpa ni i gofio y gall y pethau bach a wnawn dros Iesu dyfu'n bethau mawr yn dy ddwylo di. Amen

70. Tabitha - Dorcas (Actau 9:36-43)

Cyflwyniad

Cristion oedd yn adnabyddys drwy Jopa oedd y wraig a enwid Tabitha, neu Dorcas. Roedd yn enwog am ei gweithredoedd da a'i gwaith helusen yn paratoi crysau a phob math o ddillad i'w rhannu ymhlith yr anghenus. Pan gafodd ei tharo'n wael, roedd Pedr yn Lyda, heb fod ymhell i ffwrdd. Yr oedd yntau eisoes wedi ennill enw iddo'i hun fel un a allai iacháu cleifion. Deuai pobl â chleifion ato i'w hiacháu a dywedwyd fod hyd yn oed ei gysgod wrth fynd heibio yn ddigon i wella'r claf. (Actau 5:12-16). Danfonwyd ato i ofyn iddo ddod i Jopa.

Pan gyrhaeddodd Pedr Jopa, yr oedd cartref Tabitha yn llawn o wragedd gweddwon yn wylo. Mae rhai esbonwyr yn awgrymu bod y gweddwon oedd yn bresennol yn gwisgo'r dillad a wnaeth Tabitha iddynt. Danfonodd Pedr bawb allan o'r ystafell lle gorweddai corff Tabitha, ac wedi iddo weddïo, fe gododd a chyflwynodd Pedr hi yn fyw 'i'r saint a'r gwragedd gweddwon'.

Arhosodd Pedr yn Jopa am beth amser gan letya 'gyda rhyw farcer o'r enw Simon'. Mae'r ffaith hon yn dangos yn eglur fod Cristnogaeth eisoes yn datblygu agweddau oedd yn ei phellhau oddi wrth ragfarn Iddewiaeth. Roedd Iddewon Uniongred yn credu bod barcer wedi ei halogi am ei fod yn trafod crwyn anifeiliaid, ac mae'r ffaith fod Pedr yn aros yng nghartref Simon yn dangos fel yr oedd Cristnogion yn dechrau pellhau oddi wrth Iddewiaeth Uniongred. Mae'r agwedd hon yn datblygu yn stori Cornelius (pen. 10), er iddi gael ei herio yn Actau 15.

Myfyrdod

Ni ellir esbonio gwyrthiau, ac fel gyda phob gwyrth yn y Testament Newydd y mae esbonwyr am weld neges yn y weithred, ac nid ydynt yn wahanol yn yr achos hwn. Mae'r stori yn adlais o stori Iesu a merch Jairus (Marc 5:35-43; Mth. 9:18-26; Luc 8:40-56). Diddorol sylwi, felly, mai geiriau Iesu yn Aramaeg wrth ferch Jairus, yn ôl Marc, oedd 'Talitha cŵm'. [Ai ffwlbri yw tynnu sylw at y tebygrwydd rhwng 'talitha' a 'Tabitha'? Wrth yr enw 'Dorcas', ffurf yr iaith Roeg o'i henw (sef 'gasel', *gazelle*) y caiff ei hadnabod gan Gristnogion yn gyffredinol, ac erbyn hyn yr enw hwnnw a ddefnyddir gan nifer o fudiadau dyngarol.]

O gofio stori merch Jairus, neges yr hanes am Tabitha yw 'na fyrhawyd braich yr Arglwydd'. Dyna hanfod neges y Testament Newydd ar hyd y canrifoedd. Roedd y Crist Atgyfodedig wedi trosglwyddo ei rym i'w Ddisgyblion a'i Eglwys. Ond ai dyna a gredwn ni heddiw?

Mae hen stori sydd, efallai, yn adlewyrchu agwedd llawer o aelodau'r Eglwys heddiw. Mewn pentre bach 'sych' yn y wlad penderfynodd rhyw ddyn busnes agor tafarn. Roedd y pentrefwyr yn gwrthwynebu'r syniad a heb weld unrhyw alw amdano. Ond mynd rhagddo â'i fwriad a wnaeth y tafarnwr gobeithiol, a phenderfynodd yr eglwys leol mai'r unig beth y gallai hi ei wneud oedd galw cwrdd gweddi i wrthwynebu'r cynllun. Mewn storm yn fuan wedi hynny tarawyd y dafarn newydd gan fellt ac fe'i llosgwyd yn ulw. Aeth y tafarnwr â'r achos i'r llys gan feio'r eglwys a hawlio iawndâl ganddi! Amddiffynnodd yr eglwys ei hun yn y llys barn. Sylw'r barnwr pan ddaeth yr achos o'i flaen oedd, 'Mae un peth yn amlwg, mae'r tafarnwr yn credu yn y grym sy'n perthyn i weddi, ond nid felly'r eglwys!'

Gweddi

Rho inni weledigaeth
ar dy frenhiniaeth di
sy'n estyn o'r mynyddoedd
hyd eithaf tonnau'r lli;
ni fynnwn ni ymostwng,
yn rhwysg ein gwamal oes
ond i'th awdurdod sanctaidd
a chyfraith Crist a'i groes. Amen *(Amanwy, C.Ff., 252)*

71. Cyngor Jerwsalem (Actau 15:1-21)

Cyflwyniad

Credir mai tua 49 O.C. y cyfarfu nifer o Gristnogion blaenllaw yn Jerwsalem a chynnal yr hyn a alwyd yn Gyngor Jerwsalem. Roedd yr Apostolion yno, a Paul a Barnabas, ynghyd â Christnogion Iddewig eraill a gynhwysai Phariseaid Cristnogol. Ni ddywedir hynny, ond mae'n ymddangos mai Iago, brawd Iesu, oedd yn llywio'r Cyngor ac mai ef a'i cynullodd. 'Eglwys Crist' oedd y mater dan sylw, ac yn arbennig lle Cenedl-ddynion yn yr Eglwys. Roedd Pedr wedi bedyddio Cornelius a'i deulu, Cenedl-ddynion, ac roedd Paul â Barnabas newydd ddychwelyd o Galatia ac wedi derbyn Cenedl-ddynion i'r eglwysi a blannwyd ganddynt yno, a'u bedyddio.

Y cwestiwn pwysig a drafodwyd oedd: A all Cenedl-ddyn fod yn Gristion heb iddo yn gyntaf dderbyn y defodau a'r traddodiadau Iddewig - enwaedu, ac ati. Credai'r Phariseaid a gofleidiodd Gristnogaeth mai Iddewon yn unig allai fod yn Cristinogion, ac felly galwent ar Genedl-ddyn i fod yn broselyt cyn y gallai ddod yn Gristion. Cyfraniad Pedr am ei brofiad yng Nghesarea a Paul am ei brofiad ymhlith y Cenedl-ddynion a benderfynodd y ddadl. Cyhoeddod Iago ei bod yn iawn iddynt gael eu derbyn heb enwaediad, ond dylent ymgadw rhag bod yn anweddus, rhag bwyta cig a oedd wedi ei aberthu i eilunod, rhag dim a oedd wedi ei dagu, na dim oedd â gwaed ynddo - y gwaed yw einioes anifail ac eiddo Duw oedd hwnnw.

Ni dderbyniodd pawb ddyfarniad y Cyngor a buont hwy yn ddraen yn ystlys Paul wedi hynny pan oedd yn cenhadu. Roeddent yn ei ddilyn ar draws Ewrop a'i herio.

Myfyrdod

Ni ellir osgoi'r ffaith fod yr Eglwys wedi'i rhannu yn gynnar yn ei hanes (Galatiaid 2:11-14). Gwelir 'Plaid Apolos', 'Plaid Ceffas', 'Plaid Paul', a hyd yn oed 'Plaid Crist' ar dudalennau'r Testament Newydd (1 Corinthiaid 1:12; 3:3-9), gyda 'rhaniadau' rhanbarthol yn datblygu. A bu carfannau gwahanol a phwysleisiadau diwinyddol gwahanol o fewn i'r Eglwys ar hyd y canrifoedd. Er enghraifft, roedd Bedyddwyr Cymru yn y ddeunawfed ganrif, wedi eu rhannu yn Fedyddwyr Neilltuol

Caethgymunol, Bedyddwyr Neilltuol Rhyddgymunol, Bedyddwyr Cyffredinol Caethgymunol, a Bedyddwyr Cyffredinol Rhyddgymunol - a phob un ohonynt yn gwrthod cymuno ag enwadau gwahanol, na chyda'i gilydd.

Hoffaf y stori wir am T.R. Morgan, gweinidog y Bedyddwyr ym Mhontrhydfendigaid, a gwraig fonheddig Plas Nanteos.

Heb fod ymhell o'r Plas safai Moriah, capel bach y Bedyddwyr, ac er mai Methodist oedd hi, âi'r Fonesig oedrannus yno yn rheolaidd a derbyn cymun. Bedyddiwr Caethgymunol, digyfaddawd, oedd T.R.Morgan, a phan glywodd fod hyn yn digwydd gorchmynnodd y diaconiaid i beidio â gwneud y fath beth. Teimlai'r diaconiaid na allent beidio â rhoi cymundeb iddi hi, yn enwedig gan mai hi oedd Bonesig y Plas. Felly, gofynnodd T.R. am wahoddiad i bregethu yn Moriah ar Sul Cymundeb. Ar y Sul hwnnw, â'r Fonesig yn bresennol, aeth ef â'r cymun o gwmpas ei hunan, a phan ddaeth at sedd y Fonesig, cerddodd heibio iddi hi a mynd nôl i'r sedd fawr. Cododd yr hen wraig, ac yn lle mynd allan, fel y tybiai pawb ei bod am wneud, cerddodd ymlaen ac i fewn i'r sedd fawr at fwrdd y cymun. Estynnodd a chymryd darn bach o fara, troi at y gweinidog a dweud, 'Allwch chi beidio â'i roi imi, ond wnewch chi ddim fy rhwystro rhag ei gymryd e', wnewch chi?'

Ni ddigwyddai hynny heddiw, mewn cyfnod pan mae eglwysi yn closio at ei gilydd, ac un gweinidog yn bugeilio nifer o eglwysi o wahanol enwadau mewn ardal.

Gweddi Iesu ar ei Dad nefol dros ei ddilynwyr yn yr Oruwch Ystafell oedd: 'O Dad sanctaidd, cadw hwy'n ddiogel trwy dy enw, yr enw a roddaist i mi, er mwyn iddynt fod yn un fel yr ydym ni yn Un' (Ioan 17:11). Cyfeiriwn at y Drindod fel - 'yr Un yn Dri, a'r Tri yn Un'.

Gweddi

Arglwydd Iesu,
Darfydded sôn am bob ymryson mwy,
partïol farn, a rhagfarn, lawr â hwy;
Doed ysbryd hedd, tangnefedd yn eu lle,
a chariad pur o'r cariad sy yn y ne. Amen

(Edward Jones, 1761-1836)

72. Ymweld ag Iago (Actau 21:17-26)

Cyflwyniad

Ymwelodd Paul â Jerwsalem ddwywaith yn y blynyddoedd cynnar wedi iddo gael tröedigaeth, a gwelodd Iago, brawd Iesu, y ddeudro. Cyfeiria Paul (braidd yn ddirmygus?) ato ef, Ceffas (Pedr) ac Ioan fel 'y gwŷr a gyfrifir yn golofnau' (Galatiaid 2:9). Ond beth bynnag a feddyliai Paul, mae'n amlwg fod gan Iago dipyn o ddylanwad yn yr Eglwys Fore. Ef oedd arweinydd yr Eglwys yn Jerwsalem, ac, i raddau helaeth ef oedd arweinydd cyntaf yr Eglwys ehangach yn y degawdau cynnar. Roedd parch mawr tuag ato, os nad parchedig ofn ohono. Mae Paul yn dweud bod Pedr, pan yn Antiochia, wedi rhoi'r gorau i fwyta bwydydd cenhedlig pan oedd pobl Iago yn bresennol a chymryd bwyd kosher, er ei fod yn mwynhau bwyd cyffredin y Cenedl-ddyn cyn iddynt ymddangos (Galatiaid 2:11-14). Yng Nghyngor Jerwsalem yn 49 O.C., gair Iago a droes y fantol o blaid derbyn Cenedl-ddynion i fewn i'r Eglwys heb yn gyntaf eu henwaedu.

Wedi rhai blynyddodd yn cenhadu yn Ewrop, fe aeth Paul ei hun i gyflwyno'r arian a gasglodd ymhlith yr eglwysi Cenhedlig i gynorthwyo 'mam-eglwys Cristnogaeth' yn Jerwsalem, a manteisiodd ar y cyfle i roi adroddiad o'i waith yntau i Iago (Actau 21:18-19). Cydsyniodd ag awgrym Iago i dderbyn defod pureiddio'r Iddew ac addoli yn y Deml er mwyn dangos ei fod yn dal i barchu'r Gyfraith ac ufuddhau i'w gofynion.

Myfyrdod

Roedd Iago a Paul, ill dau, yn Gristnogion ceidwadol. Yn wir, mae'n amheus a fyddai Iago yn ei alw ei hun yn Gristion o gwbl. Fel Iddewon Meseianaidd heddiw, Iddew ydoedd yn gyntaf, ond credai mai Iesu oedd y Meseia Iddewig, disgwyliedig. Roedd yn ŵr duwiolfrydig, defosiynol. Dywedwyd ei fod yn treulio cymaint o amser yn addoli fel nad oedd ganddo amser i ymolchi na siafo! Roedd cymaint ar ei liniau fel y cafodd y ffugenw 'Pengliniau Camel'!

Roedd Paul hefyd yn geidwadol yn ei ddehongliad o'r Ffydd a'i pherthynas ag Iddewiaeth, tra'n awyddus i agor drws yr Eglwys i bawb. Ar wahân i enwaedu Cenedl-ddynion, roedd ei ddehongliad o Gristnogaeth yn cwrdd â holl ofynion y grefydd Iddewig tra'n ehangu cylch ei hapêl i gynnwys Cenedl-ddynion.

Bron na allech ddweud bod Iago a Paul yn perthyn i ddwy grefydd wahanol. Ond er yr ystod o wahaniaeth rhyngddynt, parchai'r naill y llall. Felly, yng Nghyngor Jerwsalem yn 49 O.C. roedd Iago yn cefnogi Paul a'i gymheiriaid i ganiatáu dynion heb eu henwaedu i berthyn i'r Eglwys; tra bod Paul, flynyddoed ar ôl hynny, yn cefnogi ymdrech Iago i ddiogelu perthynas heddychol rhwng Iddewiaeth a Christnogaeth, a chydnabod defod pureiddio.

Tybed i ba raddau y mae Cristnogion o argyhoeddiadau gwahanol yn cefnogi ei gilydd heddiw? Bu cystadleuaeth rhwng yr enwadau â'i gilydd ar un adeg, gyda chondemnio ac erlid yn beth cyffredin, a gwneuthpwyd niwed mawr i Achos Crist ar adegau felly. Mae pethau wedi gwella llawer yn y dyddiau hyn rhwng yr Eglwysi a'r Enwadau. Yn y 'Smotyn Du', lle ceir 'priodasau cymysg' rhwng Anghydffurfwyr Trindodaidd ac Undodiaid, nid yw'n beth diarth i'r naill neu'r llall ymaelodi gyda'r cymar. Ac eto mae argyhoeddiadau a phwyslais diwinyddol gwahanol yn gallu creu drwgdybiaeth o hyd ymhlith rhai. Mae un ochr yn cyhuddo'r ochr arall o lasdwreiddio beth yw'r Ffydd, a'r lleilll yn cyhuddo'u gwrthwynebwyr o lythrenoldeb.

Mae safbwyntiau diwinyddol yn gallu achosi pellhau a dieithrio hyd yn oed yn y cyfnod hwn.

Gweddi

Arglwydd Iesu, dy weddi di oedd i bawb o'th ddilynwyr fod yn un; maddau inni pryd mae'r bai arnom ni pan fethwn ni i wneud hynny. Amen

73. Cyrraedd Rhufain (Actau 28)

Cyflwyniad

Tua 54-57 O.C. ysgrifennodd Paul lythyr at y cynulleidfaoedd oedd yn ffurfio'r Eglwys yn Rhufain. Ni fu ef yno erioed, a'r bwriad wrth ysgrifennu oedd cyflwyno'i hunan iddynt gan roi mynegiant trefnus o'i argyhoeddiadau yr un pryd. Mae hefyd yn sôn am ei fwriad i ymweld â hwy pan fyddai ar ei ffordd i efengylu yn Sbaen (Rhufeiniaid 15:23-24).

Nid yn y modd y disgwyliai y cyrhaeddodd Rufain, ond o dan ofal canwriad tra'n disgwyl am gael ymddangos o flaen Cesar a chyflwyno ei apêl fel dinesydd Rhufeinig. Roedd wedi cael ei gadw'n garcharor yng Nghesarea am ddwy flynedd wedi i'r Iddewon wrthwynebu ei ryddhau (Actau 28:18-19). Roedd Ffelix wedi rhoi gorchymyn i'w warchodwyr i gadw Paul 'dan warchodaeth, ac i gael peth rhyddid, ac nad oeddent i rwystro i neb o'i gyfeillion i weini arno' (Actau 24:23). Mae'n ymddangos mai dyna'r drefn pan oedd yn Rhufain hefyd: '...fe ganiatawyd i Paul letya ar ei ben ei hun, gyda'r milwr oedd yn ei warchod' (28:16; cymh. 28:30-31).

Gwelodd Paul fod amodau ei garcharu yn Rhufain yn caniatáu iddo barhau â'r gwaith o genhadu, a dyna a wnaeth. Deuai pobl ato i'w lety i drafod hawliau yr Efengyl. Yr ymwelwyr cyntaf oedd y prif ddynion ymysg yr Iddewon. Ar ôl iddo roi cefndir ei alltudiad i Rufain, trefnwyd diwrnod iddynt ddod ynghyd unwaith eto i drafod neges Paul, a daeth 'tyrfa' i drafod. Ceisiodd Paul 'eu hargyhoeddi ynghylch Iesu ar sail Cyfraith Moses a'r proffwydi' (28:23). Fel yr hyn a welodd Paul dro ar ôl tro yn ystod ei weinidogaeth, 'yr oedd rhai yn credu ei eiriau, ac eraill heb fod yn credu', a dechreuasant 'ymwahanu mewn anghytundeb â'i gilydd' (28:24-25). Yr oedd wedi cwrdd â'r gofyn 'i'r Iddewon yn gyntaf' (Rhufeiniaid 1:16), a chan ddyfynnu Eseia (6:9-10), mynnodd y byddai'r Cenhedloedd yn gwrando ar ei neges.

Myfyrdod

Nid oedd dim yn mynd i rwystro gwaith cenhadol Paul. Os na fyddai'r Iddew yn fodlon gwrando arno, chwiliai am gynulleidfa arall a fyddai'n fodlon gwrando - a'r Cenedl-ddyn fyddai hwnnw.

Mae pawb yn hoffi rhannu newyddion da ag eraill. Newyddion Da am ymwneud Duw â phobl yw'r Efengyl. Newyddion da oedd yn werth ei rhannu oedd gan Paul, ac ni allai oedi rhag rhannu'r Newyddion Da hwn. Felly, os nad oedd yr Iddewon am wybod, fe ddywedai wrth Genedl-ddynion.

Pan oedd ffrind iddo ar fin dweud rhywbeth wrth Socrates am berson arall, gofynnwyd iddo a oedd y peth a glywodd yn cwrdd a gofynion tri phrawf pwysig cyn ei ail-adrodd. Ni ddylid ail-adrodd dim, meddai, cyn gofyn:

(a.) A ydyw'n wir?
(b.) A ydyw'n dda?
(c.) A ydyw'n ddefnyddiol?

Os cyfeiriwn y cwestiynau hyn at yr Efengyl, y mae'r ateb i'r tri chwestiwn yn gadarnhaol, a dyna paham y mae'n beth da i rannu Newyddion Da yr Efengyl ag eraill heddiw.

Gweddi

Duw, teyrnasa ar y ddaear
o'r gorllewin pell i'r de;
cymer feddiant o'r ardaloedd
pellaf, t'wyllaf is y ne';
Haul Cyfiawnder,
llanw'r ddaear fawr â'th ras. Amen *(William Williams, C.Ff., 246)*

Y LLYTHYRAU BUGEILIOL
EPISTOL PAUL AT Y RHUFEINIAID

74. Euogrwydd Dynolryw (Rhufeiniaid 1:18-32)

Cyflwyniad

Mae Epistol Paul at y Rhufeiniaid yn debyg i draethawd diwinyddol ac ynddo gyffyrddiadau personol. Yn wahanol i'w lythyrau eraill at yr eglwysi, fe'i lluniodd heb iddo fod yn Rhufain erioed, er ei fynych deithiau cenhadol. Ni wyddom ble, pryd na pham y'i lluniwyd. Mae'r ateb i'r ddau gyntaf ynghlwm wrth ei gilydd, tra bod ysgolheigion yn credu mai pwrpas y llythyr oedd paratoi'r ffordd am ymweliad â phrif ddinas yr ymerodraeth .

Ni wyddom chwaith pwy a blannodd yr Eglwys yn Rhufain. Credir mai 'ymwelwyr o Rufain' â Jerwsalem a fuont yn llygad-dystion i'r digwyddiadau ar Sul y Pentecost (Actau 2:10) a aeth â'r hanes yn ôl gyda hwy a ffurfio celloedd bychain lle dathlent y digwyddiad - grŵpiau bach o Iddewon hwnt ac yma yn Rhufain yn dathlu dyfodiad y Meseia. Nid un person a ffurfiodd eglwys yno, ac ni ddatblygodd diwinyddiaeth y celloedd fel y gwnaeth diwinyddiaeth yr eglwysi lle'r arweiniai'r Apostolion. Os felly, mae'n bosibl fod Paul wedi llunio'r 'traethawd diwinyddol' hwn i roi arweiniad i'r celloedd o'r ffordd yr oedd pethau wedi datblygu yn yr Eglwys.

Ceir dehongliadau gwahanol o'r traethawd gan Gristnogion ac mae'r ffordd y'i dehonglir yn aml yn ymosodiad ar ddehongliad rhywun arall. 'Defnyddiwyd y Beibl fel chwarel i gloddio cerrig y gellid eu taflu at hereticiaid', meddai Ifor Parry wrth annerch Undeb y Bedyddwyr yn 1970, ac o'r holl lyfrau ynddo, y Rhufeiniaid sy'n cynnig y mwyaf o gerrig! Pan oedd Bill Clinton, Arlywydd America, dan ymosodiad Cristnogion yr asgell dde, dywedodd y carai pe bai eraill yn gallu edrych i mewn i'w enaid a gwelent '*someone whose belief in God is as sincere and deep and genuine as theirs*', ond un a oedd yn fwy gostyngedig na llawer o'r ymosodwyr.

Myfyrdod

Bûm yn gofyn i mi fy hun droeon, pam na fu Paul yn bositif a datgan ei fod yn falch o'r Efengyl, yn hytrach na dweud hynny mewn ffordd negyddol drwy gyhoeddi nad oedd arno gywilydd ohoni?

Mae'n bosibl fod yr ateb yn amlwg. Ychydig iawn sydd gan y Beibl i ddweud o blaid balchder. Mae balchder yn gefndir i rai o ddamhegion yr Arglwydd (Luc 14:8-11; 18:9-14) ond Diarhebion 16:18 sy'n crynhoi ymateb y Beibl i falchter: 'Daw balchder o flaen dinistr, ac uchelgais o flaen cwymp'.

Hoffaf y stori y mae Muhammad Ali - Cassius Clay, y Bedyddiwr a droes yn Fwslim - yn adrodd yn ei hunangofiant. Wrth hedfan adre wedi llwyddiant arall yn y sgwâr bocsio, gofynnodd hostess ar yr awyren iddo wisgo'i wregys diogelwch. 'Does dim eisiau i fi wneud', meddai, 'fi yw'r gorau, y trechaf. Fi yw *Superman*!' 'Os taw ti yw *Superman*,' atebodd y ferch, 'does dim eisiau awyren arnat ti chwaith! Gwisg e'!'

Am a wn i, y mae'r 'Fi fawr' â rhywfaint o afael ar bawb ohonom. Hyd yn oed os na wnawn ni'r peth yn hysbys, bydd pawb ohonom yn hoffi bod eraill yn gwybod am unrhyw lwyddiant a ddaw i'n rhan. Ar y llaw arall, faint ohonom sydd â gormod o gywilydd i gyhoeddi i'r byd ein bod yn ddilynwyr i Iesu Grist? Efallai y byddai 'swildod' yn air mwy caredig. Rŷm ni'n barod i ddatgelu i'r dieithryn bob math o bethau amdanom ni ein hunain: pa dîm rygbi neu bêl-droed a gefnogwn; i ble yr awn i siopa; pa le bwyta y mynychwn, ac ati. Ond pa mor barod ydym i ddod â'n ffydd i mewn i'r sgwrs?

Seiliau 'balchder' Paul yw bod Duw ar waith yn y byd yn cynnig iachawdwriaeth i'r sawl sy'n credu (1:16), a'r canlyniad yw y caiff 'Y sawl sydd drwy ffydd yn gyfiawn ... fyw' (1:17). Mae'r hyn a ddywed Paul wedyn yn nhudalennau cyntaf ei 'draethawd' o lythyr yn dangos ei awydd a'i fwriad i geisio dysgu'r darllenwyr o hawliau Efengyl Crist arnynt. Mae'n ymwybodol mai ag Iddewon a Phroselytiaid y mae'n cyfathrebu, ac y mae'n dechrau drwy bwysleisio pwysigrwydd moesoldeb y Beibl mewn dinas fel Rhufain a oedd yn enwog am ei hanlladrwydd a'i hanweddustra a'i chnawdolrwydd. Er y gallai pagan feddu moesoldeb naturiol, yr oedd Duw wedi rhoi ei Gyfraith i'r Iddew, ac oherwydd hynny roedd yn disgwyl ac yn gofyn mwy ganddo na chan y pagan. Er hynny, y mae Duw yn disgwyl safon foesol uwch gan ei bobl, boed hwy'n Iddewon neu'n Genedl-ddynion.

Gweddi

I Dduw bo'r gogoniant, fe wnaeth bethau mawr,
rhoi'i Fab o'i fawr gariad dros holl deulu'r llawr,
rhoi'i einioes yn Iawn dros ein pechod a wnâi,
gan agor drws bywyd i bawb er eu bai. Amen *(C.Ff. 563, cyf. E.H.Griffiths)*

75. Cariad a Gofal Duw yng Nghrist (Rhufeiniaid 8:31-39)

Cyflwyniad

Pe byddai'n rhaid crynhoi'r Efengyl i un frawddeg, Rhufeiniaid 3:16 fyddai honno; ond pe gofynnid am baragraff, ni fyddai gwell crynhoad o'r Efengyl na Rhufeiniaid 8:32-39.

Mae'r paragraff yn sôn am Dduw sydd o'n plaid. Mae'n barod i edrych heibio i'n beiau ac i'r pwrpas hwn y daeth Iesu i'n byd a dangos maint cariad Duw tuag atom drwy farw ar y Groes lle'r eiriolodd dros y rhai a'i croeshoeliai (Luc 23:34). Does dim yn y byd a all atal cariad Crist tuag atom ni. Pe bai'r pethau mwyaf ofnadwy'n dod i'n blino fel Cristnogion, gallwn eu trechu i gyd drwy nerth yr Arglwydd Iesu. Ni all dim allanol ein rhannu ni oddi wrth gariad Duw, fel y'i datguddiwyd inni ym mherson yr Arglwydd Iesu.

Mae'r cyfan yn dangos ymddiriedaeth a hyder llwyr yn yr Arglwydd Dduw.

Myfyrdod

Nid cariad rhamantus na chariad sentimental a welir pan yw Paul yn sôn am gariad Duw yn ei Epistolau, ond cariad aberthol. Dyna yw prif thema'r adran hon o Epistol Paul at y Rhufeiniaid - y math o gariad aberthol sydd gan fam tuag at ei theulu.

Crwt bach yn yr ysgol yn gwneud cyfanrifau (fractions). Roedd o deulu mawr - pump o blant a'i fam a'i dad. Yr athrawes yn gofyn iddo, petae ei fam yn gwneud pastai afalau ar gyfer te i'w rannu rhwng y teulu, pa gyfanrif a gawsai ef? Y crwt yn ateb 'Chweched ran, Miss.' 'Pam wyt ti'n dweud hynny pan mae saith ohonoch o gwmpas y ford?' gofynnodd yr athrawes. Ateb y crwt oedd, 'Bydde mam yn dweud bod hi ddim yn lico paste fale, Miss, er mwyn i ni gael mwy!'

Mae hefyd yn gariad na ellir ei fesur. Rwy'n cyfaddef fy mod i'n hoff iawn o *Gospel Songs* Taleithiau'r De yng Ngogledd America, wedi clywed nifer ohonynt pan ar ymweliad cyson yno gyda Verina. Pan ddarllenaf yn yr adran hon o'r Epistol at y Rhufeiniaid am uchelderau a dyfnderau yn methu â'n gwahanu oddi wrth gariad Duw yng Nghrist, meddyliaf am gân sy'n sôn am uchelder a dyfnder y cariad dwyfol anfesuradwy sy'n ein cylchynu:

It's so high you can't get over it,
So low you can't get under it,
So wide you can't get round it,
Oh, wonderful love! ...
So deep you can't go through it,
So long you can't see the end of it,
So strong you can't resist it,
Oh, wonderful love!

Mae geiriau Paul hefyd yn cyhoeddi bod y cariad dwyfol i'w weld ym mhob sefyllfa, hyd yn oed ar yr adegau mwyaf tyngedfennol mewn bywyd.

Adroddai Spurgeon amdano'n ymweld â ffarmwr o ffrind i'r de o Lundain lle roedd yn ymwelydd cyson. Y tro hwn sylwodd fod ei ffrind wedi adeiladu sgubor newydd ac wedi gosod ceiliog y gwynt ar ben y to. O dan y ceiliog roedd y geiriau 'Duw Cariad Yw'. Gofynnodd Spurgeon i'w gyfaill, 'Beth mae'r geiriau yn golygu yno? Ai dweud y maent fod cariad Duw yn gyfnewidiol fel y gwynt?' 'Na!' oedd yr ateb, 'dweud y maent mai Cariad yw Duw, pa ffordd bynnag ma'r gwynt yn chwythu!'

Gweddi

Dyma gariad pwy a'i traetha?
Anchwiladwy ydyw ef;
dyma gariad, i'w ddyfnderoedd
byth ni threiddia nef y nef;
dyma gariad gwyd fy enaid
uwch holl bethau gwag y llawr,
dyma gariad wna i'm ganu
yn y bythol wynfyd mawr. *(Mary Owen, C.Ff., 199)*

Diolch Arglwydd am y fath gariad. Amen

76. Efengyl Ymarferol (Rhufeiniaid 12:9-21)

Cyflwyniad

Credodd rhai pobl fod Paul yn diystyru pwysigrwydd gweithredoedd da wrth bwysleisio cyfiawnhad drwy ffydd yn unig, tra bod Iago yn ei Epistol ef yn diystyru pwysigrwydd ffydd pan ddywed 'ffydd heb weithredoedd marw yw'. Mae'r ddau yn troi at stori Abraham i gyfiawnhau eu dadl (cymh. Rhufeiniaid 4:1-25 â Iago 2:14-26). Nonsens yw dweud nad yw gweithredoedd yn bwysig i Paul na ffydd yn bwysig i Iago.

Mae'r un bennod ar ddeg cyntaf o'r Epistol at y Rhufeiniaid yn gosod y sylfeini diwinyddol i'r pwyslais ar Gristnogaeth ymarferol sy'n dilyn. Mae Paul yn dweud yn glir fod i ddiwinyddiaeth Gristnogol ei ganlyniadau a'i oblygiadau ymarferol a chymdeithasol amlwg. 'Am hynny, yr wyf yn ymbil arnoch ..." (12:1) yw geiriau Paul wedi iddo amlinellu ei argyhoeddiadau diwinyddol, ac â ymlaen i restru rai o'r pethau ymarferol a ddisgwylir gan y sawl sy'n meddu ffydd.

Deallodd yr Eglwys Fore bwysigrwydd rhoi'r Gair ar waith. Yn yr ail ganrif o Oes Crist cyflwynodd Aristides, amddiffynnwr y Ffydd, ddogfen i'r ymherodr Rhufeinig, Antoninus Pius (138-161 O.C.) yn ymwneud â Christnogaeth y cyfnod. Ni ddarganfuwyd y ddogfen tan 1889, er bod yr hanesydd Eusebius yn dyfynnu rhan ohoni ar droad y bedwaredd ganrif. Ymhlith pethau eraill y mae'r ddogfen yn ei ddweud wrth yr ymherodr am y Cristnogion, gwelwn:

> 'Maent yn caru ei gilydd. Nid ydynt yn gwrthod cynorthwyo gweddwon. Maent yn achub plant amddifad oddi wrth yr hwn a fyddai'n eu treisio. Mae'r hwn sydd ganddo eiddo yn rhannu yn ddirwgnach â'r sawl sydd heb ddim. Os gwelant ddieithryn, fe'i cymerant i'w cartref a llawenychu fel pe'n frawd iawn iddynt. Oherwydd nid brodyr ydynt yn ôl y cnawd, ond yn ôl yr Ysbryd, ac yn Nuw.'

Cofiwn i'r Arglwydd ei hun sôn llawer am ei ddisgwyliadau y byddai ei ddilynwyr o wasanaeth i eraill. Roedd yn disgwyl y byddai ei ddilynwyr ef yn wneuthurwyr y Gair, yn ogystal â bod yn wrandawyr y Gair (Iago 1:23)

Myfyrdod

Wrth bregethu ar y Samariad Trugarog, dywedodd Martin Luther King: Pan ddaeth yr offeiriad a'r lefiad ar draws y gŵr a adaw-wyd wedi ei anafu gan y lladron ar ochr y ffordd rhwng Jerwsalem a Jerico, eu cwestiwn cyntaf oedd, 'Os arhosaf i helpu'r dyn hwn, beth a ddigwydd i mi?' Pan ddaeth y Samariad ar ei draws, ei gwestiwn cyntaf ef oedd, 'Os nad arhosaf i helpu'r dyn hwn, beth a ddigwydd iddo yntau?'

Dyfyniad enwog a briodolir i amryw o bobl gwahanol yw: 'Y mae'r mwyafrif o bobl yn awyddus i wasanaethu Duw, ond mewn modd ymgynghorol yn unig!' Onid gwell yw i ni wneud y pethau bach na chynllunio pethau mawr?

Dyfyniad o eiddo Billy Graham oedd, 'Rhoddodd Duw inni ddwy law - un i dderbyn a'r llall i roddi... Nid tanciau dŵr ŷm ni, ond cafnau dŵr ar gyfer rhannu'.

Gweddi

Dad nefol, cymorth ni i fod yn debyg i Iesu a dilyn ei esiampl gan fynd o gwmpas yn gwasanaethu eraill, a gwneud hyn yn enw'r un a gyffeswn yn Arglwydd ac yn Dduw. Amen

77. Cyfarchion Personol (Rhufeiniaid 16:1-16)

Cyflwyniad

Wedi rhannu â'r Rhufeiniaid ei gynllun i ymweld â hwy pan ar ei ffordd i Rufain (Rhufeiniaid 15:22-33); mae Paul yn cyfarch rhai o'r aelodau yno. Mae rhai o'r ysgolheigion yn credu mai diweddglo Effesiaid oedd pennod olaf Rhufeiniaid yn wreiddiol. Seilir yr awgrym ar y ffaith na fu Paul erioed yn Rhufain, ac felly sut allai nabod cymaint o bobl yno? Enwir saith ar hugain - naw yn wragedd. Porthladd rhyw ddeg milltir i'r gorllewin o Corinth oedd Cenchreae a gysylltir ag enw Phebe (Rhufeiniaid 16:1), ac i'r gorllewin ohono ar draws môr Aegea mae Effesus. Cenchreae fyddai'r porthladd a ddefnyddiai Paul wrth groesi o Achaia (gwlad Groeg) i Effesus. Mae hynny'n ffactor yn y ddadl, er bod rhai yn credu y gallai Phebe fod wedi symud oddi yno i Rufain ar ryw adeg. Pa un bynnag o'r damcaniaethau sy'n wir, nid yw'n negyddu'r negeseuau yn y bennod.

Myfyrdod

Un o'r pethau nodedig yn y bennod hon yw'r hyn a ddywed Paul am ferched ac yn y pendraw am safle merched yn yr Eglwys Fore. Ni ddylid bychanu eu cyfraniad. Y geiriau yr arferwn gysylltu â Paul yw 'Tawed y gwragedd yn yr eglwysi' (1 Corinthiaid 14:34). Mae'n syndod fod Paul yn y bennod hon yn cyfarch cymaint o ferched am eu cyfraniad i'r eglwysi a'r gefnogaeth a gafodd yntau ganddynt. Mae'n ymddangos bod hyn wedi rhoi sioc a chreu anhawster i rai o gyfieithwyr y Gair!

Fe welir amrywiaeth o gyfieithiadau am swydd Phebe yn yr eglwys yn Cenchreae (Rhufeiniaid 16:1). '*Diakonos*' yw'r gair a ddefnyddir amdani yn y Groeg, a '*ministerium*' yn Lladin. Ei ystyr yw gwas (morwyn), cynorthwywr, gweinidog, diacon (diacones). *Gwenidog* [sic] oedd dewis William Morgan (1588); *gweinidoges*, Beibl Parry (1620 - er mai gwaith John Davies, Mallwyd, oedd y cwbl o'r fersiwn hwn a adolygai feibl William Morgan); *diacones*, yn Yr Oraclau Bywiol, cyfieithiad John Williams o'r Testament Newydd (1842) a William Edwards (1913); y *chwaer* sy'n gwasanaethu yn eglwys Cenchreae yw hi yn *Y Beibl Cymraeg Newydd* (1988 a'r Argraffiad Diwygiedig, 2004) a *beibl.net* (2015). Ni wyddom beth oedd arwyddocâd 'gweinidog' i William Morgan na 'gweinidoges' i John Davies, Mallwyd, ond gellir dweud am y cyfieithiadau eraill eu bod fel pe baent am osgoi gwneud Phebe yn arweinydd yr Eglwys yn Cenchreae. A yw hynny am resymau diwinyddol?

Mae achos Andronicus a Jwnia /Junia yn gryfach (Rhufeiniaid 16:7). Enw merch yw Jwnia ond mae rhai o'r cyfieithiadau yn ei droi yn enw dyn, Jwnias. Mae Beibl Cymraeg Newydd (1988) yn un sy'n defnyddio Jwnias, tra bod yr Argraffiad Diwygiedig (2004) yn defnyddio Jwnia. Prin iawn yw'r enghreifftiau mewn Groeg o ddyn yn cael ei alw'n Jwnias. Mae'n debyg mai'r rheswm am yr amrywiaeth yn y cyfieithiadau yw disgrifiad Paul o Jwnia a'i chymar gan ddweud eu bod 'yn amlwg ymhlith yr apostolion' (B.C.N. 2004). 'Gall y Roeg naill ai olygu fod gan yr apostolion barch mawr tuag atyn nhw, neu fod parch mawr tuag atyn nhw fel rhai sy'n apostolion eu hunain', meddai nodyn yn *beibl.net*, ond mae'n glir mai'r olaf yw dehongliad yr Argraffiad Diwygiedig o'r Beibl Cymraeg Newydd. Yr apostolion (a nid A) oedd y 70 a ddanfonodd Iesu allan (Luc 10;1-10); o blith rhain y dewiswyd Mathias yn lle Jwdas fel un o'r Deuddeg (gwêl Myfyrdod 64). Er mai Mathias a ddewiswyd, roedd pob un o'r 70 yn cwrdd â gofynion y swydd:

> '... rhaid i un o'r rhai a fu yn ein cwmni yr holl amser y bu'r Arglwydd Iesu yn mynd i mewn ac allan yn ein plith ni, o fedydd Ioan hyd y dydd y cymerwyd ef i fyny oddi wrthym, ddod yn dyst gyda ni o'i atgyfodiad ef' (Actau 1:21-22).

Er hynny, roedd yn amlwg mai dyn fyddai'n cael ei ddewis, gan mai deuddeg gŵr oedd y Disgyblion gwreiddiol.

Mae modd dweud rhywbeth am rai o'r 'disgyblion /apostolion' eraill a gânt eu henwi mewn rhannau eraill o'r T.N.

Digwyddodd rhywbeth tebyg i stori Junia yn y cofnod am Nymffa, oedd wedi agor ei chartref i'r eglwys yn Laodicea (Colosiaid 4:15). Y mae rhai o'r cyfieithiadau yn newid yr enw hwn i Nymffas, enw dyn. Ymddengys mai 'cywirdeb diwinyddol' sy'n gyfrifol! Mewn tai y cyfarfu'r eglwys fore a phenteulu'r cartref lle gyfarfyddai'r eglwys oedd 'esgob' yr eglwys yno. Ni allai rhai dderbyn fod merch yn gallu bod yn esgob /oruchwyliwr / arolygwr eglwys a throwyd enw Nymffa yn 'Nymffas' i osgoi credu hynny.

Fe gollwyd golwg ar bwysigrwydd rôl y merched yn gynnar iawn yn hanes yr Eglwys ac fe guddiwyd eu cyfraniad a'u pwysigrwydd hwy yn ei datblygiad. Pam tybed? Ai oherwydd mai dyna oedd safbwynt Iddewiaeth ac mai allan o Iddewiaeth y daeth Cristnogaeth? Crynhoir yr agwedd Iddewig at ferched mewn dyfyniad o eiddo'r rabiniaid, sy'n edrych yn ôl i stori Adda ac Efa yn y Creu:

> 'Dywedodd Duw: 'Ni chreaf i hi o'i ben rhag iddi ddal ei phen yn uchel, a bod yn falch; nac o'i lygad, rhag iddi fod yn hoeden (coquette, flirt); nac o'i glust, rhag iddi glywed gormod; nac o'i geg, rhag iddi fod yn glebren; nac o'i galon, rhag iddi fod yn genfigennus; nac o'i law, rhag iddi ymawyddu am feddiannau; nac o'i droed, rhag iddi grwydro; ond o ran guddiedig o'i gorff, er mwyn iddi fod yn wylaidd!' ***

Hoffaf y stori am rywun yn gofyn i ferch fach yn yr Ysgol Sul, beth wyddai hi am Adda ac Efa. Atebodd, 'Fe greodd Duw Adda yn gyntaf. Edrychodd arno fe a dweud, "Rwy'n credu galla'i wneud yn well na hynny." Ac fe greodd Efa!'

Bellach y mae amgylchiadau wedi gorfodi'r Eglwysi /enwadau gwahanol i newid eu hagwedd at ferched a chawsant eu hadfer i'w lle priodol. Buont yn amlwg yng nghwmni'r Iesu o'r dechrau (Luc 8:1-3), ac yn fwy dibynadwy na'r Disgyblion. Hwy, gyda Ioan, safodd wrth droed y Groes. Felly, ni wnaeth yr Eglwysi ond eu hadfer i'w lle priodol ym mudiad yr Arglwydd Iesu - er bod rhai o hyd yn gwrthwynebu'r newid.

Gweddi

Diolchwn, Arglwydd, am gyfraniad y merched i'th Eglwys ar hyd y blynyddoedd. Gofidiwn i'r cyfraniad hwnnw gael ei fychanu, heb sylweddoli mai hwy yw cryfder yr Eglwys, ddoe a heddiw. Amen

*** Cymharer fersiwn Matthew Henry:
Gwnaethpwyd gwraig allan o asen o ochr Adda; nid o'i ben, fel na reolai drosto; nac o'i draed, i gael ei sathru ganddo; ond o'i ochr, i fod yn gydradd ag ef; o dan ei fraich, er mwyn iddi gael ei hamddiffyn ganddo; ac yn agos at ei galon i gael ei hanwylo ganddo.

1 a 2 CORINTHIAID

78. Sawl Llythyr?

Cyflwyniad

Paul blannodd yr eglwys yng Nghorinth. Cyrhaeddodd yno tua 50 /51 O.C. ar ei ail daith genhadol ac arhosodd yno am ddeunaw mis - mwy na mewn unrhyw ddinas arall heblaw Effesus. Yr oedd Corinth yn drefedigaeth Rufeinig ac yn ganolfan arforol a masnachol. Ar fryn gerllaw roedd teml Affroditi (Fenws), duwies cariad. Yn gysylltiedig â'r deml roedd nifer fawr o buteiniaid 'cysegredig' yn denu pererinion i'r lle, ac yn y ddinas ei hun roedd cymaint o feddwi ac anfoesoldeb fel bod 'byw fel Corinthiad' yn slang am drythyllwch. Os gellid sefydlu eglwys yng Nghorinth, gellid sefydlu un yn unrhyw le! Sefydlodd Paul eglwys yno; ac mae Actau 18:1-18 yn adrodd yr hanes. Nid oedd y deunaw mis a dreuliodd Paul yng Nghorinth heb eu hanawsterau, ond pan symudodd yn ôl i Effesus, roedd yn hyderus y gallai'r eglwys sefyll ar ei thraed ei hun.

Ond roedd yn llawer rhy optimistaidd. Yn fuan clywodd am raniadau yn yr eglwys yno, ac mae'n ysgrifennu i ddatgan ei siom gan eu hannog i gymodi â'i gilydd (1 Corinthiaid 1:10-4:21). Y mae hefyd yn ateb nifer o gwestiynau a dderbyniodd mewn llythyr oddi wrth yr eglwys - cwestiynau yn ymwneud â moesoldeb ac â dysgeidiaeth, gan gynnwys y ffordd i ddathlu Swper yr Arglwydd. Hwn yw'r llythyr a alwn ni yn 1 Corinthiaid. ond mae Paul yn dweud yn 1 Corinthiaid 5:9 'Ysgrifennais atoch yn fy llythyr ..." Nid yw'r llythyr hwnnw ar gael ond mae'n golygu mai 1 Corinthiaid oedd yr ail a ddanfonodd. Wrth ddarllen 2 Corinthiaid 6 y mae adnod 6:13 yn cydio'n naturiol wrth 7:2, a chan fod yr adran 6:14-7:1 o natur gwahanol i'r hyn sy'n mynd o'i flaen a'r hyn a ddaw ar ei ôl, cred yr ysgolheigion fod adnodau 6:14-7:1 wedi eu camleoli ac yn perthyn i'r llythyr coll - y cyntaf o'r llythyrau. Awgrymir hefyd bod pennod 10 ymlaen o 2 Corinthinthiaid, lle mae Paul yn teimlo reidrwydd i'w amddiffyn ei hun, yn ddarn o lythyr arall, gan ei fod yn wahanol i'r penodau sydd o'i flaen. Byddai hyn yn golygu bod Paul wedi danfon o leiaf 4 llythyr at y Corinthiaid.

Myfyrdod

Mae llythyrau yn gallu mynd ar goll, ac weithiau â tudalen ar goll neu caiff ei chamleoli. Mae llyfr diweddar yn dangos hyn yn digwydd yn ystod y Rhyfel Byd Cyntaf. Ar lythyrau un teulu o Gymru yn ystod y Rhyfel Byd Cyntaf y seiliwyd *Having a go at the Kaiser: A Welsh Family at War* (2018) gan Gethin Matthews. Roedd tri brawd yn y fyddin, un yn yr Aifft, un yn y llynges ac un yn hyfforddwr yng ngwersyll Kinmel. Ysgrifennodd y fam at bob un ohonynt yn ei dro, a derbyn ateb. Mae dros gant o'r llythyrau a ddanfonodd y bechgyn adre ynghyd â nifer o ddarluniau wedi goroesi. Cadwai'r fam hwynt yn ddiogel, ond ni ddaethpwyd o hyd i'r un o lythyrau'r fam at y bechgyn. Roedd y llythyrau at y fam yn cael eu rhannu ymhlith y teulu, ac mae'n amlwg fod ambell un o rheiny wedi ei golli, ond rhywfodd, nid yw'n ein synnu na chadwyd unrhyw un o lythyrau'r fam at y bechgyn!

Wedi imi ei cholli, fe ddês o hyd i focs o eiddo Verina, ac ynddo roedd y llythyrau a ddanfonais ati hi cyn inni briodi. Mae'n debyg nad oes eisiau dweud na chedwais i lythyrau Verina ataf fi - ac mae hynny nawr yn ofid i mi.

Nid oes ar gael unrhyw lythyr o eiddo'r eglwysi at Paul, chwaith, ac mae'r llythyrau at y Corinthiaid yn dangos beth allai ddigwydd gyda llythyrau'r Apostol. Pan fyddai eglwys yn derbyn llythyr gan Paul, byddai'n cael ei ddarllen i'r gynulleidfa a'r gred yw bod eglwysi cyfagos yn rhannu llythyrau â'i gilydd. Mae Paul ei hun yn dweud yn ei lythyr at y Colosiaid;

> 'A phan fydd y llythyr hwn wedi ei ddarllen yn eich plith, parwch iddo gael ei ddarllen hefyd yn eglwys y Laodiceaid. Yr ydych chwithau hefyd i ddarllen y llythyr o Laodicea' (Col.4:15-16).

Mae llythyr y Laodiceaid ar goll. Cyfeiriodd Ignatius ar ddechrau'r ail ganrif at 'lythyrau Paul i Effesus', ond dim ond un sydd ar gael yn y Testament Newydd. Tybed beth ddigwyddodd i'r llythyrau hyn aeth ar goll, a faint ohonynt fu?

Pa sawl gwaith y mae ein diofalwch ni yn peri inni golli pethau gwerthfawr a phwysig yn ein bywyd ysbrydol? Mae'r hyn a ddigwyddodd i lythyrau Paul yn ein hatgoffa bod eisiau gofal i ddiogelu pethau gwerthfawr bywyd; ac i'r Cristion does dim yn fwy gwerthfawr na ffydd.

Gweddi

Diolchwn iti Arglwydd am y pethau all gyfoethogi ein bywyd, a chryfhau ein ffydd. Na âd inni fod yn esgeulus o unrhyw un o'r bendithion hyn. Amen

79. Swper yr Arglwydd (1 Corinthiaid 11:17-26)

Cyflwyniad

Ymateb i lythyr a dderbyniodd o Gorinth (1 Corinthiaid 7:1) wna Paul ym mhenodau 7-15 o'r Epistol. Roedd y llythyr o Gorinth yn cynnwys cwestiynau am bynciau oedd yn poeni'r eglwys yno, pethau na ddeallent neu y carent fwy o wybodaeth amdanynt. Un o'r testunau a grybwyllwyd oedd Swper yr Arglwydd. Nid oedd y Testament Newydd wedi cael ei lunio eto ac felly roedd cymaint ag y gwyddent am y Cymun yn dibynnu ar yr hyn a glywsant gan Paul.

Mae ef yn dweud ei fod yn wybodaeth a dderbyniodd oddi wrth yr Arglwydd. Mae'n debyg mai'r hyn a olyga yw iddo glywed un o'r Deuddeg - Pedr, o bosib - yn sôn am brofiad y Disgyblion yn yr Oruwch Ystafell ar y noson y bradychwyd yr Arglwydd Iesu. Wedi clywed yr hanes a'i ystyried, teimlodd Paul i'r Ysbryd ei argyhoeddi am y ffordd y dylid dathlu Swper yr Arglwydd a chofio am yr hyn a wnaed yn yr Oruwch Ystafell yn ystod Swper Olaf Iesu cyn ei groeshoelio.

Nid atodiad i oedfa oedd y Cymun yn y cyfnod pan ysgrifennai Paul, ond pryd o fwyd, fel y swper a gafwyd yn yr Oruwch Ystafell. Mae Llythyr Jwdas (adnod 12) yn cyfeirio at y Swper fel 'cariad-wledd'. Byddai rhan o'r swper hwn yng Nghorinth wedi ei neilltuo i gofio'r hyn a wnaeth yr Arglwydd yn 'y Swper Olaf', a'i arwyddocâd. Yr arfer bryd hynny oedd fod pob un yn dod â'i gyfraniad i'r wledd (1 Cor 11:20-21). Roedd aelodau eglwys Corinth yn gwmni cymysg (1 Cor. 1:26). Byddai Iddewon, Cenedl-ddynion a gofleidiodd y Ffydd, y tlawd a chaethweision yn addoli gyda'i gilydd yno (1 Cor. 7:21-23). Y cyfoethogion gyfrannai fwyaf at y wledd, a hwy fyddai'n cael y siâr fwyaf, a'r bobl dlawd yn cael ond y sbarion.

Roedd eglwys J.R.Jones yn Ramoth Llanfrothen yn trefnu cymun unwaith yr wythnos a chariad-wledd (lle'r arferwyd 'cusan heddwch') unwaith bob pythefnos, ond er y tebygrwydd nid cymundeb oedd eu cariad-wleddoedd hwy. Gwahanodd eglwysi J.R.Jones yng Ngogledd Cymru oddi wrth y Bedyddwyr yn y ddeunawfed ganrif.

Myfyrdod

Ordinhâd yw Swper yr Arglwydd i lawer o Anghydffurfwyr, ac nid Sagrafen, na Chymun Bendigaid nac Ewcharist. Rhywbeth y gorchmynnodd yr Arglwydd Iesu i'w ddisgyblion y dylent wneud er coffa amdano ydyw. Ond yn y pendraw, nid yr enw sy'n bwysig, ond ufuddhau i'r gorchymyn, a'r cofio, a'r coffáu.

Er yn cydnabod gwerth yn yr arfer, nid oes Gwasanaeth Cymundeb gan y Crynwyr, sy'n credu fod modd byw bywyd ysbrydol hebddo; ac un rheswm pam nad yw Byddin yr Iachawdwriaeth yn cynnal Oedfa Gymun yw mai alcoholigion yw llawer o'r bobl y mae hi'n ymwneud â nhw. Cred yr ymneilltuwyr a'r eglwyswyr fod gwerth arbennig i'r gwasanaeth, ond maent yn gwahaniaethu ar sawl gwaith y dylid ei arfer - rhai yn ei gynnal bob dydd, rhai unwaith yr wythnos, rhai unwaith bob mis. Dewisodd yr Ymneilltuwyr ei ddathlu unwaith bob mis rhag ei fod yn dod yn rhywbeth rhy gyffredin. Ond cymaint oedd y sêl dros bwysigrwydd yr Ordinhâd ymhlith yr Ymneilltuwyr ar un adeg, fel y disgyblwyd aelod am golli cymundeb os nad oedd rheswm da, fel gwaeledd, ac ati dros wneud hynny. Yr oedd hefyd ganddynt reol: colli tri chymun a cholli aelodaeth.

Tybed a yw eglwysi yn anwybyddu disgyblaeth yn gyffredinol ym mhob adran o'i bywyd heddiw? Os ydynt, tybed pam?

Gweddi

Arglwydd Da, maddau inni am esgeuluso llawer o bethau a ordeiniast ti i'th ddilynwyr eu gwneud. Amen

80. Os nad oes Atgyfodiad ... (1 Corinthiaid 15:1-34)

Cyflwyniad

Mae'r byd wedi newid llawer ers pan oeddem ni'n blant. Mae'r ffordd y gwisgwn i fynd i'r cwrdd yn enghraifft dda o hyn! Mae syniadau, a hyd yn oed rhwystrau, neu anawsterau i gredu yn gallu newid o oes i oes ac o fan i fan hefyd.

Mae'r anhawster i gredu yn yr Atgyfodiad yn enghraifft dda o hynny. Roedd hi'n broblem a wynebodd Paul droeon yn ystod ei Weinidogaeth. Roedd pregethu Crist wedi ei groeshoelio yn dramgwydd i'r Iddewon, ond pregethu Crist wedi atgyfodi oedd y tramgwydd i'r Groegiaid (1 Cor. 1:23).

Pan bregethodd yr Apostol yn Athen ar yr Areopagus cafodd wrandawiad da gan ddeallusion y sgwâr, ond 'pan glywsant sôn am Atgyfodiad y meirw, rhai a watwarasant; a rhai a ddywedasant, Ni a'th wrandawn drachefn am y pethau hyn' (Actau 17:32). Cyfeiriodd Paul at broblem yr Atgyfodiad yn 1 Corinthiaid wrth ateb cwestiwn ofynnodd yr eglwys yno iddo.

Mae'n dechrau drwy sôn am y bobl a welodd y Crist Atgyfodedig - dim sôn am y merched y cyfeiria'r Efengylau atynt gan na fyddai eu tystiolaeth hwy yn cyfrif mewn llys barn. Honna fod Iesu wedi ymddangos 'i fwy na phump cant o'r brodyr ar unwaith - ac y mae'r mwyafrif ohonynt yn fyw hyd heddiw'. Gan gredu bod hyn yn anhygoel, dywed Lee Strobel, awdur Americanaidd a newyddiadurwr ymchwilio, iddo ofyn i gyfaill o seicolegydd, ai rhithwelediad (*hallucination*) oedd hi pan hawliodd 500 o ddynion iddynt weld y Crist Atgyfodedig. Atebodd hwnnw mai unigolion sy'n cael rhithwelediadau, gan ychwanegu, 'Pe bai 500 o bobl yn cael yr un rhithwelediad, byddai hynny'n fwy o wyrth na'r Atgyfodiad!' Dywedodd Pedr wrth Cornelius am y Crist Croesholiedig: 'Ond cyfododd Duw ef ar y trydydd dydd, a pheri iddo ddod yn weledig, nid i'r holl bobl ond i dystion oedd wedi eu rhagethol gan Dduw'. (Actau 10:40).

Mae Paul yn cynnwys ef ei hun ymhlith y rhai a welodd y Crist Atgyfodedig. A phan ddywed mai ef yw'r lleiaf o'r Apostolion, mae'n chwarae â geiriau. 'Lleiaf' yw ystyr y gair paulus yn y Lladin (adn. 9). Â ymlaen i ystyried anawsterau y rhai a wadai'r Atgyfodiad gan sôn am dri chanlyniad os na chyfodwyd Crist. Sylwer mai o safbwynt negyddol y mae'n symud i'r positif: 'Os Crist ni chyfodwyd...'.

Un canlyniad fyddai bod rhaid cydnabod bod Paul ei hun yn fwriadol yn dweud celwydd: 'Fe a'n ceir hefyd yn gau dystion … canys ni a dystiasom am Dduw, ddarfod iddo gyfodi Crist…' (15). O gofio popeth a ddioddefodd Paul ei hun er mwyn yr Efengyl, rhaid oedd i'r Corinthiaid benderfynu a fyddai yn dweud anwiredd wrthynt.

Canlyniad arall fyddai nad oedd ganddo efengyl (newyddion da) i'w chyhoeddi ac '…ofer yn wir yw ein pregeth ni…' (adn.14). Byddai'n rhaid cydnabod bod Paul yn gwastraffu ei amser yn rhuthro o gwmpas yr Hen Fyd fel cenhadwr yn rhannu neges na pherthynai unrhyw sylwedd iddi.

Byddai ffydd y Corinthiaid yn ofer hefyd os Crist ni chyfodwyd (adn.17). Hanfod y newyddion da yw mai Duw sy'n gweithredu yw Duw y Cristion. Fe wnaeth hynny yn y Creu; i ddatguddio'i gymeriad i'r byd yn Iesu Grist; i gymodi dyn ag ef ei hun; ac ar y trydydd dydd i godi'r Iesu o'r bedd. [Sylwch <u>codwyd</u> Iesu yw tystiolaeth Paul (adn. 15), nid <u>cododd</u> Iesu (C.Ff. 550). Dim ond yn Efengyl Marc a 1 Thesaloniaid 4:14 y ceir awgrym i Grist godi ei hunan o'r bedd.]

Mae ffydd yn galw am Grist byw, a Christ byw yn galw am ffydd. Gallwch barchu Crist marw, ond nid yw parch yn gyfystyr â ffydd. I Kierkegaard roedd eisiau 'naid ffydd' i gredu yn yr Atgyfodiad.

Myfyrdod

Ni ellir profi'r Atgyfodiad, dim ond cynnig tystiolaeth amgylchiadol (*circumstantial evidence*), ond mae'r hyn a ddigwyddodd yn dilyn Sul y Pasg yn anodd ei esbonio hebddo. Sut ellir esbonio'r newid a ddaeth yn y Disgyblion? Roeddent yn llwfr ac ofnus ar Wener y Groglith, ond o fewn ychydig wythnosau, drwy dywalltiad yr Ysbryd Glân a'r profiadau a gawsant, roeddent yn herio'r awdurdodau yn eofn a thystio'n agored am yr Atgyfodiad. Nid oes hanes i neb o ddilynwyr gwreiddiol Iesu (ar wahân i Jwdas Iscariot) gefnu ar yr egin Eglwys, tra bod tystiolaeth mai Ioan oedd yr unig un o'r un-ar-ddeg na chafodd ei ferthyru. Ymunodd Iago, brawd Iesu â'r mudiad wedi'r Atgyfodiad. Bu'n elyniaethus i fudiad ei frawd ar un adeg, tra bod eraill o'r teulu wedi dilyn ei esiampl ac ymuno â'r Eglwys. Roedd gan Iesu dri brawd arall a enwir: Joseff - neu Joses - Judas a Simon (Mathew 13:55; Marc 6:3). Hefyd roedd ganddo chwiorydd nas enwir; ni ystyrid merched yn bwysig yr adeg honno, er mai merched oedd y tystion cyntaf i'r atgyfodiad. Dywedir bod ei frodyr a Mair ei fam yn yr oruwchystafell wedi'r Esgyniad (Actau 1:13-14 cymh. 1 Corinthiaid 9:5).

Ac er i'r awdurdodau Iddewig a'r Ymerodraeth Rufeinig greulon wneud eu gorau i roi terfyn ar y mudiad - gyda Phaul yn flaenllaw yn yr erlid ar un adeg - fe ffynnodd yr Eglwys a thyfu.

Gweddi

Arglwydd, rho imi ffydd i ganu,
Mi wn fod fy Mhrynwr yn fyw,
a'm prynodd â thaliad mor ddrud;
fe saif ar y ddaear, gwir yw,
yn niwedd holl oesoedd y byd. Amen *(Thomas Jones, C.Ff., 547)*

81. Beth a ddigwyddodd yn yr Atgyfodiad? (1 Corinthiaid 15:35-58)

Cyflwyniad

I ba raddau, tybed, y mae'n rhaid inni ddeall beth a ddigwyddodd yn yr Atgyfodiad cyn gallwn gredu iddo ddigwydd? Mae deall rhywbeth yn bwysicach i rai nag i eraill, ac mae miloedd heddiw na chredant yn yr Atgyfodiad am na wyddant beth ddigwyddodd. Ond nid yw methu deall yn brawf na ddigwyddodd rhywbeth. Mae ein methiant i ddeall llawer o'r darganfyddiadau gwyddonol yn enghraifft dda o hynny. Ni allaf fi eu deall, ond ni allaf wadu iddynt ddigwydd oherwydd hynny.

Rhaid cofio nad yr un ddisgyblaeth academaidd yw gwyddoniaeth a diwinyddiaeth, ond yr un yw'r egwyddor.

Ymateb i un o'r cwestiynau a ddanfonodd yr eglwys yng Nghorinth ato a wna Paul yn yr adran hon eto, ac egluro fel mae yntau'n deall yr hyn a ddigwyddodd. Mae'n amlwg nad yw ei ateb yn argyhoeddi pawb heddiw, neu byddai mwy yn derbyn yr Efengyl a llai yn cefnu arni.

Nid dadl Paul yw bod y corff sy'n marw yn dod yn fyw drachefn, ond bod y corff wrth farw yn debyg i blanhigyn sy'n cynhyrchu hedyn wrth 'farw' yn y gaeaf, ac mae'r hedyn yn 'atgyfodi' yn y gwanwyn i fod yn blanhigyn 'newydd'. Yr un planhigyn yw, mewn gwirionedd, â'r un fu 'farw' ond bod ganddo 'gorff' newydd a hwnnw'n gorff gwahanol.

> 'A'r hyn yr wyt yn ei hau, nid y corff a fydd ydyw, ond gronyn noeth, o wenith efallai, neu o ryw rawn arall. Ond Duw yn ôl ei ewyllys ei hun, sydd yn rhoi corff iddo, i bob un o'r hadau ei gorff ei hun. ... Os oes corff anianol, y mae hefyd gorff ysbrydol. ... Eithr nid yr ysbrydol sy'n dod gyntaf, ond yr anianol, ac yna'r ysbrydol. Y dyn cyntaf, o'r ddaear y mae, a llwch ydyw; ond yr ail ddyn, o'r nef y mae. ... Ac fel y bu delw'r dyn o'r llwch arnom, felly hefyd y bydd delw'r dyn o'r nef' (1 Corinthiaid 15:37-38; 44; 46-47; 49).

Neu, yng ngeiriau Martin Luther, 'Mae'r Arglwydd wedi ysgrifennu addewid yr Atgyfodiad, nid mewn llyfrau yn unig, ond ymhob deilen yn y gwanwyn'.

Myfyrdod

Does dim rhaid deall popeth i feddu ffydd. Dylem gofio bod rhai pethau y mae gwyddonwyr yn siŵr ohonynt; ond er na allwn ni eu deall, fe'u credwn. Mater o 'ffydd' ar ein rhan yw eu credu. Ffydd a phrofiad sy'n penderfynu a gredwn yr Atgyfodiad, neu beidio. 'Ni welodd neb Dduw erioed' - ac ni ellir profi ei fodolaeth yntau i'r sawl na chred, chwaith.

Stori fach gefais gan un o ddarllenwyr y Myfyrdodau yw hon - ac rwy'n credu ei bod yn addas yma: Cofiai'r gŵr yn dweud y stori pan oedd e allan 'da'i ŵyr yn hedfan barcud (*kite*). Ar ôl peth amser o fynd nôl a mlân, fe aeth y barcud yn uchel iawn. John bach yn gweiddi, 'Dadcu, rwy'i ddim yn gweld y barcud, ond rwy'n gwybod ei fod e' lan yno, oherwydd rwy'n gallu ei deimlo!'

Mewn dadl ymhlith rhai o staff yr Adran Ddiwinyddol ym Mangor yn y cyfnod pan oedd Dewi Z. Phillips yn ddarlithydd yno, dywedir i T. Ellis Jones, Prifathro Coleg y Bedyddwyr, droi ato a dweud wrtho: 'Os nad oes Atgyfodiad cyffredinol, fydda' 'i ddim yn gwybod hynny; ond os oes, fe fyddi di'n gwybod!'

Ond pa wahaniaeth wnelai 'os Crist ni chyfodwyd'?

Yn 1902 cyhoeddwyd nofel oedd yn best seller gan Sais o'r enw Guy Thorne. Ei theitl oedd *When it was dark: The Story of a Great Conspiracy.* Er ei phoblogrwydd ar y pryd, yn fuan fe'i hystyriwyd yn wrth-Semitaidd ac fe'i chondemniwyd.

Stori ydyw am Iddew cefnog yn manteisio ar anawsterau ariannol ysgolhaig beiblaidd i'w gymell i 'ddarganfod' neges gan Joseff o Arimathea yn dweud iddo gymryd corff Iesu a'i guddio. Yn y nofel, credwyd hyn gan y cyhoedd cyn i'r cynllwyn gael ei ddarganfod; ond yn yr amser roedd y bobl yn ddi-gred bu dirywiad moesol oedd yn frawychus. Dywedodd Esgob Llundain ar y pryd ei bod yn nofel hynod a ddarluniai'r effaith andwyol a ddelai, 'os Crist ni chyfodwyd'.

Efallai mai Martin Buber, athronydd Iddewig, ddylai gael y gair olaf. Yn y rhaglen *Face to Face* ar deledu'r BBC (llawer blwyddyn yn ôl, bellach), gofynnodd John Freeman iddo ai marwolaeth yw diwedd popeth? Atebodd Buber yn bwyllog, 'Mawolaeth yw diwedd popeth y gallwn ei ddychmygu' ('*Death is the end of everything we can imagine*'). Sylwer: nid diwedd popeth.

Gweddi

Arglwydd Dduw, y mae llawer iawn na ddeallaf, yn yr ysgrythurau fel mewn meysydd eraill, ond rho imi ffydd yn nhystiolaeth y Gair fod fy Arglwydd Iesu wedi gorchfygu angau, y gelyn olaf. Gad i dystiolaeth pobl eraill hefyd fod yn gymorth i mi, a'm tystiolaeth i yn gymorth i eraill. Amen

2 CORINTHIAID

82 Trysor mewn llestri pridd (2 Corinthiaid 4-15)

Cyflwyniad

Mae llawer o amgueddfeydd y Dwyrain yn dangos hen lestri pridd a'u cynnwys, sef darnau o arian gwerthfawr fel arfer. Mewn argyfwng o unrhyw fath yn yr Hen Fyd byddai pobl yn cuddio arian a'r pethau gwerthfawr a feddent mewn llestri pridd i'w diogelu. Weithiau fe'u claddwyd yn y ddaear, neu eu cuddio mewn hollt mewn rhyw graig neu ogof y gwyddent amdanynt. Pe bai'n rhaid ffoi, neu'r perchennog yn cael ei ladd wedyn, arhosai'r trysor yno tan fod rhyw ogofâwr yn dod heibio a darganfod yr ogof, neu rywun â'i beiriant-darganfod-metel yn taro arnynt yn y pridd. Cawsai'r darganfyddwr fri - ac arian - am ei lwyddiant.

Rhwng 1947 a 1957 fe ddarganfuwyd Sgroliau Qumran mewn ogofâu o gwmpas y Môr Marw, tair milltir ar ddeg o Jerwsalem. Yn ôl un fersiwn o stori'r darganfod, rhyw grwt yn helpu bugeilio'r praidd daflodd garreg i fewn i hollt yn y graig a chlywed llestr yn dryllio oddi mewn. Wedi iddo ef a bugeiliaid eraill fynd i edrych, darganfuwyd nifer o lestri pridd. Fe'u siomwyd pan welsant mai casgliad o 'hen bapurau' oedd yn y llestri. Ond fe ddaethant o hyd i bedair ogof arall gerllaw, pob un â'i lestri pridd, heb fod un ohonynt yn cynnwys y trysor y gobeithient amdano. Wedi llawer o droeon yr yrfa daeth archaeolegwyr a'r llywodraeth i wybod, a gwnaethpwyd ymchwiliad pellach yn yr ardal a darganfod chwech ogof yn cynnwys mwy o 'Sgroliau'r Môr Marw' - trysorau amhrisadwy i ysgolheigion Beiblaidd.

Mae'r Testament Newydd yn dangos bod yr arfer o gladdu trysor yn rhywbeth y gwyddai'r Iesu amdano. Darllenwn:

> 'Y mae teyrnas nefoedd yn debyg i drysor wedi ei guddio mewn maes: pan ddaeth dyn o hyd iddo, fe'i cuddiodd, ac yn ei lawenydd y mae'n mynd ac yn gwerthu'r cwbl sydd ganddo, ac yn prynu'r maes hwnnw' (Mathew 13:44).

Claddu'r arian i'w gadw'n ddiogel wnaeth y dyn a gafodd un god o arian gan ei feistr yn Nameg y Codau o Arian (Mathew 25:18).

Myfyrdod

Ym meddwl Paul, yn 2 Corinthiaid 4:7, yr Efengyl yw'r trysor, a ni, dilynwyr Iesu, yw'r llestri pridd sy'n ei ddal. Fe ddylai'r ffaith mai llestri pridd ydym dynnu sylw at brydferthwch y trysor ei hun. Dyna a fwriada'r gemydd wrth ddangos gem, neu aur, ar felfed neu sidan du. Ond y mae'r gwrthgyferbyniad rhwng y trysor a'r llestr pridd yn fawr iawn. Y mae'r llestr pridd yn frau a gall ddryllio'n hawdd, ac o'i gymharu a chynhwyswyr eraill, nid yw o fawr o werth yn ariannol. Y mae'n le od i ddiogelu trysor!

Ond nid sôn am ddiogelu'r trysor a wna Paul, eithr dweud bod gwerth y trysor yn amlwg, a gwychder y trysor yn drawiadol pan welir ef yn erbyn ei gefndir cyffredin. Nid lleihau a wna gwerth a phrydferthwch y trysor, hyd yn oed os chwelir y llestr. Ni ddibynnir ar felfed, neu sidan du, i arddangos gwerth yr Efengyl. Mae ei gwerth yn amlwg, hyd yn oed mewn llestri pridd.

Mae gan bob un ohonom rhyw drysor yr ydym am ei gadw'n ddiogel er nad oes iddo werth ariannol bob amser: rhyw rodd a gawsom gan rywun annwyl, efallai; rhywbeth fu'n perthyn i'r teulu ers blynyddoedd; rhywbeth sy'n ein hatgoffa ni am ryw berson neu ddigwyddiad arbennig, ac ati. Efallai fod pobl arall yn synnu ein bod yn eu cadw. Nid oes gwerth ariannol iddynt, ond nid yw hynny yn lleihau eu gwerth i ni.

Y Gair - yr ysgrythur - yw'r trysor i Paul. Yn y Beibl y gwelir y trysor yr ŷm ni'n gyfrifol amdano Ond pa mor werthfawr ydyw'r Beibl i ni? Fel gweinidog, gofynnwyd imi droeon a gymerwn i Feibl mawr y teulu ar gyfer rhyw gapel. Os nad oedd hynny'n bosibl, beth arall allen nhw wneud ag ef? Nid oeddent am ei daflu! Yr unig werth a diddordeb ganddynt ynddo bellach oedd y wybodaeth a gynhwysai'r tudalennau blaen am yr olyniaeth deuluol dros y blynyddoedd. Roedd yr achau yn bwysicach na'r Beibl gan fod ymholi am achau'r teulu yn beth y diddora pawb ynddo erbyn hyn. Gwn i rai Beiblau gael eu taflu i'w hailgyrchu - gyda'r ddalen am y teulu wedi ei rwygo allan yn ofalus, wrth gwrs!

I mi mae hyn yn dweud bod y trysor yn ddi-werth a bod mwy o ddiddordeb gennym yn y llestri pridd - y bobl - sy'n dal y trysor.

Gweddi

Y mae gennyf drysor,
  rhodio gyda Brawd
ddaeth i blith ei frodyr,
  er eu mwyn yn dlawd. Amen *(Lewis Valentine, C.Ff. 399)*

83. Cysylltiadau Amhriodol (2 Corinthiaid 6:14-7:1)

Cyflwyniad

Yn Myfyrdod 78 ysgrifennwyd: 'Wrth ddarllen 2 Corinthiaid 6 y mae adnod 6:13 yn cydio'n naturiol wrth 7:2, a chan fod yr adran 6:14-7:1 o natur wahanol i'r hyn sy'n mynd o'i flaen a'r hyn a ddaw ar ei ôl, cred yr ysgolheigion fod adnodau 6:14-7:1 wedi eu camleoli ac yn perthyn i lythyr arall'. Cyfeiriwyd hefyd at anfoesoldeb yn yr Eglwys yng Nghorinth, gydag un aelod yn euog o losgach, a hynny'n digwydd heb fod yr aelod hwnnw'n cael ei ddisgyblu. Credir yn gyffredinol fod y darn hwn wedi dod o lythyr coll yn trafod yr hyn a wnaeth yr eglwys mewn ymateb i hanes yr un a gyhuddir o losgach (1 Cor. 5:1-2).

Yn 2 Corinthiaid 6:14 mae Paul yn annog ei ddarllenwyr i beidio 'ymgysylltu'n amhriodol ag anghredinwyr'. Y mae cyfieithiad Beibl Richard Parry (1620 - gwaith John Davies, Mallwyd, mewn gwirionedd) yn well - ac yn fwy llythrennol gywir - na'r cyfieithiadau modern: 'Na ieuer chwi yn anghymharus gyda'r rhai digred'.

Yng nghyfraith Moses ceir gwaharddiad 'i aredig gydag ych ac asyn ynghyd' (Deut. 22:10). Roedd y ddau o rywogaeth wahanol, ac awgrym Paul yw bod y credinwyr a'r anghredinwyr o rywogaeth gwahanol. Noda Paul sefyllfaoedd lle nad yw cyfathrach rhwng y Cristion a'r pagan yn bosibl. Mewn gwirionedd, apêl ydyw i beidio â chyfaddawdu, a noda bum maes lle teimla y gallai'r Corinthiaid fethu â gwneud hyn: cyfiawnder ac anghyfiawnder; golau a thywyllwch; Crist a Belial; credadun ac anghredadun; teml Dduw ac eilunod.

Ni all cyfiawnder ac anghyfiawnder gyd-fyw mewn cyfaddawd. Mae'r golau yn cyfeirio at olau Crist ac yn ein hatgoffa mai plentyn y Goleuni yw'r Cristion mewn byd tywyll. Ni all golau a thywyllwch gyd-fyw pan gyfaddawdir. Bydd y golau'n pylu - ac mae hynny'n berygl i Gristnogaeth. Ni ellir plygu clin a bod yn deyrngar i Grist a'r diafol yr un pryd. Ni all y credadun gyfaddawdu â'r anghredadun ar faterion o ffydd yng Nghrist. Ac nid oes lle i eilunod yn Nheml y Duw byw, er bod yr Iddewon ar adegau yn eu hanes wedi caniatáu i eilunod ac allorau paganaidd gael eu gosod a'u haddoli yn y Deml yn Jerwsalem.

Myfyrdod

Mae pobl sy'n fodlon cyfaddawdu yn cael eu hystyried yn hyblyg ac mae hynny'n gymeradwy yn nhŷb y mwyafrif o bobl. Fe all cyfaddawdu fod yn beth da pan ddaw â phobl wahanol yn agosach at ei gilydd a chael gwared o elyniaeth a chasineb. Y mae hefyd yn beth rhesymol i'w wneud, ac yn gallu dileu'r peryglon all ddeillio o anghytundeb.

Ond mae'n werth cofio bod cyfaddawdu yn gallu bod yn beryglus hefyd mewn rhai amgylchiadau. Gwelais ddyfyniad byr yn dweud, '*What you allow, you encourage.*' Gall yr hyn a oddefir heddiw ddod yn arfer yfory. Gwelsom hyn sy'n digwydd mewn sawl maes, e.e. y Sul. Os na fyddwn am weld y math hwn o beth yn digwydd dro ar ôl tro, gwell peidio â chefnogi'r cyfaddawd sy'n ei ganiatáu yn y lle cyntaf.

Nid oes modd cyfaddawdu pan drafodwn hanfodion y grefydd Gristnogol. Nid trwy gyfaddawdu y mae argyhoeddi neb. Yn hytrach, yr hyn a ddisgwyliai Paul gan y Cristion oedd ei fod yn efengylu.

Gweddi

Arglwydd, cynorthwya fi, fel plentyn i ti, i genhadu drwy sefyll yn gadarn yn wyneb pob ymosodiad a wneir ar dy Eglwys a'r Efengyl. Er gogoniant i'th enw. Amen.

GALATIAID

84. Caeth a Rhydd 5:16-26

Cyflwyniad

Er bod ysgolheion yn anghytuno ymhlith ei gilydd, mae'n debyg mai hwn oedd y llythyr cyntaf a luniodd Paul. Petai wedi ei lunio ar ôl Cyngor Jerwsalem (tua 49 C.C.), ni fyddai'n rhaid iddo ei amddiffyn ei hun fel y gwnaeth ym mhenodau cyntaf yr epistol lle mae'n adrodd, hefyd, hanes ei flynyddoedd cynnar fel Cristion (1:11-2:14).

Rhydd y llythyr hwn hanes ymateb rhai o'r Apostolion i Paul ar ôl ei dröedigaeth, a'r hyn a wnaeth yntau. Â ymlaen i gondemnio y rhai y credai oedd yn tanseilio'r Efengyl. Fe wnaent hyn drwy geisio clymu Cenedl-ddynion wrth arferion y grefydd Iddewig, gydag enwaedu yn un o'r gofynion. Credai'r Iddew mai'r unig ffordd y gellid bod yn Gristion oedd drwy gofleidio'r grefydd Iddewig a'i holl ofynion. Ym meddwl Paul, golygai hyn y byddai Cenedl-ddynion yn gaethweision i'r Gyfraith, yn hytrach nag yn feibion i Dduw (3:21-29). Dyma'r rheswm pam y galwodd y Galatiaid yn ddwl (3:1,3).

Rhyddid sydd yn nodweddu meibion, ond rhaid peidio defnyddio'r rhyddid hwn a meddwl ei fod yn benrhyddid. Rhaid osgoi:

> 'puteindra, amhurdeb, anlladrwydd, eilunaddoliaeth, dewiniaeth, cweryla, cynnen, ymbleidio, cenfigennu, meddwi, cyfeddach, a phethau tebyg' (5:20-21).

Ffrwyth yr Ysbryd sy'n nodweddu'r Cristion, sef:

> 'cariad, llawenydd, tangnefedd, goddefgarwch, caredigrwydd, daioni, ffyddlondeb, addfwynder, hunanddisgyblaeth' (5:22).

Myfyrdod

Mae Paul yn cymryd yr ysgrifbin yn ei law i ysgrifennu adran olaf ei lythyr (6:11-18). Hyd hyn yr oedd wedi defnyddio *amanuensis* - person sy'n ysgrifennu'r hyn a arddywedir, ond gyda'r rhyddid i ddefnyddio ei eirfa a'i arddull ef ei hun. Ychwanegai Paul y brawddegau olaf yn ei law ei hun, er mwyn arddel yr hyn a ddywedwyd yn y llythyr a dangos mai oddi wrtho ef y deuai. Ond mae'r cyfeiriad at faint y llythrennau yn y darn hwnnw yn awgrymu rhywbeth arall, sef ei fod yn gael trafferthion gyda'i olwg.

Mae mwy na llythrennau bras yn cefnogi'r awgrym bod golwg Paul yn ddiffygiol. A oes arwyddocâd iddo ddweud y byddai pobl Galatia wedi bod yn barod i dynnu eu llygaid allan a'u rhoi iddo 'petasai hynny'n bosibl' (4:15)? Cofiwn iddo golli ei olwg pan gafodd dröedigaeth ar y ffordd i Ddamascus (Actau 9:8), ac mae Colosiaid 4:13 yn dangos ei fod mewn cysylltiad agos â Laodicea. Nid oes hanes iddo ymweld erioed â'r ddinas a oedd yn un o saith eglwys Asia Leiaf a enwir yn Llyfr Datguddiad, ond byddai'n ymwybodol o'r ffaith bod Laodicea yn enwog am wneud eli i'r llygaid. Ai'r eli llygaid ddaeth ag ef i gysylltiad â Laodicea? Ac ai trafferthion â'i olwg oedd y ddraenen yn ei gnawd? (2 Corinthiaid 12:7)

Beth bynnag oedd y rheswm am y llythrennau bras, mae Paul yn cymryd y pin ysgrifennu yn ei law i'w uniaethu ei hun ac arddel y neges yr oedd yr amanuensis wedi ei llunio ar ei ran. Y llofnod a nodweddai bob un o'i lythyrau (2 Thesaloniaid 3:17).

Pan ysgrifennwn lythyr, mae'n amlwg fod y llofnod yn bwysig. Ac fel 'llythyrau Crist i'r byd', ef sy'n arddweud ei neges drwom ni (2 Cor. 3:2-3), ond mae'n bwysig ein bod ni yn ei harddel. Ni allwn fod yn llythyrau di-enw!

We are the only Bible the careless world may read;
We are the sinner's Gospel, we are the scoffer's Creed;
We are the Lord's last message, given in deed and word,
What if the letters are crooked? What if the writing blurred?

Nyni yw llythyr cariad i'w ddarllen gan bob un;
Nyni yw'r Gair o obaith o enau Mab y Dyn.
A boed i'n tystiolaethu rym ei Efengyl Ef,
A'n 'sgrifen ddifrycheulyd, fel aur lythrennau'r nef. (Robin Gwyndaf)

[Ni ydyw'r llythyr cariad gyflwynir i'r byd dros Grist,
Ni ydyw Beibl y pagan; ni ydyw'r sanctaidd dyst,
Ni ydyw'r neges heriol ddanfonwyd i'r byd gan Dduw Nêr
Beth os yw'n sgrifen yn grwca? Beth os yw'r sgrifen yn flêr?]

Gweddi

Arglwydd Da, '... Gad i eraill drwof fi adnabod cariad Duw.' Amen

EFFESIAID

85. Milwyr i Grist (Effesiaid 6:10-20)

Cyflwyniad

Mae'r llythyr at yr Effesiaid yn wahanol i lythyrau eraill Paul. Nid yw'n dechrau gyda'r cyfarchion arferol at yr eglwys, nac yn rhannu unrhyw newyddion, ac mae ei gynnwys yn fwy cyffredinol nag arfer. Mae rhai ysgolheigion yn barod i amau mai Paul a'i hysgrifennodd, tra bod eraill yn dadlau mai cylchlythyr ydyw i eglwysi Asia Leiaf (gan gynnwys saith eglwys y Datguddiad). Seilir y ddadl hon ar y ffaith fod enw Effesus yn eisiau o rai o'r llawysgrifau hynaf, a'r llawysgrifau hynny fel pe'n disgwyl i enw eglwys gael ei ychwanegu.

Llythyr o garchar ydyw (4:18), a'r cwestiwn i'w ofyn yw: ym mha un o'r carcharau y bu Paul ynddynt (2 Cor. 11:23) y lluniwyd y llythyr? Mae Rhufain yn bosibilrwydd, ond y farn gyffredin yw mai tra carcharwyd ef yn Effesus y lluniodd y llythyr, a hynny ar gyfer yr eglwysi lleol.

Mae'n amlwg mai Cristnogion Cenhedlig yw llawer o'r bobl a anerchir a'u bod yn tueddu i fychanu'r Cristnogion Iddewig. Mae'r llythyr yn annog undeb 'yng Nghrist'. Dwyn aelodau pob eglwys ynghyd yw un o negeseuau'r llythyr. Arwyddocâd yr ymadrodd 'yng Nghrist', sy'n ymddangos nifer o weithiau yn y llythyr, yw bod Crist yng nghanol holl weithgarwch Duw.

Myfyrdod

Ceir nifer o ddelweddau yn y llythyr ond efallai mai'r un fwyaf tarawiadol yw'r gymhariaeth â gwisg milwr. Yn wir, un rheswm pam y credir mai llythyr o'r carchar yw'r epistol hwn yw'r disgrifiad o lifrai'r milwr Rhufeinig a welai yno. Fel carcharor byddai Paul yn gyfarwydd â gweld milwyr mewn iwnifforn, ond mae Paul yn addasu yr hyn a wêl a'i gymhwyso at y Cristion. Mae pob darn o'r wisg milwrol yn cael ei gysylltu ag un o nodweddion ffydd y credadun

Mewn hysbyseb yn galw am wirfoddolwyr i ymuno â'r Fyddin fel milwyr proffesiynol, gwelais ddarlun o'r ffordd y mae milwyr yn gwisgo heddiw a'r dyfeisiadau sy'n perthyn i'r wisg. Roedd diben deublyg i'r wisg yn yr hysbyseb: un oedd i amddifyn y milwr a'r llall oedd i'w gynorthwyo i ymosod ar y gelyn. Ac roedd gwisg milwr Rhufeinig, fel gwisg y milwr Prydeinig heddiw, yn cyflawni dau ddiben: amddiffyn ac ymosod.

Efallai, nad yw llawer ohonom heddiw yn or-hoff o'r ddelwedd o Gristion fel 'milwr i Grist', ond mae'n rhaid inni gofio bod y ddelwedd yn un a ddefnyddia'r Testament Newydd yn aml. Bu adeg yn y gorffennol pan gydnabyddwyd pwysigrwydd ymladd dros yr Arglwydd, a defnyddiwyd y ddelwedd o fyddin i bwysleisio pwysigrwydd ymosod fel Byddin Crist. Ffufiwyd 'Byddin yr Iachawdwriaeth' gan William Booth yn 1865; mae gan yr Eglwys Anglicanaidd hithau 'Fyddin yr Eglwys' (*Church Army*) er 1882; a syniad tebyg yw 'Mudiad Ymosodol' y Methodistiaid Calfinaidd (1891). Roedd hyd yn oed emyn poblogaidd i'r plant gan Thomas Levi yn sôn am ymladd dros Iesu:

Rwyf finnau'n filwr bychan
yn dysgu trin y cledd
i ymladd dros fy Arglwydd
yn ffyddlon hyd fy medd.

A phan fo'r rhyfel drosodd,
a'm bywyd bach ar ben,
O! dwg fi adref, Arglwydd,
i fro Caersalem wen;
lle nid oes dim ond canu,
heb neb yn dwyn y cledd.

Mae'n werth inni gofio'r neges sydd yn y ddelwedd a gynnig Paul yn ei lythyr at yr Effesiaid. Ond ai ar amddiffyn yr Eglwys y dylai ein pwyslais ni fod heddiw yn hytrach nag ymosod ar 'y gelyn, y byd'? Efallai na hoffwn y ddelwedd o ymladd, ond 'yr hwn sy'n mentro sy'n ennill'. Ni allwn ennill y fuddugoliaeth dros Grist a'i Eglwys, oni fentrwn i ymladd drosti hi.

Gweddi

Arglwydd, gwyddom fod y

... gelyn yn ei gryfder
yn gwarchae pobl Dduw,
a sŵn ei fygythiadau
sy beunydd yn ein clyw…
O Arglwydd, seinia d'utgorn
i'n cadarnhau'n ddi-baid,
a thawed pob ansicrwydd,
mae Crist y groes o'n plaid. Amen *(Siôn Aled, C.Ff., 616)*

PHILIPIAID

86. Dinasyddiaeth (Philipiaid 3:17-21)

Cyflwyniad

Yn Philipi y plannodd Paul yr eglwys gyntaf yn Ewrop, wedi iddo gael ei alw draw i efengylu yno gan freuddwyd lle gwelodd ŵr o Facedonia yn ymbil arno i fynd draw atynt (Actau 26:9). Aeth ef a Silas yno, ond hefyd y Dr Luc, sy'n awgrymu i rai mai gŵr o Philipi oedd y meddyg.

Cafodd Paul lwyddiant cynnar yn Philipi wrth gyfarfod â nifer o wragedd ar lan yr afon a dechrau siarad â hwy. Yn eu plith roedd gwraig fusnes, Iddewes o Thyatira, ac oherwydd ei chefndir Iddewig deallai hi ei neges yn well na'r gwragedd eraill. Credodd, a chafodd ei bedyddio, 'hi a'i theulu', gan wahodd Paul i aros yn ei chartref (Actau 16:13-15). Ond nid aeth popeth o blaid Paul. Pan iachâodd rhyw gaethferch â chanddi 'ysbryd dewiniaeth' collodd ei dawn i ddweud ffortiwn, a chollodd ei pherchnogion yr incwm a gawsent o'r ddawn honno. Canlyniad hyn oedd i Paul a Silas gael eu taflu i garchar. Yn ystod y cyfnos bu daeargryn. Roedd pawb wedi dychryn, ond clywyd Paul a Silas yn canu mawl i Dduw. Yn fuan wedyn bedyddiwyd ceidwad y carchar 'a phawb o'i deulu'. Cafodd Paul ei ryddhau am ei fod yn ddinesydd Rhufeinig. Felly pan aeth ef a'i gyfeillion ymlaen i Thesalonia, gadawodd gnewyllyn o eglwys ar ôl yn Philipi, ac fe dyfodd honno, fel y dengys ei gyfeiriad at Euodia a Syntyche a Clement (Philipiaid 4:2:3) yn ogystal ag Epaphroditus. Mae'n ymddangos mai'r eglwys hon oedd ei ffefryn o'r holl eglwysi a blannodd.

Nid anghofiodd yr eglwys yn Philipi Paul, a phan oedd yn y carchar fe ddanfonasant rodd iddo drwy law Epaffroditus. Tystia Paul nad dyma'r tro cyntaf i'r Philipiaid gofio amdano a danfon rhodd i gwrdd â'i angen (Philipiaid 4:10-20).

Tra'n ysgrifennu i ddiolch i'r Eglwys yn Philipi, ni all Paul beidio â chynnwys sylwadau diwinyddol. Y mae nifer o bethau cofiadwy yn ei eiriau megis ei ddisgrifiad o ostyngeiddrwydd y Crist yn dod i fyw ymhlith pobl y ddaear (Philipiaid 2:5-11); ei esboniad o'r gwir gyfiawnder (Philipiaid 3:1-11); ei anogaeth i lawenhau yn yr Arglwydd (Philipiaid

3:1; 4:4), a chofio eu dinasyddiaeth nefol (Philipiaid 3:20).

Trefedigaeth Rufeinig oedd Philipi lle roedd y trigolion yn amlwg yn falch iawn o'u dinasyddiaeth Rufeinig. 'Ni sy'n Rhufeinwyr' yw eu ffordd o gyfeirio atynt eu hunain (Actau 16:21). Gan gofio hyn, ymateb Paul oedd dweud wrth yr eglwys fach yn Philipi mai 'yn y nefoedd' yr oedd eu dinasyddiaeth hwy - 'y nefoedd yw ein dinas', yw aralleiriad J.Williams Hughes. Dylem fod mor falch o hynny ag yw Philipiaid o'u dinasyddiaeth hwy.

Myfyrdod

Mae i ddinasyddiaeth ei goblygiadau.

> 'Ers dyddiau Groeg a Rhufain, pryd oedd "dinesydd" yn cyflwyno'r syniad o anrhydedd, gwelsom fwy o bwyslais ar iawnderau dinasyddiaeth, yn hytrach nag ar ei chyfrifoldebau' (Robert Kennedy).

Mae gan Jac, un o'm hwyron, ddinasyddiaeth ddeuol. Fe'i ganwyd yng Nghaerdydd, ond bellach mae'n byw yng Nghanada. O Canada yr hana ei fam, ac oherwydd hynny mae'n ddinesydd o Ganada a Phrydain. Ym mywyd y Cristion, nid yw'r syniad am dinasyddiaeth ddeuol yn dderbyniol, oherwydd,

> Ni all neb wasanaethu dau feistr; oherwydd, bydd un ai'n casáu'r naill ac yn caru'r llall, neu'n deyrngar i'r naill ac yn dirmygu'r llall. Ni allwch wasanaethu Duw a Mamon" (Mathew 26:24).

Gweddi

Pwy a'm dwg i'r ddinas gadarn
lle mae Duw'n arlwyo gwledd,
lle mae'r awel yn sancteiddrwydd
lle mae'r llwybrau oll yn hedd?
hyfryd fore
y caf rodio'i phalmant aur. *(Moelwyn, C.Ff., 699)*

Iesu a'm dwg i'r ddinas gadarn ... Diolch, Arglwydd. Amen

COLOSIAID

87. Syncretistiaeth Colosiaid

Cyflwyniad

Roedd Colosae gan milltir o Effesus. Dau o drigolion Colosae oedd Philemon ac Epaffras, y ddau yn weithgar yn yr eglwys. (Enw bachigol yw Epaffras am Epaffroditus, ond nid oes dim i'w gysylltu â'r gŵr o'r un enw yn Philipi a gymerodd rodd yr eglwys yno i Paul.) Yng nghartref Philemon y cyfarfu'r eglwys yng Ngholosae ac ysgrifennodd Paul lythyr ato yn gofyn ffafr ganddo, sy'n awgrymu fod perthynas agos rhyngddynt (Philemon adnodau 4-10).

Nid oes hanes i Paul erioed ymweld â Cholosae, na chwaith â Hierapolis a Laodicea, dwy dref oedd ond ychydig o filltiroedd i ffwrdd, ond mae cyfeiriadau atynt yn yr epistol. Nid yw'n gwbl amhosibl iddo fod yno, gan ei fod yn cyfarch yr eglwys oedd yn cwrdd yng nghartref Nymffa yn Laodicea ac wedi ysgrifennu llythyr at yr eglwys yno. Mae am i bobl Colosae weld y llythyr a anfonodd at Laodicea, a'r Laodiceaid i ddarllen yr un a dderbyniodd y Colosiaid oddi wrtho (Colosiaid 4:15-16).

Myfyrdod

Mae'n debyg mai gwybodaeth a gafodd gan Epaffras a ysgogodd y llythyr. Prif gonsyrn Paul yn y llythyr yw'r syncretistiaeth a berthynai i'r eglwys yno. Cyfuno rhai o draddodiadau a chredoau crefyddau eraill gydag athrawiaeth Gristnogol yw syncretstiaeth. Wrth wneud hyn caiff y Ffydd ei glastwreiddio.

Yr enghraifft eithafol o syncretistiaeth yw'r grefydd Bahai a ddaeth i fod yn 1852. Ffynhonnell y ffydd yw Mwslemiaeth Shia, sy'n credu y daw 'proffwyd' arall ar ôl Mohamed. Cred y Bahai fod Duw wedi danfon cyfres o broffwydi i'r byd. Maent yn cynnwys Adda, Noah, Krishna, Abraham, Moses, Zoroaster, Buddha, Iesu a Mohamed - pob un yn gwneud rhyw gyfraniad i ddealltwriaeth grefyddol. Rhywbeth sy'n cynyddu a datblygu yw datguddiad crefyddol iddynt hwy. Mae egwyddorion Undod Duw, Undod Crefydd ac Undod Dynoliaeth wedi eu benthyca o'r crefyddau a'u cyfuno yn y grefydd Bahai.

Dal gafael ar arferion a chonfensiynau lleol a'u cymysgu â Christnogaeth a wnaeth y Colosiaid. Roedd elfennau o fytholeg brodorol ac Iddewiaeth eithafol yn eu fersiwn hwy o'r ffydd Gristnogol. O fytholeg lleol daeth 'athroniaeth a hudoliaeth' gan roi sylw i 'ysbrydion elfennig y cyfanfyd' (2:8), ac addoli angylion (2:18). O Iddewiaeth daeth defodau y mynnwyd bod Cristnogion yn eu cadw, megis gwyliau ac enwaedu.

Dywedir yn gyffredinol bod anwybyddu'r gwahaniaeth rhwng crefyddau a chyfaddawdu yn beth da. Mewn rhai achosion, megis enwadaeth, gall hynny fod yn wir, ond ni ellir cyfaddawdu ar bethau sylfaenol, sef hanfodion y Ffydd. Os gwneir hynny, cefnu ar y gwirionedd a wneir. 'Cytundeb yw cyfaddawd lle mae pawb yn cael rhywbeth na fynnent ei gael', meddai un. 'Mae marwolaeth ysbrydol yn digwydd un cam ar y tro wrth gyfaddawdu', meddai un arall.

Perygl mwya'r Eglwys heddiw yw bodloni i gyfaddawdu â'r byd, gan fod yn barod i fabwysiadu agenda'r byd - yn enwedig, efallai, ei agenda moesol.

Gweddi

Cynorthwya ni, Arglwydd, i wybod beth yw d'ewyllys ar ein cyfer yn y byd; a chynorthwya ni i weithredu'r ewyllys honno. Amen

1 a 2 THESALONIAID

88. Yr Ailddyfodiad

Cyflwyniad

Mae'r ddau lythyr at y Thesaloniaid yn dilyn yn agos ar ei gilydd. Danfonwyd y cyntaf i Thesalonica yn fuan ar ôl i Paul ddianc oddi yno wedi tri Saboth yn unig o bregethu'r Efengyl. Ar gymhelliad Iddewon a welai lwyddiant i'r Efengyl, bu cynnwrf yn y ddinas, a chyhuddwyd Paul a Silas o fod yn 'aflonyddwyr yr Ymerodraeth'. Dihangodd Paul o Thesalonica i Berea, a phan ddeallodd yr Iddewon ble roedd, a bod yntau'n cael llwyddiant mawr yn efengylu yno, aethant a chreu terfysg yno hefyd, a bu'n rhaid iddo ddianc unwaith eto (Actau 17:1-15).

Roedd Paul yn awyddus i wybod beth oedd wedi digwydd yn Thesalonica ar ôl iddo adael. Danfonwyd Timotheus o Athen i weld beth oedd sefyllfa'r eglwys yno. Dychwelodd yntau gydag adroddiad digon calonogol ond yn tynnu sylw at ddryswch am bwnc yr Ailddyfodiad a'r perygl a ddeuai o raniadau yn yr eglwys. Adwaith Paul yw'r llythyr cyntaf at yr eglwys, pryd mae'n ymateb i'r adroddiad a gafodd. Mae'n diolch am ffydd a ffyddlondeb yr aelodau yno, ac yn egluro pam y dihangodd a'u gadael pan fu terfysg, gan ychwanegu peth o'i hanes ar ôl hynny. Mae'n gweddïo ar ran yr eglwys ac yn annog undeb. Mae hefyd yn trafod y pwnc na chafodd gyfle i'w egluro'n llawn, neu a gamddeallodd y Thesaloniaid, sef yr Ailddyfodiad.

Gofidiai'r Thesaloniaid na fyddai y rhai o'u plith a fu farw cyn dyfodiad Crist yn cael rhan yn 'Ailddyfodiad' yr Iesu. Ateb Paul yw y 'bydd y meirw yng Nghrist yn atgyfodi gyntaf, ac yna byddwn ni, y rhai byw sydd wedi eu gadael, yn cael ein cipio i fyny gyda hwy yn y cymylau, i gyfarfod â'r Arglwydd yn yr awyr; ac felly y byddwn gyda'r Arglwydd yn barhaus' (1 Thes. 4:16-17).

Ychwanegodd na ddylai'r Thesaloniaid feddwl bod dyfodiad sydyn Crist yn golygu bod hynny ar fin digwydd. Gobeithiai Paul y deuai yn ystod ei fywyd ef, ond nid oedd sicrwydd o hynny.

Nid oedd llythyr cyntaf Paul wedi ateb y cyfan o'r broblem yn yr eglwys, ac yn fuan wedyn bu'n rhaid iddo lunio'r ail lythyr at y Thesaloniaid. Ynddo mae'n dweud bod rhaid i ryw bethau ddigwydd cyn y delai Crist eto. Nid oedd rhain wedi digwydd na hyd yn oed wedi dechrau digwydd fel y credai rhai.

Roedd y gred hon wedi arwain rhai yn yr eglwys i roi'r gorau i weithio tra'n disgwyl am ddyfodiad yr Arglwydd.

Myfyrdod

Cyfeirir at lythyrau Paul yn 2 Pedr 3:16, a dywedir bod

> 'rhai pethau ynddynt sydd yn anodd eu deall, pethau y mae'r annysgedig a'r ansicr yn eu gwyrdroi, fel y maent yn gwyrdroi'r Ysgrythurau eraill hefyd, i'w dinistr eu hunain.'

Yn llythyrau Paul ceir y syniad a ddehonglwyd fel yr 'Ailddyfodiad'. Fe ysgrifennwyd y llythyrau o leiaf ddegawd cyn yr Efengylau, ac mae'n anodd meddwl am ddim sy'n fwy anodd na'r pwnc hwn! Ond, mewn gwirionedd, ni welir gair am Ailddyfodiad yn y Testament Newydd. Y gair a welir yw *parousia*, a'i ystyr yw: dyfodiad (brenin neu swyddog - *royal visit*), presenoldeb (Crist). Darlun Paul o'r hyn a ddigwydd ar ddiwedd amser a roes fod i'r syniad am Ailddyfodiad.

Datblygodd y syniad yn athrawiaeth sy'n ysgogi pob math o ymateb ymhlith Cristnogion heddiw. Yn America y mae'n rhywbeth y mae Cristnogion ffwndamentalaidd yn credu'n llythrennol i'r graddau bod rhai o'r cyfoethocaf wedi prynu tai yn Jerwsalem ar droad y mileniwm, gan gredu mai dyna'r lle, a dyna'r adeg y digwyddai. Cael gwyliau yno wnaeth y llai cyfoethog wrth ddisgwyl am y digwyddiad.

Cred llawer yn eu plith bod modd rhagddweud pryd y digwydd yr Ailddyfodiad drwy gyfrif faint o'r digwyddiadau a gofnodwyd yn Llyfr Datguddiad Ioan sydd wedi eu cyflawni hyd yn hyn. Y broblem a gânt yw cytuno ar ba beth yn hanes y byd sy'n cyfateb i 'broffwydoliaeth' Datguddiad, ond nid yw hyn wedi bod yn rhwystr iddynt. Dywedir i'r mwyafrif ohonynt gefnogi Donald Trump yn etholiad arlywyddol America yn 2016, a honnir bod rhai ohonynt yn credu y byddai yntau'n prysuro'r Ailddyfodiad!

Gwerthwyd 60,000,000 o gopïau o un ar bymtheg o nofelau yn *The Left Behind Series,* a gyhoeddwyd yn America rhwng 1995 a 2007. Tim LaHaye a Jerry B. Jenkins yw'r awduron, ac fe'u seiliwyd ar yr hyn a ddywed Llyfr y Datguddiad am yr Ailddyfodiad. Y mae'r nofelau yn hynod o boblogaidd ymhlith ffwndamentalwyr, ac maent hefyd wedi esgor ar gêm ar gyfer cyfrifiadur. Ond ni ddylid meddwl mai dim ond pobl yn America sy'n credu fel hyn. Ble bynnag y gwelir Cristnogion, y mae'r gred hon yn ffynnu ymhlith rhai.

Perthyn y darlun o'r Ailddyfodiad i'r cyfnod pan oedd y byd yn wastad, y nefoedd uwchben ac uffern rhywle o dan wyneb y byd. Bellach fe wyddom nad yw hynny'n wir, ond ni allwn osgoi yr athrawiaeth. Rhaid ei dehongli.

Onid dweud a wna Paul y daw dydd pan fydd 'gŵr dirmygedig Calfaria' yn ben, a'r byd i gyd yn eiddo iddo. Nid gan ddyn, ond gan Dduw y mae'r gair olaf, ac ef yn unig ŵyr pa bryd y digwydd hynny.

Gweddi

Trwy ffydd y gwelaf Iesu'n dod,
  nid ar gymylau'r nef,
ond yn nhreialon dua'r daith,
  lle mae'i anwyliaid ef.

Mae'r Iesu'n dod o oes i oes
  drwy'r cenedlaethau i gyd;
fy ffydd a ŵyr mai Iesu'r Farn
  yw Iesu'r cariad drud. Amen *(D.J.Davies, C.Ff. 286)*

1 a 2 TIMOTHEUS

89. Bugeilio'r Saint

Cyflwyniad

Er mwyn cynnwys y llythyrau at Timotheus (a Titus) ymhlith y casgliad o lythyrau Paul, mae'n rhaid derbyn bod yr Apostol wedi cael ei ryddhau o'r carchar yn Rhufain (Actau 28:30-31) - lle bu dan warchae mewn tŷ yn y ddinas - ac wedi parhau ar ei deithiau cenhadol. Yn ôl ei lythyr at y Rhufeiniaid (15:23-24) roedd wedi rhoi ei fryd ar fynd i Sbaen. Nid oes unrhyw brawf yn y Testament Newydd iddo wneud hynny, ond mae'n dra phosibl os nad yn debygol, mai dyna a wnaeth. Mae traddodiadau lleol yn Sbaen yn sôn am ei ymweliad â'r wlad, a cheir hen ddogfennau o'r ail ganrif sy'n sôn am ei ymweliad. Mae llythyr, dyddiedig 69 O.C., gan Clement o Rufain yn dweud bod Paul wedi cyrraedd 'terfyn eithaf y Gorllewin' ar ôl ei 'garcharu' yn Rhufain, a deellir hyn fel cyfeiriad at Sbaen.

Llythyrau 'bugeiliol' yn cynghori gweinidog 'ifanc' yw'r llythyrau at Timotheus - er mae'n debyg bod Timotheus ei hun erbyn hynny o gwmpas y deugain oed, ac wedi byw llawer o'i fywyd Cristnogol dan gysgod Paul. Pan ysgrifennai Paul ato, yr oedd gofal yr eglwys yn Effesus ganddo, ac mae Paul yn siarsio'i 'fab-yn-y-ffydd' ynghylch nifer o bethau perthnasol i'r Weinidogaeth. Un yw y dylai addoliad yr eglwys gynnwys gweddïau dros bawb, gan gynnwys y sawl sydd mewn awdurdod. Gwaredwr i bawb yw'r Arglwydd Iesu, ac nid i ryw bobl yn unig. Mae ganddo gynghorion ynglŷn ag addoli, ynghyd â'r gosodiad dadleuol y dylai gwragedd fod yn ddistaw a pheidio â hyfforddi yn yr Eglwys. Gan fod 1 Tim. 2:9-15 yn gwbl groes i'r dystiolaeth arall a geir am safbwynt Paul at ferched mewn rhannau eraill o'r T.N., rhaid gwneud un o dri pheth: (i.) gwadu mai Paul a'i hysgrifennodd; (ii.) dadlau bod Paul wedi newid ei safbwynt - awgrym a wrthodai Bedyddwyr y De am fod hynny'n golygu bod y T.N. ei hun yn gyfnewidiol; neu (iii.) dod o hyd i ddehongliad sy'n gyson â safbwynt Paul yng ngweddill y T.N. Rhywbeth ym mywyd yr eglwys yn Effesus sy'n gyfrifol am sylw Paul. Ni wyddom beth oedd yn poeni'r eglwys yno, ond gallwn fod yn sicr nad oedd Paul wedi newid ei feddwl am le, pwysigrwydd a chyfraniad merched i fywyd eglwys, er ei fod yn derbyn confensiwn y cyfnod mai'r 'gŵr yw pen y wraig'.

Mae'n nodi hefyd gymwysterau goruchwyliwr (esgob) mewn eglwys, a'r un modd gymwysterau diacon, gan grynhoi pwrpas ei lythyr (1 Tim. 3:14-16). Os na chawsai Paul gyfle i ymweld ag Effesus eto, roedd am gofnodi ei farn ar faterion yn ymwneud yn arbennig ag Effesus.

Mae 2 Timotheus o natur mwy personol. Mae Paul nôl yn y carchar, gyda Luc yn unig gerllaw, ac mae'n hiraethu am gael gweld Timotheus. Wrth ysgrifennu mae eto'n cynnig arweiniad, cyngor ac anogaeth i'r gweinidog yr oedd wedi'i noddi ers iddo ei ennill i Grist yn Lystra yn ystod ei daith genhadol gyntaf.

Wrth gloi ei lythyr mae'n gofyn i Timotheus i ddod â'r gôt, y llyfrau a'r memrynau a adawodd yn Troas. Nid oedd y gaeaf ymhell i ffwrdd (2 Tim. 4:13, 21).

Myfyrdod

Rŷm ni'n gyfarwydd â chlywed pobl yn dadlau am yr Apostol Paul, ac am a wn i, does neb o gymeriadau amlwg y Testament Newydd yn cael ei feirniadu yn fwy nag ef. Mae pobl yn ei ganmol neu yn ei gondemnio. Ond mae'n syndod cymaint o drafod a fu ar yr adnod 'ddibwys' sy'n sôn am gôt, llyfrau a memrynau Paul!

Un ddadl yw honno ynglŷn â pham y gadawyd hwy yn Troas yn y lle cyntaf. Oherwydd iddo orfod ffoi, meddai rhai; oherwydd y poethder, meddai eraill. Mae dadl arall yn ymwneud â beth oedd y llyfrau, ac 'yn arbennig y memrynau'? A pham yr oedd yn gofyn am y gôt arbennig honno, yn hytrach na gofyn i Luc gael un newydd iddo?

Ond mae'r prif ddadl yn ymwneud a'r ffaith fod y manylyn hwn i'w weld yn y Testament Newydd o gwbl. Mae rhai yn mynnu dweud na fyddai 'Gair Ysbrydoledig Duw' yn trafferthu gyda rhywbeth mor ddibwys â Paul yn gofyn am ei gôt a'i lyfrau.

I mi, mae'r manylyn hwn yn gwneud Paul yn fwy dynol na'r darluniau cyffredinol a gawn ohono yn ei epistolau a llyfr yr Actau. Fel eraill ohonom, mae ganddo yntau ei hoff gôt, ac mae ganddo lyfrau sy'n golygu llawer iddo. Mae'n perthyn i'r hil ddynol fel pob un ohonom ni!

Caiff ei alw'n Sant Paul, ond dynol fel pawb ohonom yw'r Saint i gyd. Ai pwysleisio hyn a wna'n harfer fel Anghydffurfwyr o alw aelodau ein heglwysi yn 'saint' ac ysgrifennu'r 'saint' gydag 's' fach?

Gweddi

Rhoist imi lawer arwydd
  fy mod yn un o'th blant
ac er fy llygredd Arglwydd,
  mi garwn fod yn sant;
argraffa ar fy nghalon
  adnodau'th gyfraith wen
a dwg y pur obeithion
  a roddaist im i ben. Amen *(Gwili, Llawlyfr Moliant, 301)*

TITUS

90. Ffydd a Gweithredoedd

Cyflwyniad

Nid yw Titus yn cael ei enwi o gwbl yn yr Actau, ond fe'i henwir yn llythyrau Paul dri ar ddeg o weithiau. Groegwr y dibynnodd yr Apostol lawer arno i roi trefn ar eglwys drafferthus ydoedd. Roedd Creta'n un o'r eglwysi hynny. Yn Creta yr oedd Titus pan ysgrifennodd Paul y llythyr hwn ato. Roedd wedi cael ei adael yno gan yr Apostol i 'roi trefn' ar bethau yno. Dyma'r unig gyfeiriad sydd gennym fod Paul wedi ymweld â'r ynys, a chan nad yw Actau'n sôn dim am hynny, mae'n rhaid ei fod wedi digwydd ar ôl yr hanes a adroddir yn Actau 28, mewn cyfnod pan gafodd ei ryddhau o'r tŷ lle carcharwyd ef yn Rhufain. Aeth i Creta (ar ôl bod yn Sbaen?) cyn symud ymlaen i Nicopolis lle bwriadai dreulio'r gaeaf. Bwriadai ddanfon Artemas neu Tychicus i ofalu am yr eglwys yn Creta, er mwyn i Titus gael cyfle i ymweld ag ef yn Nicopolis.

Nid oes sôn yn y Testament Newydd am ffurfio eglwys Creta, ond roedd Iddewon a phroselytiaid o'r ynys yn bresennol yn Jerwsalem ar Ddydd y Pentecost (Actau 2:11), ac mae'n debygol mai un ohonynt hwy aeth â'r neges am Iesu yn ôl yno. Mae'n ymddangos mai tir digon anodd oedd yr ynys i Gristnogaeth.

Ymadrodd rhyfedd a welir yn y llythyr yw 'y digelwyddog Dduw' (Titus 1:2). Dyma'r unig dro y gwelir y gair 'digelwyddog' yn y Testament Newydd. Mae'n ymadrodd sy'n wrthgyferbyniad llwyr i'r hyn a ddywedwyd am y Cretiaid yn yr Hen Fyd. Dyfynnodd Paul rywbeth a ddywedwyd gan berson lleol: 'Celwyddgwn fu'r Cretiaid erioed, anifeiliaid anwar, bolrwth a diog' (Titus 1:12). Dyna oedd y farn gyffredinol amdanynt. Roedd berf mewn Hen Roeg wedi ei bathu o enw Creta, a'i hystyr oedd 'dweud celwydd fel Cretiad'. [Ar draul y Cymry, bathodd y Saeson air am 'dorri'ch gair', sef 'to welsh' !] Mae cyfeiriadau at ddiffyg geirwiredd yn britho'r llythyr, ac ynghyd â geiriau fel anonest, twyll, troi cefn ar y gwirionedd; ond ceir hefyd anogaeth i ddangos eu hunain yn gwbl ffyddlon a gonest ac ymroi i waith gonest.

Myfyrdod

Mae Paul yn annog Titus i sicrhau 'bod y rhai a ddaeth i gredu yn Nuw i ofalu eu bod yn ymroi i weithredoedd da' (Titus 3:8). Dyma hefyd a gred yr Apostol Iago:

> 'Fel mae'r corff heb anadl yn farw, felly hefyd y mae ffydd heb weithredoedd yn farw' (Iago 2:26).

Mae ffydd a gweithredoedd yn cyd-symud, meddai William Booth:

> '... ochr yn ochr, cam wrth gam, fel coesau pobl wrth gerdded. Yn gyntaf daw cam ffydd ac yna daw gweithredoedd; ffydd eto a gweithredoedd, fel ei bod hi'n anodd, maes o law, i wybod p'un yw p'un'

I'r Cristion, y mae gweithredoedd yn fynegiant o'i ffydd. Mae'n rhaid troi ein ffydd yn weithredoedd. 'Gallwch bregethu gwell pregeth â'ch bywyd nag y gallwch â'ch gwefusau', meddai Oliver Goldsmith. Meddai un arall, 'Iaith y gall y mud ei siarad a'r byddar ei glywed yw ffydd!' Cofiwn hefyd am esgyll William Morris yn ei englyn i Tom Nefyn:

> Ac o'i bregethau i gyd,
> y fwyaf oedd ei fywyd.

Gweddi

Ein Duw a'n Crewr mawr, defnyddia'n bywyd ni
I'th wasanaethu Di o hyd, er clod i'th enw Di;
Er bychan fydd ein rhan yng ngolwg pobol byd
Defnyddia'n hymdrech ni i'th bwrpas Di bob pryd. Amen
(Verina Matthews)

PHILEMON

91. Caethwasiaeth

Cyflwyniad

Dyma lythyr personol arall, y tro hwn oddi wrth Paul at leygwr yn Colosae o'r enw Philemon.

Cristion cefnog a groesawai'r eglwys i gwrdd yn ei dŷ oedd Philemon. Nid oes prawf i Paul erioed ymweld â Cholosae, er y gallai hynny fod wedi digwydd. Mae'n bosib fod y ddau wedi cwrdd yn Effesus, y ddinas fawr agosaf at Colosae. Effesus oedd canolfan cenhadaeth Paul am dair blynedd. Dichon mai ar ymweliad â'r ddinas y cyfarfu Philemon â'r Apostol a chafodd dröedigaeth a dod i nabod yr Arglwydd.

Llythyr gan Paul ydyw, yn eiriol am faddeuant i Onesimus, un o gaethweision Philemon, a ddihangodd o gartef ei feistr a theithio i'r ddinas i ddiflannu ymhlith y tyrfaoedd yno. Ymddengys iddo ddwyn rhywbeth oddi wrth ei feistr (adn. 18). Rhywfodd cyfarfu â Paul yno; cafodd dröedigaeth a gwasanaethu'r Apostol am gyfnod cyn cael ei ddanfon yn ôl at ei berchennog gyda llythyr yn eiriol am faddeuant iddo. Dywed Paul i Onesimus fod yn ddi-fudd i Philemon, ond yn fuddiol iddo ef ei hun tra bu yn y carchar (adn. 11). Chwarae ar eiriau y mae Paul; ystyr y gair <u>*onesimus*</u> yw 'buddiol'. Gobeithiai Paul y danfonai Philemon y caethwas di-fudd yn ôl ato i fod yn gymorth iddo ef.

Ond ym mha ddinas ddigwyddodd cyfarfyddiad Paul ag Onesimus? Yn y llythyr cyfeiria Paul ato'i hun bum gwaith fel carcharor (adn. 1, 9, 10, 13, 23). Gwyddom iddo fod mewn carchar yn Effesus a Rhufain, a'r cwestiwn sy'n codi yw: ym mha un o'r ddwy ddinas y cyfafu ag Onesimus? Unwaith eto y mae esbonwyr yn gwahaniaethu yn eu barn! Dywed rhai mai Rhufain oedd y lle, tra bod eraill yn ffafrio Effesus. Roedd Effesus 135 milltir o Colosae, a Rhufain 1251 milltir i ffwrdd. Mae'n haws credu mai i Effesus y ffôdd y caethwas, dinas yr amcangyfrifir fod ei phoblogaeth ar y pryd o gwmpas 255,000.

[Yn ôl traddodiad, rhyddhaodd Philemon Onesimus, a ddaeth mewn amser yn esgob Effesus. Merthyrwyd Philemon ac Apphia, ei wraig, ac mae enwau'r ddau ymhlith y Saint sydd wedi eu rhestru yn *The Oxford Dictionary of Saints.*]

Myfyrdod

Mae'n rhaid fod gan Onesimus ffydd yn Paul, a Paul ffydd yn Philemon. Roedd gan berchennog hawl i ddienyddio caethwas am yr hyn a wnaeth Onesimus yn y dyddiau hynny. Gyda chaethwasiaeth yn gymaint rhan o gymdeithas y cyfnod, nid yw Paul yntau yn ei chondemnio wrth ysgrifennu at Philemon. Yn lle hynny mae'n gofyn am berthynas wahanol rhwng y caethwas â'r perchennog, sef perthynas tad a mab. I bob pwrpas, mae hynny'n newid natur caethwasiaeth yn llwyr. Defnyddiodd y sawl sy'n pledio achos caethwasiaeth, a'r sawl oedd yn ei gwrthwynebu, fod llythyr yr Apostol yn cefnogi eu safbwynt hwy. Yn America cyhoeddwyd pamffledyn ar ganol y ddeunawfed ganrif: *Negro Slavery Defended by the Word of God.*

Nid lwyddodd Cymry i osgoi apêl y fasnach greulon hon. Cymryd enw eu perchnogion wnâi caethweision, ac amcangyfrifir bod 15% o'r bobl yn America o dras Affricanaidd ag iddynt enwau o darddiad 'Cymreig'.

Dihangodd aelodau Rhydwilym i America yn 1701 i osgoi y gormes crefyddol, a ffurfio eglwys Gymraeg, y 'Welsh Tract' sydd yn Delaware. Pan ail-leolodd rhan o'r eglwys i Welsh Neck, De Carolina, yn 1737, cymerodd y teuluoedd o Gymru eu caethweision gyda hwy. Ceisio rhyddid iddynt eu hunain, ond yn ddigon parod i amddifadu'r dyn du o'i ryddid yntau a'i wneud ef a'i blant yn gaethweision a wnaeth yr alltudion o Rydwilym a'u disgynyddion. Roedd gweinidogion o Gymru hefyd yn berchnogion caethweision.

Nid yw caethwasiaeth wedi ei dileu o'n byd hyd heddiw, ac un ffurf erchyll ohoni yw'r ffordd y manteisir ar ffoaduriaid yn gyffredinol pan ŷnt yn fewnfudwyr anghyfreithiol, ac heb unrhyw bapurau i ddangos bod ganddynt hawl i fod yn y wlad. Manteisir yn arbennig ar ferched sy'n ffoaduriaid a'u gwneud yn 'gaethion rhywiol', ac yn buteiniaid.

Ond dylem gofio bod caethiwed o fath arall yn ein plith yn y cyfnod hwn hefyd: caethiwed i alcohol, caethiwed i gyffuriau, caethiwed i gamblo, caethiwed i bornograffi, ac ati. Ac os honnwn ni nad ydym yn gaeth i unrhyw beth, rhaid gofyn gyda'r Apostol Paul, a allwn ddweud nad ydym yn gaeth i bechod o ryw fath ?

Gweddi

Arglwydd, nid yw caethwasiaeth yn perthyn i'r gorffennol, a gweddïwn dros y sawl sy'n gaeth yn y byd modern. Gall ymddangos eu bod yn rhydd i fynd a dod fel y mynnant, ond mae gan y cryf, anegwyddorol, reolaeth arnynt. Yn aml mewnfudwyr ydynt, ond gwyddom ei fod yn digwydd i bobl yng ngwledydd y Deyrnas Unedig. Cofiwn hefyd am y math o gaethiwd yn ein plith a all ddifetha bywyd yr unigolyn. Ymgeledda'r sawl sydd gaethion o unrhyw fath. Amen

YR EPISTOLAU CYFFREDINOL
HEBREAID

92. Awdur yr Epistol (Hebreaid1:1-4)

Cyflwyniad

Roedd prif ddelweddau yr Epistol at yr Hebreaid – aberthu anifeiliaid, ac ati - yn perthyn i'r Deml yn Jerwsalem cyn 70 O.C., ond maent yn ddieithr iawn i ni. Mewn cyfnod pan yw diddordeb yn tyfu mewn crefyddau a chredoau eraill, a 'chywirdeb gwleidyddol' yn hawlio bod pob crefydd yn gyfwerth, y mae pwyslais Crist-ganolog y Llythyr at yr Hebreaid yn ein herio. Mewn cyfnod pan yw'r grefydd Gristnogol yn colli tir yng Nghymru, y mae neges y Llythyr at yr Hebreaid yn amserol a thyngedfennol. Mewn cyfnod pan yw popeth yn newid yn gyflym – ffasiynau, blaenoriaethau, disgwyliadau, safonau, ac ati – y mae Awdur yr Hebreaid yn mynnu cyhoeddi am Iesu Grist mai 'yr un ydyw ddoe a heddiw ac yn dragywydd' (13:8).

Er bod penawdau'r hen gyfeithiadau o'r Beibl yn dweud 'Epistol Paul at yr Hebreaid', ysgrifennodd John Davies esgob Tŷ Ddewi, cyfieithydd yr epistol yn Nhestament Newydd William Salesbury (1567) - y cyfieithiad Cymraeg cyntaf - mai afraid oedd ceisio dyfalu pwy oedd awdur yr epistol.

Mae ysgolheigion yn cytuno â'r esgob bod enw'r sawl a'i hysgrifennodd yn ddirgelwch, ond ni fynnant dderbyn mai peth diangen yw ceisio dyfalu pwy yw'r Awdur. Dweud pwy sy'n ysgrifennu yw'r ffordd arferol o gyflwyno epistol yn y Testament Newydd, a dyna a wnaed yn yr hen fyd, hefyd. Y mae Luc, Barnabas, Silas ac Apolos (awgrym Martin Luther) ymhlith y sawl a awgrymwyd fel awduron posibl. O blaid Apolos y mae'r ddadl gryfaf; ond mae dadl dda dros enwi Prisca (Priscila) fel yr awdur hefyd. Mae'r un cymwysterau ganddi hi ag sydd gan Apolos, ond ni fyddai gweld enw merch ar y llythyr yn dderbyniol yn yr Eglwys Fore, a byddai hynny'n rheswm pam na chawsai awdures ei henwi pan rannwyd yr epistol ymhlith yr eglwysi cynnar. Mae'n bosibl mai cadw'r neges drwy hepgor enw'r awdures oedd y bwriad. Dyna fyddai yn rhaid ei wneud. Cystal imi gyfaddef, rwy'n credu mai merch - Prisca - yw'r 'Awdur', yr enw a ddefnyddir i gyfeirio at y sawl a ysgrifennodd Hebreaid.

Myfyrdod

Cryfder yr eglwysi yng Nghymru heddiw yw'r gwragedd sy'n aelodau ohonynt. Hwy sy'n cadw drws yr eglwys ar agor mewn llawer man yng Nghymru. Ac eto ni chawsant gyfle i gael lle amlwg ym mywyd yr eglwysi tan yn gymharol ddiweddar,

Cawsai merch fod yn genhades, ond nid yn weinidog nac yn ddiacon ers talwm. Pan ddechreuodd Bedyddwyr Lloegr ganiatáu i ferched fod yn weinidogion, ni chfeiriwyd atynt fel ' y Parchedig ...', ond fel '*Sister* ...'. Mae Bedyddwyr y De yng Ngogledd America, lle gall fod cymaint a phump neu chwech o weinodogion mewn eglwys, yn dal yn gryf yn erbyn merched fel prif weinidog eglwys. Maent yn ordeiniedig a gallant fod yn is-weinidog, neu weinidog y plant a'r ifanc, ac ati, ond nid y prif weinidog sydd â chyfrifoldeb am ofal yr eglwys. Fe gofiwn pa mor ddiweddar y dechreuodd yr Eglwys yng Nghymru ordeinio merched, ac yn ddiweddar iawn eu hordeinio'n esgobion. Byddin yr Iachawdwriaeth oedd un o'r cyntaf i roi i ferched a dynion yr un statws pan gomisiynwyd hwy.

Gweddi

Diolch, Arglwydd, am gyfraniad y merched i'th Eglwys - a chymdeithas yn gyffredinol - ar hyd y canrifoedd. Diolch am bobl oedd yn barod i weithio yn yr Eglwys er na chydnabuwyd eu cyfraniad amhrisiadwy. Amen

93. Newid a Datblygu (Hebreaid 6:1-12)

Cyflwyniad

Mae'r adnodau hyn o ddiddordeb arbennig i Fedyddwyr Cymry gan i ddwy o'r chwe egwyddor a enwir yma ddylanwadu'n drwm ar hanes cynnar yr enwad.

Roedd yng Nghymru ar ganol y 17eg ganrif ddau fath o Fedyddwyr: y Bedyddwyr Neilltuol (Caethgymunol) a'r Bedyddwyr Cyffedinol (Rhyddgymunol). Perthynai Eglwys Rhydwilym i'r Caethgymunwyr, ond cofleidiasant y 'Chwe Egwyddor' a nodir yn Hebreaid 6:1-2 a gwneud dwy ohonynt yn nod amgen y Bedyddwyr Caethgymunol. Mae cyfeiriad at yr adnodau wedi ei gerfio ar dalcen y capel. Awgrymai 'golchiadau' fedydd iddynt, ac roedd 'arddodiad dwylo' yn rhywbeth a ddilynai'r bedydd. Roedd y pedair egwyddor arall yn cael eu derbyn gan Gristnogion yn gyffredinol. Ni sylweddolai pobl Rhydwilym mai gweinidog o Loegr o blith y Bedyddwyr Rhyddgymunol a fu'n gyfrifol fod yr arfer o arddodiad dwylo wedi ei fabwysiadu ganddynt hwy, ac roeddent yn ddigon cryf i orfodi'r arfer ar eglwysi eraill y Bedyddwyr Caethgymunol.

Roedd 'golchiadau', sef bedyddio, yn beth oedd eisoes yn cael ei arfer, ac ni chawsai neb nad oedd wedi ei fedyddio trwy drochiad dderbyn cymundeb. Ychwanegu arddodiad dwylo yn dilyn bedydd at ofynion aelodaeth oedd yn newyddbeth. Mewn ychydig o flynyddoedd bu'n rhaid i bob eglwys a ymunai â Chymanfa'r Bedyddwyr Caethgymunol yng Nghymru arfer bedydd, ac arddodiad dwylo. Dyna oedd arfer y Gymanfa tan ganol y ddeunawfed ganrif, pryd mynnodd rhai o'r eglwysi newydd yr hawl i ddilyn eu llwybr eu hunain mewn perthynas ag arddodiad dwylo. Cadwodd Rhydwilym a'r eglwysi a blannodd at yr arfer.

Myfyrdod

Mae arddodiad dwylo yn beth sy'n cael ei arfer erbyn hyn gan eglwysi ym mhob enwad wrth ordeinio neu sefydlu offeiriaid, gweinidogion a diaconiaid. Arferiad ydyw o dras Iddewig, ac mae sôn amdano fel edau sy'n cysylltu Genesis â Datguddiad, gyda chyfeiriad at yr arfer i'w weld yn y mwyafrif o lyfrau Beibl. Gweithred yn gysylltiedig â gweddi ydyw (Numeri 8:10; 27:18; Deut. 34:9). Ymddengys fod arddodi dwylo yn dilyn bedydd yn y Testament Newydd. Dynodai draddodi'r Ysbryd Glân i'r un a oedd newydd ei fedyddio (Actau 8:17-18) a chyflwyno iddo ddoniau, megis llefaru â thafodau, a phroffwydo (Actau 19:6). Arferid arddodiad dwylo hefyd pan gomisiynwyd pobl i waith arbennig yn yr eglwys (Actau 6:6; 13:3) ac wrth ymweld â chleifion (Actau 28:8).

Derbyn aelodau drwy arddodiad dwylo ar ôl iddynt gael eu bedyddio oedd yn bwysig i aelodau Rhydwilym. Pan sefydlwyd D.R.John yn weinidog yno yn 1931, bedyddiodd nifer o bobl ifanc yn fuan ar ôl cyrraedd yr eglwys. Roedd rhaid iddo'u derbyn yn y cymun nesaf. Gwnaeth hynny yn y dull yr arferodd ag ef yn Abercynon, ond yn syth ar ôl i'r oedfa orffen, aeth y diaconiaid ato a dweud nad oedd wedi derbyn yr aelodau newydd yn y ffordd gywir ac y byddai'n rhaid iddo eu derbyn eto y Sul canlynol. Y broblem oedd nad oedd wedi arddodi dwylo ar y bobl ifanc wrth eu derbyn. Mae arddodi dwylo yn dal i ddigwydd yn Rhydwilym heddiw. Ac â dwy law y mae'n rhaid gwneud hynny, nid ag un llaw!

Nid oes dim o'i le â thraddodiad. Gall fod yn beth defnyddiol ac yn beth da i ddiogelu rhai pethau pwysig, ond ni ddylai fod yn rheswm i beidio â newid dim. Ni ddylid caniatáu iddo gael bod yn rhwystr i'r eglwys i newid a datblygu.

Dywedwyd mai geiriau olaf arweinwyr un eglwys cyn iddi hi gau ei drysau am iddi hi fethu newid ydoedd: 'Ni wnaethom hynny erioed o'r blaen! Pam ddylem ni wneud hynny nawr?'

Gweddi

Er dy fod ti yr un ddoe, heddiw ac yn dragywydd, na ad inni feddwl y gall dy Eglwys fod yn ddigyfnewid yn wyneb heriau'r oes. Amen

94. Cewri'r Ffydd (Hebreaid 11:1-39)

Cyflwyniad

Â'r Awdur eisoes wedi annog ei ddarllenwyr i ddyfalbarhau ac i ddal eu gafael ar eu ffydd gan gyfeirio'n ganmoliaethus at yr hyn a wnaethant hwythau eisoes yn yr 'ornest fawr' (Hebreaid 10:32), y mae'n troi yn y bennod hon i roi enghreifftiau eraill o bobl a wynebodd yn llwyddiannus ar her i'w ffydd hwythau. Daw yr enghreifftiau i gyd y mae'n eu rhestru o hanes Israel, ond cyn eu henwi a rhoi rhesymau byr dros eu cynnwys yn y rhestr, rhydd ei ddiffiniad ei hun o'r hyn a olyga wrth 'ffydd'.

Awgryma amryw o'r esbonwyr nad 'ffydd Gristnogol', fel y cyfryw, sy'n cael ei diffinio gan nad oes yn yr adnodau unrhyw gyfeiriad at Grist na Duw. 'Ffydd' yn ei ystyr ehangaf a olygir, a dichon y byddai ffyddlondeb, ymddiriedaeth, hyder, gwarant a chred yn gyfystyron. Yr hyn a wna'r ffydd hon yn 'Gristnogol' yn Hebreaid yw ei bod yn cael ei chyfeirio at Dduw yr enillir ei ffafr trwy Iesu Grist, heb iddynt hwy gael eu henwi.

Cyn troi at gewri ffydd, pwysleisia'r Awdur unwaith eto ei argyhoeddiad o bwysigrwydd yr anweledig. Mae ffydd wedi ei chysylltu â'r anweledig. Mae pethau sy'n weledig 'yn tarddu o'r hyn nad yw'n weladwy'. Dyna a ddigwyddodd pan greodd Duw y byd trwy ei air, er mai trwy ffydd yr ydym yn deall i hyn ddigwydd, gan nad oedd tystion i'r creu (adn.3). Yn Hebreaid 12:26-27 bydd yn mynd gam ymhellach ac yn mynnu mai'r pethau anweledig yw'r pethau parhaol, tragwyddol, yn ogystal â'r pethau dechreuol.

Nid yw pob un sydd ar restr Hebreaid o gewri ffydd yn enwau amlwg ar gyfer y fraint, tra nad yw eraill - ar yr olwg gyntaf o leiaf - yn teilyngu cael eu cynnwys. Abel yw'r cyntaf o gewri ffydd a restrir. Ceir ei stori yn Genesis 4:1-16, er nad oes awgrym yno o'r rheswm pam yr offrymodd aberth rhagorach na Cain. Mae stori Noa'n enwog, ond mae'r cyfan a wyddom am Enoch o'r Hen Destament i'w weld yn Genesis 5:21-24. Y dehongliad Iddewig traddodiadol o'r adnodau hyn yw na phrofodd Enoch angau.

Y mae Awdur yr Hebreaid eisoes wedi cyfeirio at Abraham yn 2:16 a saith waith yn 6:13-7:10, ond yn y bennod hon caiff fwy o sylw na neb arall o gewri ffydd (11:8-12 a 17-19) - ffaith sy'n pwysleisio ei bwysigrwydd i'r Iddew. Abraham, wedi'r cwbl, oedd tad y genedl ac, ynghyd ag Isaac a Jacob, yn un y dewisodd Duw ei uniaeithu ei hun â hwy a chael ei adnabod fel 'Duw Abraham, Duw Isaac a Duw Jacob' (cymh. Exodus 3:6; Mathew 22:31).

Er iddo fanylu wrth gyfeirio at yr enwau cyntaf ar ei restr, sylweddolodd yr Awdur na allai barhau i fanylu am holl gewri'r Ffydd yn hanes Israel, ac felly mae'n crynhoi enghreifftiau o blith y barnwyr a'r brenhinoedd – Gideon (Barnwyr 6-8), Barac (Barnwyr 4-5), Samson (Barnwyr 13-16), Jefftha (Barnwyr 10:6-12:7), Dafydd (1 Samuel 16-1 Brenhinoedd 2) a Samuel (1 Samuel 1-16) - gan gynnwys y proffwydi fel dosbarth (adn. 32). Ni allwn fod yn sicr pa agweddau o'u hanes hwy y mae'r Awdur am ei bwysleisio fel prawf o'u ffydd.

Myfyrdod

I'r Awdur y mae a wnelo ffydd â'r anweledig: 'Ni welodd neb Dduw erioed', na'r Ysbryd Glân, er y gwelid ei effeithiau; dim ond â phrofiad a llygaid ffydd y gwelwn y Crist yn awr. Mae ffydd yn edrych i'r dyfodol, gan ddisgwyl yr anweledig y gobeithir amdano.

Darllenais fod un o anifeiliaid Affrica, yr Impala, yn gallu neidio uchder o wyth i ddeg troedfedd, ond gall gael ei gaethiwo gan wal tair troedfedd o uchder. Y rheswm yw, nad yw'n fodlon mentro gan na wêl ble bydd yn glanio! Yr anweledig yn peri dychryn ac amheuaeth.

Mae ffydd yn symud y waliau y mae amheuaeth yn eu hadeiladu.

Gweddi

Gobaith mawr y mae'r addewid
wedi ei osod draw o'm blaen;
hwn a gynnal f'enaid egwan
rhag i'm lwfrhau yn lan. Amen *(John Jones, C.Ff., 778)*

IAGO

95. Drych (Iago 1:19-27)

Cyflwyniad

Dywedir mai Iago, brawd yr Arglwydd Iesu, yw'r Iago a ysgrifennodd y llythyr hwn. Mewn gwirionedd, mae'n fwy o ysgrif am ofynion y bywyd Cristnogol nag o lythyr, ac yn cyfateb i Lenyddiaeth Doethineb yr Hen Destment. Ni ddywed Iago ddim am ei frawd, Iesu. Fe'i henwir ddwywaith, ond nid oes sôn o gwbl am ei fywyd, ei ddioddefiadau a'i atgyfodiad, ond er hynny mae adlais o lawer o eiriau Iesu ynddo, yn enwedig y Bregeth ar y Mynydd. Ni fu Iago, Iddew uniongred brwd, yn ddisgybl i'w frawd ac ni welodd yr Efengylau gan na chawsant eu hysgrifennu tan ar ôl ei farwolaeth. O ble, felly, y daeth ei wybodaeth am eiriau ei frawd, Iesu? Tybed a glywodd hwy ar yr aelwyd pan roedd y teulu ynghyd cyn i'r Iesu ddechrau ei weinidogaeth?

Ynghanol adran o'r ysgrythur sy'n sôn am wrando, mae Iago yn cyfeirio at berson yn edrych mewn drych er mwyn iddo weld ei hunan. Am Gristion y mae Iago yn sôn yn yr adnod hon, felly, a'r drych yw'r ysgrythurau.

Yr un gair Groeg am ddrych sydd yn 1 Corinthiaid 13:12 ag sydd yn Iago 1:23 - yr unig droeon yr ymddengys yn y Testament Groeg. Mae'n ddiddorol sylwi ar y cyfieithiadau gwahanol o'r hyn a geir yn Corinthiaid. 'Gweld trwy ddrych mewn dameg' yw'r hen gyfieithiad o'r hyn y gellid ei gyfieithu'n llythrennol fel 'enigma'r drych'. Mae'r ffordd y disgrifir y llun a welai pobl y ganrif gyntaf yn dweud llawer am y drych ei hun: 'aneglur...' (BCN). '*Dimly*'; '*darkly*'; '*an indistinct image*'; '*puzzling reflections in the mirror*'; '*a blurred image in a mirror*' yw rhai o'r cyfieithiadau Saesneg.

Mae J.B.Phillips yn *Letters to Young Churches* yn dweud '*looking at a landscape in a small mirror*', ond ni chredaf fod ei gyfieithiad / aralleiriad yn taro deuddeg y tro hwn. Ac er y cyfieithiad Saeneg sy'n dweud, '*seeing through a glass darkly*', nid oedd a wnelo gwydr ddim â drych yn yr hen amser. Rhywbeth amrwd ydoedd - prês neu gopr â sglein arno, yn wahanol iawn i'r drych a ddefnyddiwn ni heddiw. Ceir cyfeiriad yn Exodus 38:8 at 'ddrychau prês y gwragedd'. Dyw'r adlewyrchiad ddim mor glir â hynny mewn drych o'r fath, a dyna pam mai'r cyfieithiadau gorau o 1 Corinthiaid 13:12 yn awgrymu peth mor amrwd oedd drych.

Wrth droi at Epistol Iago, dyna'r math o ddrych y mae yntau'n sôn amdano hefyd: drych nad yw'n adlewyrchu yn gywir beth sydd o'i flaen. Dyna oedd y gorau gewch chi yn yr hen fyd - ac ni wyddai pobl am ddim gwell. Rwy'n siwr fod Iago yn gwybod hyn pan ysgrifennai, er na ddefnyddiai ef fawr o ddrych yn ôl traddodiad!

Myfyrdod

Ond beth yw drych Iago? Yr Ysgrythur. Gellir dadlau nad yw'r Ysgrythur yn glir fel y gwelwn ni hi - mae fel edrych mewn drych amrwd pres. Gwyddom nad yw'r Ysgrythur yn ddigon clir ar adegau i bawb ohonom gytuno ar yr hyn a ddywed, a gall yr anhawster i weld yn glir beri i rai pobl gredu pethau od, a rhai i gefnu arno - a'r Eglwys - yn gyfangwbl.

Gwirionedd arall yw bod edrych mewn drych yn golygu y cawn ni lun ohonom ni ein hunain sy'n wahanol i'r hyn a wêl pawb arall!

Af i ddosbarth arlunio bob bore Mawrth - y ddwyawr gyflymaf o'r wythnos. Un bore y dasg oedd tynnu llun ohonom ni ein hunain, ac i wneud hynny roedd yn rhaid wrth ddrych. Ac er fy mod wedi gwneud jobyn neilltuol o dda - wel, yn fy marn fy hunan! - daeth un wag ataf a gofyn, 'Pam rwyt ti wedi newid yr ochr rwyt ti rhannu dy wallt?' Ac, wrth gwrs, roedd hynny'n iawn. Roedd y rhaniad mewn gwirionedd ar yr ochr arall i'r hyn a welwn i yn y drych.

Tybed a ydym yn edrych i ddrych yr Ysgrythur a chael darlun ohonom ni ein hunain sy'n wahanol i'r hyn a wêl eraill?

Gweddi

O agor fy llygaid i weled
  dirgelwch dy arfaeth a'th air,
mae'n well i mi gyfraith dy enau
  na miloedd o arian ac aur;
y ddaear â'n dân, a'i thrysorau,
  ond geiriau fy Nuw fydd yr un:
y bywyd tragwyddol yw nabod
  fy Mhrynwr yn Dduw ac yn ddyn. Amen *(Morgan Rhys, C.Ff. 263)*

96. Snobyddiaeth yn yr Eglwys (Iago 2:1-13)

Cyflwyniad

Yng Nghymru y mae nifer o enwau a ddefnyddiwn sy'n gysylltiedig â man o addoli: addoldy: (tŷ) cwrdd, capel ac eglwys. Yn fras, i Anghydffurfwyr, yr 'eglwys' yw'r gynulleidfa fel corff o gredinwyr, a chapel neu (dŷ) cwrdd yw'r lle ble maent yn addoli; i Eglwyswyr, mae 'eglwys' yn cyfeirio at y corff a'r adeilad. Mae Iago yn defnyddio dau air gwahanol yn ei epistol am yr 'eglwys': *synagog* (2:2) ac *ecclesia* (5:14). Awgrym rhai yw bod y defnydd o'r ddau air yn awgrymu bod y llythyr wedi ei gyfansoddi yn nyddiau cynnar Cristnogaeth, cyn i Gristnogion benderfynu pa enw i'w ddefnyddio.

Mae'n amheus iawn a fyddai adeilad wedi ei neilltuo ar eu cyfer ar y pryd, er mae'n debyg fod Cristnogion Iddewig yn dal i fynychu synagogau mwy traddodiadol. Ond mae'n debyg y byddai'r eglwys hefyd yn cwrdd yng nghartref rhywun oedd â thŷ yn ddigon mawr i gynnwys grŵp ohonynt. Byddai perchennog y fath dŷ yn gyfoethog, a dichon mai dyna pam y gallai 'dyn â modrwy aur a dillad crand ddod i'r cwrdd' - cyfaill i berchennog y tŷ, efallai. Cyfaill i Gristion tlawd fyddai'r dyn 'mewn dillad carpiog'. Nid oes llawer o sôn am efengylu mewn mannau cyhoeddus yn Actau'r Apostolion, ac mae'n rhaid mai rhywbeth fel 'efengylu personol' a gasglai'r gynulleidfa ynghyd.

Myfyrdod

Dyfalu yw rhywfaint o'r hyn a ddywedwyd uchod, ond nid oes amheuaeth mai condemnio rhagfarn a ffafraeth a pharodrwydd i ildio (kowtow-io) mewn eglwys a wna Iago (2:3). Mae hyn i gyd yn anghyson â Christnogaeth ac yn llygru'r eglwys. Fe wynebodd Paul sefyllfa debyg yn y Cymun yn Corinth pan oedd y cyfoethogion yn dod i Swper yr Arglwydd (swper go iawn) ac yn bwyta'r bwydydd gorau cyn i'r gweithwyr cyffredin gyrraedd (gw. Myfyrdod 79).

Nid yw'n beth iach os yw un aelod yn tra-arglwyddiaethu mewn eglwys ac mor gryf fel bod pawb arall yn kowtow-io iddo ef neu hi. Mae hyn yn wir am weinidog fel pob aelod arall. 'Gwasanaethu' yw ystyr 'gweinidogaethu' , ac nid 'arglwyddiaethu'. Un diffiniad o weinidog a glywais yw 'diacon amser llawn'. Gwas cyflogedig eglwys yw gweinidog - ni wna hynny ef yn fwy na diacon, oherwydd fel y diacon, er yn primus inter pares, y blaenaf ymhlith pobl sy'n gyfartal â'i gilydd ydyw.

A beth am ragfarn? A yw'r fath beth yn perthyn i eglwys heddiw? Onid yw'n wir y gallwn deimlo'n anghyffyrddus os digwydd i rywun mewn dillad carpiog ddigwydd troi i fewn i'n heglwys - yn enwedig os bydd yn eistedd yn ein sedd ni? '*Some people are kind, polite, and sweet-spirited until you try to sit in their pews*!' Ni ddigwydd yn aml, ond fe all ddigwydd mewn dinasoedd neu drefi mawr. Mae'n bwysig inni ddod â meddwl agored a breichiau agored i bob oedfa.

Mewn hunangofiant mae Mahatma Gandhi yn dweud iddo ddarllen y Testament Newydd gan ystyried dod yn Gristion. Credai y gallai yn yr Iesu ddod o hyd i ateb i'r system y *caste* oedd y rhannu pobl yn India. Felly aeth un Sul i wasanaeth eglwys Gristnogol cyfagos. Wrth iddo fynd i fewn i'r cysegr, dywedodd y porthor wrtho y dylai fynd i addoli gyda'i bobl ei hun. Aeth Gandhi allan ac nid aeth byth yn ôl i gapel. Meddai, 'Os oes gan Gristnogion eu gwahaniaethau cast hefyd, cystal imi barhau yn Hindŵ!' A dyna a wnaeth.

Cydweithio yw'r nod i'r Cristion, nid tra-arglwyddiaethu. 'Ni' yw gair y Cristion yn yr eglwys, nid 'fi', a Ni sy'n cynrychioli'r Arglwydd yn y byd.

Gweddi

Arglwydd da,
Rho i'n weld nad oes i, ti na thraed a dwylo,
ond ein traed a'n dwylo ni. Amen *(Robin Gwyndaf, C.Ff., 864)*

1 a 2 PEDR

97. 1 Pedr 3:8-22.

Cyflwyniad

Y mae dau lythyr yn y Testament Newydd yn cael eu tadogi i'r Apostol Pedr, ond mynegwyd amheuaeth ai Pedr yw awdur yr ail lythyr sy'n dwyn ei enw ac mae rhai yn dadlau mai yn yr ail ganrif o Oed Crist y'i cyfansoddwyd.

i. Roedd yr Eglwys Fore ei hun yn amheus o'i awduraeth a'i ddilysrwydd.
ii. Ni ddywedir ym mhle y'i hysgrifennwyd ac ni chyfeiriwyd y llythyr at eglwys neu gylch o eglwysi arbennig.
iii. Y mae'n defnyddio fel ysgrythur lyfrau crefyddol Iddewig nad ydynt yn yr Hen Destament.
iv. Gwêl rhai ynddo gyfeiriadau at bethau a ddigwyddodd lawer blwyddyn ar ôl marwolaeth Pedr (a fu o gwmpas 64-65 O.C).
v. Y mae rhan o'r hyn a ddywed yn perthyn i gyfnod diweddarach na chyfnod yr Apostolion, gyda'i gyfeiriad at 'holl lythyrau Paul' yn blaenori'r cyfnod pan gasglwyd y llythyrau hynny ynghyd. Credir i hynny ddigwydd tua 80 O.C., yn ôl awgrym nifer o ysgolheigion, ac roedd Pedr wedi cael ei ferthyru cyn hynny.
vi. Mae darnau ohono fel pe wedi cael eu copïo o Lythyr Jwdas.
vii. Mae'r awdur yn cyfeirio ato'i hunan fel 'Simeon Pedr', ac nid 'Pedr', fel yn yr epistol cyntaf.

Nid oes fawr o amheuaeth mai Pedr a luniodd yr epistol cyntaf sydd â'i enw wrtho, a hynny o tua 64 O.C. Oherwydd mai pysgotwr o Balesteina ydoedd a'r awgrym mai atgofion Pedr sydd yn Efengyl Marc, mae'n bosibl mai Silas (Silfanus) a weithredodd fel *amanuensis* y llythyr, gyda Phedr yn arddweud ei gynnwys. Fe'i ddanfonwyd at Gristnogion Iddewig a oedd wedi eu gwasgaru i bob rhan o Asia Leiaf oherwydd yr erlid. Yn Rhufain ('Babilon') yr oedd Pedr pan luniodd y llythyr.

Myfyrdod

Ar wahân i 3:18-21 mae neges 1 Pedr yn glir. Mae'n ymwneud ag agwedd y Cristnogion at y dioddef anhaeddiannol a wynebant yn yr erlidigaeth - rhywbeth yr oedd Cristnogion y cyfnod yn ei wynebu yn gyson. Mae'n rhoi cyfarwyddiadau yn ymwneud â sut y dylai Cristion fyw. Cynhwysa hefyd gyngor i wŷr a gwragedd Cristnogol, a chyfarwyddiadau i'r Cristion sy'n gaethwas, neu'n ddinesydd Rhufeinig. Mae'n galw ar Gristnogion i fod 'yn barod bob amser i roi ateb i bob un a fydd yn ceisio gennych gyfrif am y gobaith sydd ynoch' (3:15).

Un darn o'r epistol sy'n creu penbleth yw'r adran sy'n sôn am Iesu'n mynd 'a chyhoeddi ei genadwri i'r ysbrydion yng ngharchar' (3:19) sef i Sheol, trigfan y meirw yn chwedloniaeth yr Hen Fyd. Yn Epistol Pedr mae'n ceisio ateb y cwestiwn a flinai Cristnogion ei gyfnod, sef ble roedd Iesu rhwng prynhawn ei Groeshoeliad a bore'r Atgyfodiad? Ateb y Mormoniaid i'r cwestiwn yw iddo ymweld â phobl yn America i bregethu'r Efengyl iddynt. Dyna eu hesboniad o'r geiriau yn Efengyl Ioan:

> 'Y mae gennyf ddefaid hefyd nad ydynt yn perthyn i'r gorlan hon. Rhaid i mi ddod â rheini i mewn, ac fe wrandawant ar fy llais. Yna bydd un praidd ac un bugail' (Ioan 10:16).

Beth bynnag arall a olyga geiriau Pedr, mae'n cyhoeddi'n glir nad ffugio marw a wnaeth yr Arglwydd Iesu - nid sham oedd ei farwolaeth, fel yr hawliodd rhai. Ond ar yr un pryd mae'n cyhoeddi nad yw hyd yn oed Sheol, trigfan y meirw, y tu hwnt i gyrraedd Duw.

Gweddi

Arglwydd Iesu, gad i'n bywyd fod yn her i bobl arall. Boed i'n ffydd, ein geiriau, ein hymddygiad a'n buchedd ogoneddu dy enw di. Amen

EPISTOLAU IOAN

98. 1 Ioan

Cyflwyniad

Mae'n debyg i'r llythyr hwn gael ei lunio ar ddechrau nawdegau'r ganrif gyntaf ar gyfer yr eglwysi o gwmpas Effesus. Credodd yr Eglwys ar hyd y canrifoedd mai llythyr o eiddo Ioan, y 'disgybl annwyl', un o'r Deuddeg, a chefnder i'r Iesu ydyw (gw. Myfyrdod 62). Fodd bynnag, yn yr ail a'r trydydd epistol mae'r awdur yn cyfeirio ato'i hun fel 'yr henuriad', a chred llawer o ysgolheigion bellach y gall fod dau Ioan yn gysylltiedg â'r eglwys yn Effesus: Ioan yr Apostol a Ioan yr Henuriad. Y ddadl wedyn yw pa un o'r ddau Ioan oedd yn gyfrifol am y llythyr cyntaf.

Heresi a ysgogodd Ioan i lunio'r llythyr cyntaf. Yn y cyfnod hwnnw, pan oedd yr efengyl yn cael ei chyflwyno ac eglwysi newydd yn cael eu plannu mewn rhannau gwahanol o'r hen fyd, roedd deallusion y cyfnod yn ddigon parod i roi eu dehongliad 'athronyddol' hwy eu hunain ar bwrpas a neges yr Efengyl, gan wyro oddi wrth yr hyn a ddysgodd yr Apostolion. Tyfodd y Gnosticiaid (a bwysleisiai wybodaeth) a'r Docetiaid (a roddai bwyslais ar yr ymddangosiadol) yn gryf yn yr Eglwys Fore. Pwyslais ar wybodaeth esoterig oedd yn nodweddu'r Gnosticiaid, a phwysleisio mai rhith oedd dyndod Crist a wnâi'r Docetiaid. Nid oedd Iesu'n berson o gig a gwaed, meddent.

Wrth geisio egluro o ble y tarddodd pechod, dadleuai'r Gnosticiaid mai o ddeunydd drwg y gwnaed y cread, ac felly os yw Duw yn dduw da, ni allai fod wedi trafod y deunydd drwg ac ni allai fod yn gyfrifol am y cread. Mae'n rhaid mai duw drwg, felly, oedd y Creŵr. Ef yw'r duw a ddarlunir yn yr Hen Destament. Credent mai Ysbryd yw'r gwir Dduw, Tad yr Arglwydd Iesu, ac ef yw Duw y Testament Newydd. Cred y Gnosticiaid oedd bod dau dduw yn bod: duw drwg yr Hen Destament, a Duw da y Testament Newydd. Mae hyn yn tanseilio'r gred Gristnogol mai dim ond un Duw sydd.

Ymhellach, os yw'r cread yn ddrwg, mae'r corff yn ddrwg, ac os yw'r corff yn llygredig, ni fu ymgnawdoliad. Ni allai Duw da fod wedi gwisgo corff dyn, ac felly nid dod mewn cnawd a wnaeth Iesu. Dim ond rhith ydoedd. Hefyd os yw'r corff yn llygredig, nid oes ots beth wneir ag ef. Gall person wneud beth fynn â'i gorff ei hun a gall bechu faint a fynno, oherwydd ni wnâi hyn gyffwrdd â'r sbarc ysbrydol a berthyn iddo, sef ei enaid.

Ym mlynyddoedd cynnar yr Eglwys pan afaelodd y 'deallusion' yn yr Efengyl, peryglai eu syniadau fodolaeth a neges yr Eglwys. Pwrpas Ioan yn ei Epistol Cyntaf yw ymosod ar y syniadau cyfeiliornus a bregethid gan y gau athrawon hyn a cheisio dileu eu hathrawiaeth gyfeiliornus. Gwna hyn drwy ddweud fod dim tywyllwch yn perthyn i Dduw; ei fod yn gyfiawn; ei fod ef ei hun yn gariad ac yn disgwyl i ddynion ei garu; ac mai ef yw ffynhonnell bywyd.

Myfyrdod

Cwestiwn sy'n awgrymu ei hunan yn y cyfnod hwn yw, pa mor bwysig yw athrawiaeth yn yr Eglwys heddiw? Mae'r pwyslais yn bennaf ar ymarfer a byw ein Cristnogaeth. Ond er pwysiced hynny, a oes ots beth a gredwn? 'Oes!' yw ateb yr Eglwys i'r cwestiwn hwnnw.

Gofynnir i Fedyddiwr yn y pwll bedydd cyn ei fedyddio i gadarnhau ei fod yn credu rhai pethau, a gwneir yr un peth gan enwadau eraill mewn gwasanaethau derbyn, neu gonffyrmasiwn. Mae'r pwysleisiau gwahanol sydd rhyngddynt o ran cred yn ddigon dibwys bellach, a chydnabyddir hynny gan yr ymlyniad i'r Mudiad Cyd-eglwysig. Ychydig sydd gan y Testament Newydd i'w ddweud am beth sy'n rhaid ei gredu, er bod digon o gyfarwyddiadau am bethau eraill y disgwylir i'r Cristion wneud.

'Oherwydd rhaid i'r sawl sy'n dod at Dduw gredu ei fod ef a'i fod yn gwobrwyo [cydnabod /ymateb i] y rhai sy'n ei geisio' yw'r unig adnod y llwyddais i'w olrhain sy'n sôn am beth sy'n rhaid ei gredu (Hebreaid 11:6). Felly, mae ots beth a gredwn, a rhaid sicrhau nad yw'n cred yn bychanu'r ysgrythurau ac yn amarch ar enw Duw, yr Arglwydd Iesu Grist a'r Ysbryd Glân.

Gweddi

Tyrd Ysbryd Glân, i'n c'lonau ni
a dod d'oleuni nefol ...
Dysg in adnabod y Duw Dad,
y gwir Fab rhad a thithau
yn un tragwyddol Dduw i fod
yn hynod dri Phersonau. Amen *(cyf. Rowland Fychan, C.Ff., 571)*

2 a 3 IOAN

99. 2 a 3 Ioan

Cefndir

Nid oes rheswm da dros beidio â chredu mai'r un person ag awdur 1 Ioan a ysgrifennodd y ddau lythyr hyn, er iddo gyfeirio ato'i hunan fel 'henuriad' ac nid 'Apostol' ynddynt.

Ni ellir bod yn siŵr at bwy y cyfeiriwyd 2 Ioan. Mae'n bosibl mai eglwys a'i haelodaeth oedd yr 'arglwyddes etholedig a'i phlant'; ond mae hefyd yn bosibl mai at ryw foneddiges Gristnogol a'i theulu y cyfeiriwyd y llythyr. Dichon hefyd mai yn ei thŷ hi y cyfarfu'r eglwys (fel yn achos Nymffa, Colos. 4:15).

Mae Ioan eto yn pwysleisio cariad aelodau'r eglwys tuag at ei gilydd, ond hefyd bwysigrwydd athrawiaeth:

> 'Oherwydd aeth twyllwyr lawer allan i'r byd, y rhai nid ydynt yn cyffesu bod Iesu Grist wedi dod yn y cnawd; dyma'r twyllwyr a'r Anghrist. Gwyliwch eich hunan , rhag ichwi golli ffrwyth ein llafur, ond derbyn eich gwobr yn gyflawn' (adnodau 7-8).

Nid ein lle ni yw newid y neges, ond y neges sydd i'n newid ni! Roedd pregethwyr yn mynd i'r eglwysi ac yn pregethu'r gwyriad hwn (Docetiaeth) yn hytrach na'r gwir Efengyl. Cyfrifoldeb arweinwyr ac aelodau eglwys oedd peidio â rhoi croeso na lle iddynt yn eu heglwysi hwy.

Cyfeirir trydydd epistol Ioan at Gaius, cyfaill annwyl. Roedd yr enw hwn yn boblogaidd iawn yn yr Hen Fyd ac mae'n amhosibl ei uniaethu ag unrhyw un o'r bobl o'r un enw sy'n ymddangos ar dudalennau'r Testament Newydd. Awgryma cynnwys y llythyr ei fod yn aelod mewn rhyw eglwys fechan yn Asia Leiaf y bu gan Ioan gysylltiad â hi. Anogai Ioan gefnogaeth a chroeso i'r sawl a gofleidia'r gwaith o rannu'r Efengyl. Dywed ymhellach iddo ysgrifennu gair at yr eglwys, ond bod Diotreffes, yr arweinydd presennol, yn ei anwybyddu ac yn peidio â chydnabod ei gyfraniad i'r eglwys. Gobaith Ioan yw y caiff ymweld â'r eglwys unwaith eto a dangos sut cafodd ei fychanu a'i ddibrisio gan Diotrephes.

Myfyrdod

Gwelir dymuniad heriol yn 3 Ioan adnod 2:

> 'Gyfaill annwyl, yr wyf yn dymuno iechyd i ti, a llwyddiant ym mhob peth, fel y mae dy enaid yn llwyddo.'

Mae'n ymddangos fod Ioan yn barnu bod enaid Gaius yn holliach, ac mae am i'w iechyd a phopeth arall yn ei fywyd lwyddo hefyd.

Yr her i bob Cristion yw hyn: pe bai rhywun heddiw yn cysylltu'n lles corfforol a'n llwyddiant tymhorol ni â'n cyflwr ysbrydol, a fyddem yn diolch iddo am wneud hynny, ynteu'n gresynu? Pe bai popeth yn dibynnu ar ein hysbrydolrwydd ni, sut siâp fyddai arnom?

Ai'r perygl yw fod gennym fwy o ddiddordeb mewn pethau allanol nag sydd gennym yn yr hanfodion mewnol? Nid dibwys yr enaid, er y gall fod y peth diwethaf a ystyriwn.

Gweddi

Cyffwrdd ynom, Dduw pob llafar,
rho i'n moliant newydd flas;
rho'r marworyn ar bob gwefus
i gyhoeddi maint dy ras. Amen *(Dewi Jones, C.Ff., 585)*

JWDAS

100. Jwdas

Cyflwyniad
Fel 2 Pedr, dim ond yn araf y cafodd llythyr Jwdas ei dderbyn i ganon y Testament Newydd. Prin yw'r dewis ohono fel darlleniad mewn oedfa heddiw - a phrinnach yw clywed neb yn pregethu ohono!

Ni wyddom pwy oedd Jwdas, ond roedd gan yr Iesu frawd o'r un enw. Mae rhai o'r ysgolheigion yn barod i dderbyn mai ef yw awdur y llythyr a'i ddyddio o gwmpas 80 O.C. Ar y llaw arall mae eraill yn mynnu y gallai fod wedi ei ysgrifennu tua chanol neu ddiwedd yr ail ganrif. Ar gyfer Cristnogion Iddewig y bwriadwyd y llythyr. Mae llawer o'r hyn a ddywedir ynddo yn ymddangos yn 2 Pedr 2:1ff. ac fel y llythyr hwnnw y mae'n defnyddio fel ysgrythur Llyfr Enoc a Llyfr Dyrchafiad Moses, sef llyfrau anghanonaidd nad ŷnt yn yr Hen Destament.

Bwriad gwreiddiol Jwdas wrth ysgrifennu oedd sôn 'am yr iachawdwriaeth sy'n eiddo i ni', ond pan aeth ati teimlai reidrwydd i annog y darllenwyr i osgoi pobl oedd yn gwyrdroi'r rhyddid a berthynai i Efengyl yr Arglwydd a'i wneud yn benrhyddid:

> 'Oherwydd y mae rhywrai wedi llithrio'n llechwraidd i'ch plith, rhai y mae'r farnedigaeth hon arnynt wedi ei chofnodi ers talwm, mai pobl annuwiol ydynt, yn troi gras ein Duw ni yn anlladrwydd, ac yn gwadu ein hunig Feistr ac Arglwydd, Iesu Grist (4).'

Fel gyda phob gwyriad yn y Ffydd, y mae wedi ei seilio ar gamddehongli rhyw wirionedd a welir yn yr Ysgrythur. Er enghraifft, yn Rhufeiniaid 5:20 dywed Paul, '... lle'r amlhaodd pechod, daeth gorlif helaethach o ras'. O wirionedd fel hwn roedd yr Antinomiaid a gredai nad yw'r ddeddf foesol yn rhwymo'r Cristion, wedi dadlau bod pechod yn rhoi cyfle i ras, cariad a maddeuant Duw i gynyddu. I rai, golygai hyn fod gras yn rhyddhau person o ofynion y ddeddf foesol. Po fwyaf y pechod, mwyaf y cyfle i ras Duw ddod i'r golwg! Cymwynas â Duw, felly, oedd ildio i demtasiwn a phechu! Yn y pendraw, mewn achosion eithafol, arweiniodd hyn at buteindra a masweidd-dra.

Roedd Antinomiaid yn bresenol yn yr eglwysi y cyfeiriodd Jwdas y llythyr hwn atynt.

Myfyrdod

Y mae Llythyr Jwdas yn ein hatgoffa y gall pawb ohonom fod yn ddetholiadol wrth ddarllen y Beibl. Fe dalwn mwy o sylw a rhoi pwyslais trymach ar rai adrannau na'i gilydd, gan eu dehongli yn y ffordd sy'n apelio atom ni. Dyna sy'n gyfrifol am fodolaeth yr enwadau - y prif enwadau a'r rhai sy'n cael eu hystyried fel llurguniad o'r gwirionedd ac yn creu cyltiau. Mae cyltiau eraill yn bod sy'n ceisio cyfuno elfennau o Gristnogaeth a chrefyddau eraill, tra bod rhai diweddar fel Scientology heb unrhyw gysylltiad â Christnogaeth.

Mae llinell yn *The Merchant of Venice* sy'n werth ei chofio yn y cyswllt hwn: '*The devil can cite Scripture for his purpose*.' Yn stori'r temtiad, y mae Iesu'n gwrthsefyll ymosodiad y diafol y ddeudro cyntaf drwy ddyfynnu o'r ysgrythur, ond wrth ei demtio'r trydydd tro, dyfynnu'r ysgrythur a wna'r diafol (Luc 4:1-13).

Mae llawer o'r cyltiau sy'n arddel Cristnogaeth yn sylfaenu eu neges hwy (i.) ar dynnu adnod allan o'i chysylltiadau; (ii.) drwy ddyfynnu dim ond hanner yr hyn a ddywed yr ysgrythur; neu (iii.) drwy gam-esbonio'r adnod. Enghraifft o (i.) yw'r Mormoniaid sy'n cysylltu Jeremeia 1:5 â Ioan 1:2,14 ac yn dysgu bod pawb wedi bodoli ymhell cyn iddynt gael eu cenhedlu. (ii.) Mae Tystion Jehofa yn seilio eu hathrawiaeth fod y Drindod yn anysgrythurol ar ddetholiad o adnodau am y pwnc, heb ystyried popeth arall a ddywed yr ysgrythur. (iii.) Mae Mary Baker Eddy, sylfaenydd *Christian Science*, yn defnyddio'r fersiwn Saesneg o enw Adda ac yn dweud mai gair deusill ydyw - 'A Dam' - a'i fod yn cyfeirio at yr argae /atalfa (*obstruction*) a grëodd y sarff a phechod rhwng dyn a Duw.

Galw mae Llythyr Jwdas ar ddilynwyr Crist i fod yn ofalus o'r ffordd maent yn trin y Gair.

Gweddi

Arglwydd Dduw, diolch am efengyl gras a chariad. Na ad i ni ei gwyrdroi i ddweud yr hyn y carem ni ei bod yn dweud, ond cynorthwya ni i'w darllen a'i hastudio yn weddïgar, fel y clywn beth yr wyt ti'n ei ddweud wrthym. Amen

Y DATGUDDIAD
LLYFR DATGUDDIAD IOAN

101. Alffa ac Omega (Datguddiad 1:1-8)

Cyflwyniad
Mae Llyfr Datguddiad Ioan yn hawdd iawn i'w gamddehongli, yn enwedig os deellir y cynnwys yn llythrennol a cheisio'i ddefnyddio i greu amserlen i ddyfodiad Crist a diwedd y byd. Perthyn i ddosbarth arbennig o lenyddiaeth a wna'r Datguddiad. Fe'i gelwir yn lenyddiaeth apocalyptaidd sy'n cyflwyno'i neges drwy ddisgrifio cyfres o weledigaethau, a rheiny'n rhai digon rhyfedd. Math o ddamhegion yw'r gweledigaethau, a dylid eu dehongli fel damhegion. Mae elfen apocalyptaidd yn perthyn i Eseciel a Daniel yn yr Hen Destament. Dyma'r ffordd y cyflwynwyd neges mewn dyddiau o erlid. Y pwrpas oedd i galonogi'r darllenydd, ac os deuai'r erlidiwr ar draws y gwaith, credai mai nonsens oedd y cyfan am na ddeallai'r symbolau. Ond gwyddai'r darllenwyr yn iawn beth oedd eu hystyr a'u harwyddocâd. Un disgrifiad tarawiadol o'r math hwn o lenyddiaeth yw '*Underground subversive literature written in code*.' Domitian oedd yr ymherodr yn Rhufain pan ysgrifennai Ioan, ac er ei enw drwg, honnwyd yn ddiweddar mai digon bregus yw'r dystiolaeth mai ef oedd yr erlidiwr a fygythiai'r Eglwys yn nyddiau Ioan, ac mae'n bosibl mai rhyw swyddog lleol oedd yn gyfrifol am yr erlid a gaethiwodd Ioan ar Ynys Patmos.

Mae Ioan yn Llyfr y Datguddiad yn cymharu Duw i'r wyddor (1:8, 21:6 a 22:13). Y Duwdod yn debyg i'r wyddor! Cymhariaeth ryfedd, ac eto un sy'n pwysleisio gwirioneddau mawr am Dduw.

Hyd yn oed pan nad ydym yn ei weld, mae'n amhosibl osgoi'r wyddor. Sawl gwaith yn y dydd y bydd y wyddor ar ein gwefusau ar ffurf geiriau? Ac mae hynny'n wir am ba iaith bynnag a ddefnyddiwn, a sawl llythyren bynnag sydd yn y wyddor a ddefnyddia'r iaith honno. Ni sylweddolwn fod y wyddor yn ein siarad o gwbwl. Ond bob tro y byddwn yn siarad, darllen ac ysgrifennu, fe fyddwn yn defnyddio llythrennau'r wyddor – pa un a fyddwn yn ymwybodol o hynny, ai peidio.

Yn yr un modd, does dim rhaid i ni fod yn ymwybodol o Dduw, ond y gwir yw ei fod yno ac ni allwn ddianc oddi wrtho. Mae ef o'n cwmpas ymhobman: ym myd natur, mewn personau eraill, yn ei eglwys. Ni allwn ei osgoi drwy ei anwybyddu ac anghofio ei fod gerllaw. Cwestiwn y Salmydd oedd,

'I ble yr af oddi wrth dy ysbryd?
I ble y ffoaf o'th bresenoldeb?' (Salm 139:7)

'Duw a'm gwaredo, ni allaf ddianc rhag hon', oedd geiriau T.H.Parry-Williams am Gymru – a dyna yw'r gwirionedd am y Duwdod.

Ni allwn osgoi Duw mewn bywyd, fel na allwn ni ein hunain osgoi defnyddio'r wyddor. Os ydym am siarad, darllen neu ysgrifennu, ni fedrwn ddianc rhag y wyddor. Oni ddefnyddiwn y wyddor i gyfathrebu, mae'n tasg yn amhosibl. Mae dweud, neu hyd yn oed meddwl am y gair, yn ein taflu nôl ar yr wyddor.

Mae rhai yn ceisio byw heb Dduw, ond daw i mewn i fywyd pawb, hyd yn oed yr anffyddwyr mwyaf croch, er nad yw rheini yn barod i gydnabod bod hynny'n digwydd. Mae Ioan Pawl I yn ei lyfr *Illustrisimi* yn adrodd am ddyn oedd mor wrth-Gristnogol nes iddo geisio dileu pob croes, ble bynnag y'i gwelai. Fe welodd llun croes yng ngwneuthuriad pethau o gwmpas y tŷ: drysau, cadeiriau, cypyrddau, byrddau, &c. Aeth ati i ddileu popeth a welai os oedd siâp croes yn perthyn iddo o gwbl, a chyn hir roedd wedi difetha ei gartref yn llwyr.

Pa mor hir neu gymhleth bynnag yw'r geiriau a ddefnyddir mewn unrhyw iaith, mae'r wyddor a ddefnyddir yn yr iaith honno yn gallu cwrdd â phob gofyn. Mae ieithoedd yn ddigon anodd i rai ohonom, ond mae'r wyddor yn drech na sialens pob iaith. Pan luniwyd y wyddor Rwseg, darganfuwyd bod angen 42 llythyren i gwrdd â gofynion yr iaith – a bellach mae'r wyddor yno yn cwrdd â'r holl ofyn.

Myfyrdod

Nid oes dim mewn iaith yn drech na'r wyddor a berthyn i'r iaith honno. Ac nid oes dim mewn bywyd yn drech na Duw!

Mae'r gymhariaeth â'r wyddor yn dweud fod Duw yn Un na ellir ei osgoi, na ellir gwneud hebddo. Mae'n ddigonol i'n heisiau bob amser

'Mae e'n ddigon,
Y tragwyddol fywyd yw.'

Duw yw'r Alpha a'r Omega, y dechrau a'r diwedd. Mae'n holl-bresennol drwy gydol ein bywyd.

Gweddi

Arglwydd Dduw, cymorth ni i fedru dweud gyda'r Apostol fod ein digonedd ni yn dod oddi wrthyt ti. Amen

102. Eglwysi'r Saith Ganhwyllbren Aur (Datguddiad 2-3)

Cyflwyniad

Y mae'r rhif saith yn ymddangos dros hanner cant o weithiau yn Llyfr y Datguddiad ac, fel arfer, mae'n symbol o gyflawnder, perffeithrwydd. Prin fod saith eglwys y Datguddiad yn eglwysi perffaith, ond tybed a ydynt yn cynrychioli yr hyn all ddigwydd i eglwysi?

Eglwys gyfoethog, gref a restrai'r Apostol Paul ymhlith ei chyn-weinidogion. oedd Effesus. Yr oedd yn athrawiaethol iach a heb fod yn barod i oddef heresi; ond yr oedd wedi colli ei chariad cynnar at yr Arglwydd a'i waith.

Eglwys fechan ond bywiog oedd yn Smyrna. Yr oedd yn dlawd ym mhethau'r byd ac wedi dioddef erledigaeth. Er hynny roedd yn gyfoethog yn ysbrydol. Byddai rhai o'i phlith yn debygol o gael eu taflu i garchar, ond ceir addewid na fyddai'r erlid yn parhau yn hir.

Bu erlid ar yr eglwys ym Mhergamus, ond roedd ffydd yr aelodau yn ddigon cryf i ŵr o'r enw Antipas gael ei ferthyru oherwydd ei ffydd yntau. Yr oedd y perygl a wynebai eglwys Pergamus oddi mewn iddi hi ei hun. Roedd heresi'r Nicolaiaid wedi gafael yn rhai o'r aelodau. Roedd athrawiaeth rhain yn debyg i eiddo Balaam yn yr Hen Destament (gw. Myfyrdod 5). Gwadent safonau'r Iesu a chredu bod dilyn Iesu Grist yn rhoi cylfe iddynt bechu fel y mynnent.

Mae llawer o bethau da i'w dweud am yr eglwys yn Thyatira. Canmolir yr eglwys a'r cynnydd yn ei gweithgarwch a'i gwasanaeth, ei ffydd, ei chariad a'i hamynedd. Ond 'roedd rhyw wraig a elwir Jesebel yn creu problemau yno, ac roedd yr eglwys yn goddef y cyfan heb fynd i'r afael â'r drwg. Ni ddywedir pwy oedd y Jesebel hon na beth a wnâi i niweidio'r eglwys. Dichon mai'r bai ar yr eglwys a welodd Ioan oedd diffyg disgyblaeth ymhlith yr aelodau.

Eglwys ag iddi enw da oedd Sardis. Y farn gyffredin amdani oedd ei bod hi'n eglwys fyw ac effro; ond barn Ioan oedd ei bod hi'n eglwys farw. Nid oedd yn beryglus nac yn creu trafferthion i neb yn ei chynefin. Gadawai erlidwyr lonydd iddi hi.

Nid oedd Philadelffia yn eglwys gref a chyfoethog, eithr roedd yn eglwys oedd yn ffyddlon, os yn wan. Roedd Iddewon, megis cythreulaid, yn ei henllibio ond roedd Duw o'i phlaid, ac fe ddeuai'r Iddewon i wybod am gariad y Tad tuag ati. Mewn dyddiau pan wynebai eglwysi Asia Leiaf gyfnod anodd, addaw-wyd y byddai Philadelffia yn rhydd ohono. Am iddi ddyfalbarhau, byddai'r Arglwydd yn ei chadw'n ddiogel. Roedd wedi rhoi drws agored o'i blaen, un na fyddai'n cau. Roedd ar y ffin â thalaith arall a chawsai gyfle i genhadu yno.

Laodicea oedd y gyfoethocaf o'r eglwysi. Roedd wedi ei phlanu mewn ardal oedd yn enwog am ei brethyn gwlanen ddu, ei eli llygaid a'i chanolfan bancio. Barn yr Arglwydd am yr eglwys oedd ei bod yn noeth, yn ddall ac yn dlawd. Ffydd glaear oedd yn perthyn i'r aelodau ac i bob pwrpas roeddent wedi cau Crist allan o'r eglwys, ond nid aeth yntau ymhell oddi wrthynt. Roedd yn sefyll wrth y drws yn curo am fynediad unwaith eto.

Myfyrdod

Diflannodd pump o'r eglwysi pan ledodd crefydd Islam fel ton ar draws Asia Leiaf. Y pump oedd: yr eglwys a gollodd ei chariad cyntaf; yr un heb safonau; yr un a ofnai achosi tramgwydd gan beidio â disgyblu pan oedd angen gwneud hynny; yr eglwys a chanddi enw da, anhaeddiannol; yr un gyfoethog, ond â'i ffydd yn glaear. Y ddwy eglwys wan, Smyrna a Philadelffia, a oroesodd. Roedd gan y naill gyfoeth ysbrydol ac roedd y llall yn eglwys genhadol.

Cwestiwn i'n herio ni yw: i ba un o'r saith eglwys y mae'r eglwys y perthynwn ni iddi hi yn debyg? Beth ddywedai Ioan pe bai'n anfon llythyr oddi wrth yr Iesu atom ni yng Nghymru heddiw?

Gweddi

Arglwydd Iesu, gad imi edrych yn onest ar yr eglwys lle rwyf fi'n aelod. Cynorthwya fi i adnabod a chydnabod ei gwendidau. Ond na ad i hynny beri imi droi fy nghefn arni. Yn hytrach, cynorthwya fi i ymroi i'th wasanaethu di yn fwy brwdfrydig i ddileu'r gwendidau all lesteirio dy waith di. Amen

103. Nef Newydd a Daear Newydd (Datguddiad 21:1-8)

Cyflwyniad

Un o uchafbwyntiau Llyfr Datguddiad yw ei ddarlun o'r Nef Newydd a'r Ddaear Newydd. Ceir darlun o ysblander y ddinas gyda pherlau a gemau yn addurno'i meini a'i hadeiladau, 'a heol y ddinas yn aur pur, fel gwydr tryloyw' (21:21). Roedd yr Arglwydd Dduw yno yn ei holl ogoniant fel nad oedd eisiau haul. Y lle delfrydol! Ond nid i bawb 'chwaith, oherwydd 'nid oedd môr mwyach' (21:1)!

Â Ioan yn bysgotwr wrth ei alwedigaeth cyn iddo gael galwad i fod yn Apostol, mae'n siwr iddo deimlo'n chwith wrth ddweud na byddai môr yn y Nef Newydd a'r Ddaear Newydd. Beth oedd y rheswm y dywedodd nad oedd môr yno, tybed?

Ag yntau'n garcharor ar ynys Patmos, dim ond y môr a'i caethiwai a'i gadw draw oddi wrth yr eglwysi a wasanaethai yn Asia Leiaf. '*This divider of nations*' yw sylw H,B.Swete yn ei esboniad ar Lyfr y Datguddiad. Felly i Ioan roedd y môr wedi tyfu'n symbol o gaethiwed, gormes a rhaniadau.

Mae'n debyg y byddai gan seicolegwyr esboniad gwahanol. Dadleuent fod gan bobl ofn greddfol o'r môr, er na wyddant hynny ac er mor hoff yw gan lawer un i dreulio diwrnod ar lân y môr. Gwyddom erbyn hyn fod y môr wedi ei lygru gan yr hyn a ollyngir i mewn iddo. Ond cyn dyfod oes diogelu'r hinsawdd roedd y môr yn cael ei gysylltu â phethau llysnafeddog. Ar ddechrau'r bedwaredd ganrif ar bymtheg, y mae Coleridge yn dweud yn 'The Rime of the Ancient Mariner':

The very deep did rot: O Christ!
That ever this should be!
Yea, slimy things did crawl with legs
Upon the slimy sea.

A pham, tybed, yr ysgrifennod R.Williams Parry: 'Nid oes i mi ddiddanwch yn y môr fel yn y mynydd'?

Myfyrdod

Mae rhai esbonwyr yn dadlau fod y môr yn y Testament Newydd yn symbol o bechod. O'r môr y cododd y bwystfil 'a chanddo ddeg corn a saith ben' yn Datguddiad 13:1 (cymh. Salm 74:13-14), ond y Newyddion da yn yr Efengylau yw bod y Crist di-bechod yn gallu cerdded ar y môr llysnafeddog heb suddo ynddo. Ef yw'r unig un na suddodd i fôr pechod yn hanes y byd. Nofio yn y môr yw'r unig obaith i feidrolyn, os nad yw'n suddo ynddo'n llwyr. Ond cofiwn, os ydym mewn perygl o suddo, mae Iesu yno i estyn ei law a'n cynorthwyo, fel y gwnaeth i Pedr (Mathew 14: 28-33).

Y broblem yw fod y môr, o gwmpas mannau fel Bro Gŵyr, neu arfordir Llŷn, mor ddeniadol nes bod pobl yn mwynhau mynd i olwg y môr, neu'n nofio yn y môr, neu'n hwylio ar y môr, gan anghofio mor beryglus y gall hynny fod. Gallant fynd allan o'u dyfnder neu fentro ar y môr mewn 'cychod' anaddas a chael eu cario gan y gwynt, neu gael eu dal mewn storm sydyn, annisgwyl. Peth felly yw pechod yn aml, hefyd. Gall ein hudo ni i'w afael, a ninnau heb sylweddoli'r peryglon y mae'n eu cuddio. Gall fod yn ddeniadol ar y pryd a thrwy hynny ein rhwydo. Pe baem yn ei weld fel rhywbeth hyll, a fyddem yn syrthio mor rhwydd i'w afael? Sylw Mae West oedd, '*To err is human - but it feels divine!*'

Adroddir am ddyn oedd yn ceisio colli pwysau, ond gwelwyd ef gan ei ffrind yn bwyta '*donut*' enfawr. Meddai yntau wrtho, 'Roeddwn yn meddwl dy fod yn trïo colli pwysau, felly pam wyt ti'n bwyta donut?' Yr ateb gafodd oedd, 'Roeddwn yn digwydd gyrru heibio'r siop oedd yn eu gwerthu, a dywedais wrth yr Arglwydd, os nad oedd am imi brynu donut am beidio â gadael lle imi barcio o flaen y siop. Ond ar yr wythfed tro o gwmpas y bloc, roedd lle yno i mi barcio!'

Rhywbeth sy'n perthyn i bawb yw'r pechod sy'n ein denu. Ond os rhoddwn iddo'r cyfle, gall yr Arglwydd Iesu gadw pechod draw - dim ond inni gofio y gall pechod wthio Iesu o'r neilltu, hefyd. Byd heb fôr, byd heb bechod, yw delfryd y Nef Newydd a'r Ddaear Newydd, a dim ond yng nghwmni Iesu y daw i fod.

Gweddi

Dduw ein Tad, bydd gyda ni bob tro y cawn ein temtio, boed yn fach neu'n fawr. Gad inni ofyn i ni ein hunain os wnelem y peth yn dy gwmni di, gan gofio dy fod di gyda ni bob amser. Gweddïwn hefyd y byddwn ni drwy gymorth y Crist byw, yn fodd i sefydlu Teyrnas Nefoedd ar y ddaear. Amen

104. Priodferch (Datguddiad 21:9ff)

Cyflwyniad

Delwedd a fenthyciwyd o'r Hen Destament, lle mae Israel yn gyson yn cael ei darlunio fel priodferch Duw, yw'r ddelwedd hon yn Llyfr Datguddiad Ioan. Dyma'r ddelwedd, wrth gwrs, sydd y tu ôl i broffwydoliaeth Hosea a stori drist ei briodas: Gomer, ei wraig, yn anffyddlon iddo, a'r proffwyd yn darlunio perthynas Duw ag Israel yn nhermau ei berthynas ef â Gomer (Hosea 2:1-13). Y naill yn dal yn ffyddlon, er gwaethaf anffyddlondeb y llall. Yn y Testament Newydd, yr Eglwys yw'r Israel Newydd o dan y Cyfamod Newydd – a hi yw Gwraig yr Oen

Mae'r gymhariaeth a'r ddelwedd yn gyfoethog, ac yn benthyca ei hunan i nifer o negeseuon pwysig:

> Rhamant y berthynas rhwng Duw a'r ddynoliaeth - rhamant yn arwain at rywbeth cryfach, mwy parhaol;
> Y cariad sy'n bodoli rhwng y ddau – fel sydd rhwng gŵr a gwraig;
> Didwylledd y berthynas rhyngddynt – yn agored i'w gilydd, fel mewn perthynas gŵr a gwraig.

Ond nid dyna oedd priodas yn yr hen fyd chwaith. Yng nghyfnod y Testament Newydd, fel yn y Dwyrain Canol o hyd, trefniant rhwng teuluoedd oedd priodas. Nid rhamant a syrthio mewn cariad oedd y pethau a gysylltid â phriodas. Dyna paham yr oedd Paul yn gorfod annog y Colosiaid a'r Effesiaid: 'Y gwŷr, cerwch eich gwragedd'.

Wrth wrando ar y geiriau hyn o Llyfr Datguddiad yn cael eu darllen, byddai'r gwrandawyr cyntaf wedi deall y ddelwedd mai priodasferch y Crist yw'r Eglwys, a'u cartref terfynol fyddai'r Jerwsalem Newydd. Ond byddent wedi dehongli'r ddelwedd mewn ffordd wahanol iawn i'r hyn a wnawn ni, a gweld neges wahanol yn y geiriau i'r hyn a welwn ni. Wrth ystyried priodasau'r Dwyrain Canol, ufudd-dod i'r gŵr oedd un neges; dibynnu'n llwyr ar y gŵr am gynhaliaeth oedd un arall; a diogelu enw'r gŵr drwy fagu plant iddo oedd y drydedd. Dyna fyddai neges y ddelwedd i'r darllenwyr cyntaf.

Myfyrdod

Fel 'gwraig yr Oen' y mae disgwyl i'r Eglwys fod yn ufudd i'r Crist. Dywedodd yr Arlywydd Lyndon B. Johnson, un tro,

'Only two things are necessary to keep one's wife happy. One is to let her think she is having her own way, and the other is to let her have her own way!'

Nid dyna ddisgwyliad yr Hen Fyd! Dyletswydd yr Eglwys, fel priodferch Crist, yw bod yn barod, a bod yn ufudd – gwybod ewyllys Duw ar ei chyfer, a bod yn ufudd i'r ewyllys honno. Eglwys Crist yw'r Eglwys, ac nid ein heglwys ni

Fel mewn priodas Iddewig, dibyniaeth lwyr ar y 'gŵr', y Crist, yw nodwedd yr Eglwys.

Ar ei Phriod y mae'r Eglwys i ddibynnu. 'Hebof fi ni ellwch chwi wneuthur dim', meddai'r Iesu wrth ei ddisgyblion. Dim ond yn nerth yr Iesu y gall yr Eglwys lwyddo – gwers y mae'r Eglwys wedi gorfod ei dysgu ymhob cyfnod. Dylai'r Eglwys wybod am yr holl adnoddau dwyfol sydd ar ei chyfer, a dibynnu ar yr adnoddau hynny – 'tynnu wrth raffau'r addewidion', i ddefnyddio hen ymadrodd y Cwrdd Gweddi.

Ceir hanes am eglwys yn America yn galw gweinidog a'r diaconiaid yn methu penderfynu pa un o ddau i'w gymeradwyo i'r gynulleidfa. O'r diwedd, daethant i benderfyniad. Dyma hwy'n adrodd yn ôl i'r diacon hynaf oedd yn absennol oherwydd henaint ac afiechyd. 'Felly, fe yw'r pregethwr gorau?' meddai'r hen ddiacon. 'Wel, na', oedd yr ateb, 'fe alwon ni fe oherwydd ei weddïo!' 'Oherwydd ei weddïo? Beth ŷch chi'n meddwl?' 'Wel, wrth weddïo, roedd e'n gofyn am bethau na wyddai'r boi arall eu bod ar gael gan Dduw i'w cynnig!'

Prif amcan y briodas Iddewig oedd magu plant a fyddai'n diogelu parhad enw'r gŵr - yn llythrennol. Bechgyn oedd orau i wneud hyn, ac onid oedd y teulu'n ddigon ffodus i gael bechgyn, yna fe fenyweiddiwyd enw'r tad: Davida, Daniella, &c. Dyna paham yr oedd y Beibl yn annog brawd i briodi gweddw ei frawd, os bu hwnnw farw'n ddi-blant. A dyna ergyd Aneirin Talfan Davies mewn cyswllt arall pan ysgrifennodd yn 'Y Bardd yn y Theatr': 'Gwrthglawdd yn erbyn marwolaeth yw priodas, ac ni ellir ei sylfaenu ar serch.' Roedd hynny'n sicr yn wir am y briodas Iddewig pan ysgrifennodd Ioan Lyfr Datguddiad.

Mewn gwirionedd, mae'r testun yn awgrymu cenhadaeth yr Eglwys. Gwaith yr Eglwys, hithau, yw diogelu parhad enw ei Phriod. Soniwn am yr Eglwys fel 'Mam' – gan awgrymu'r swyddogaeth o fagu plant fydd yn arddel enw'r teulu a'i 'Phriod'. Ond nid oes bri ar enw ei Phriod yng Nghymru yn y cyfnod hwn. A yw hyn yn ofid inni?

Gweddi

Arglwydd Dduw, rho i'th Eglwys galon i efengylu unwaith eto. Na ad inni fodloni ar y sefyllfa a welwn yn ein heglwysi heddiw. Gad inni deimlo awydd yn ein calonnau i weld y tŷ yn llawn, a chariad ar gynnydd; a phobl yn dy gydnabod yn Dad, gan roi cariad Crist ar waith yn ein bywyd bob dydd. Amen

ÔL NODIAD

STORI JWDAS - yn ei eiriau ei hun

Mae mân wahaniaethau yn stori'r Croeshoeliad a stori Jwdas yn yr Efengylau. Er enghraifft, mae Mathew, Marc a Luc yn dweud bod Iesu wedi bwyta gwledd y Pasg gyda'r Disgyblion, tra bod Ioan yn dweud i Iesu farw ar yr awr y lladdwyd Oen y Pasg.

Roedd o leiaf 30 mlynedd wedi mynd heibio rhwng digwyddiadau'r Pasg Cristnogol a'r cofnod cyntaf ohonynt yn yr Efengyl gyntaf, sef Marc. Erbyn hynny roedd y farn am Jwdas wedi crisialu: y diafol ydoedd, neu roedd y diafol wedi ei feddiannu.

Bob tro y caiff ei enwi yn yr Efengylau, caiff Jwdas ei gysylltu naill ai â'r bradychu neu â'r Diafol. Mae Ioan 6:71 yn mynegi ei farn mai am Jwdas y soniai Iesu pan ddywedodd mai diafol oedd un o'r Disgyblion a ddewisodd. Pedr yw'r unig un a enwodd yr Iesu fod Satan ynddo.

Oherwydd y gwahaniaethau a welant yn y stori, mae gan yr esbonwyr ddehongliadau gwahanol o'i le yn stori'r Pasg, a dilyn ***un*** *o'r dehongliadau hyn a wnawn ni yn 'Stori Jwdas.'*

Mae 'Iwdas Iscariot', soned Gwenallt, yn debyg iawn i'r portread o fywyd Jwdas a ddilynnir yma yn y myfyrdodau hyn.

Y diwrnod cyntaf

Wel, dyma ni wedi cyrraedd Jerwsalem ar gyfer yr wythnos fawr, wythnos y Pasg. Ym Methania y byddwn ni'r Deuddeg a Iesu'n aros - yng nghartre ffrindiau y bu i ni ymweld â hwy o'r blaen. Ac mae'r wythnos eisoes wedi dechrau mewn ffordd gyffrous iawn.

Mae'n ymddangos fod Iesu wedi gwneud trefniadau ymlaen llaw i fenthyca asyn un o'r nifer fawr o ddisgyblion sydd ganddo eisoes yma yn y brifddinas. Danfonodd Pedr ac Ioan i gasglu asyn oedd wedi ei glymu y tu allan i dŷ arall yn y pentre. Doedd dim rhaid gofyn i neb am ganiatâd i'w gymryd, gan fod hynny eisoes wedi ei drefnu.

Ar ôl iddyn nhw ddychwelyd, taflwyd mentyll dros yr asyn a rhoi Iesu ar ei gefn, a gorymdeithio i'r ddinas. Arhosodd mewn man uwchben y ddinas a dechrau wylo oherwydd cyflwr pechadurus y ddinas sanctaidd, a rhybuddiodd y byddai hynny yn sicr o arwain i'w dinistr.

Wrth inni barhau ar ein taith, ymunodd pobl o Galilea, a ddaeth i'r ddinas ar gyfer Gŵyl y Bara Croyw, yn yr orymdaith. Dechreuasant hwy daflu eu mentyll ar y ffordd a thorri canghennau o'r coed a'u taflu o flaen yr asyn. Tyfodd yr orymdaith wrth inni deithio ymlaen nes bod cannoedd, os nad miloedd, ohonom yn yr orymdaith erbyn inni gyrraedd y ddinas, a phawb yn gweiddi: 'Hosanna i Fab Dafydd!' Er mai arwydd o ddod mewn heddwch oedd marchogaeth ar gefn asyn, roeddwn yn argyhoeddedig fod yr awr a ddisgwyliais amdani ers ymuno â'r Disgyblion wedi dod, a bod Iesu ar fin cyhoeddi gerbron y werin mai ef ei hun oedd y 'Meseia, Brenin yr Iddewon'.

Ond na! Aeth i mewn i'r Deml a dechrau dymchwel byrddau'r marchnatwyr a werthai anifeiliaid i'w haberthu am grocbris. Roeddent yn manteisio ar y monopoli oedd ganddynt o'r pethau oedd yn angenrheidiol i aberthau'r Deml. Roedd yn rhaid talu crocbris am bopeth. Cyhuddiad Iesu oedd iddynt droi'r Deml yn ogof lladron.

Ar ddiwedd diwrnod cofiadwy a chyffrous aethom yn ôl i Fethania,

GWEDDI:

Arglwydd Iesu, gâd inni gofio am y goblygiadau cymdeithasol sy'n perthyn i'r Efengyl a herio pob anghyfiawnder a welwn. Amen.

Yr ail ddiwrnod

Roedd heddiw dipyn yn dawelach a llai cyffrous na ddoe. Fe aethom yn ôl yn gynnar i'r ddinas, ac ar y ffordd bu digwyddiad od a fu'n benbleth i mi a'r Disgyblion eraill, er yr ofnem ni herio'r Iesu am y peth. Ag yntau, fel arfer, yn berson pwyllog a goddefgar, fe felltithiodd goeden ffigys oedd yn llawn o ddail, ond heb fod unrhyw ffrwyth arni. Synnais iddo chwilio am ffrwyth gan nad oedd yn dymor ffrwyth eto. Dywedodd wrthym mai ei ffydd ef a'i galluogodd i beri i'r ffigysbren wywo a bod ffydd yn gallu cyflawni hyd yn oed yr hyn sy'n ymddangos yn amhosibl.

Treuliwyd gweddill y diwrnod yn y Deml lle bu Iesu yn dysgu, annog a rhybuddio'r bobl drwy adrodd straeon o'r stôr ryfeddol sydd ganddo.

Wrth gwrs, pan gawsant gyfle, gofynnodd awdurdodau'r Deml iddo pa hawl oedd ganddo i weithredu fel y gwnaeth ddoe pan ddymchwelodd fyrddau'r marchnatwyr. Fel y gwyddom, roedd swyddogion y Deml eu hunain yn elwa wrth ganiatáu i'r byrddau fod yno. Atebodd Iesu hwy drwy ofyn ei gwestiwn ei hunan am awdurdod Ioan Fedyddiwr. Gwrthod ateb a wnaethant am na fynnent dramgwyddo'r bobl a fu'n dilyn Ioan; a gwrthod ateb eu cwestiwn hwythau wnaeth Iesu.

Mae'r awdurdodau o hyd yn ceisio gosod trap i Iesu. Gwnaethant hynny heddiw eto. Ceisiwyd ei faglu drwy ofyn os oedd hi'n iawn i dalu treth i Rufain. Rhoes yntau ateb doeth iddynt. Dywedodd wrthynt am beidio â chwyno am dalu trethi Rhufeinig os defnyddient arian Rhufain.

Wrth inni adael y ddinas am Fethania ac edrych yn ôl ar y Deml, soniodd un ohonom am wychder yr adeiladau. Sioc oedd clywed Iesu'n dweud y deuai amser pan na fyddai Teml yno. Ni allwn gredu y byddai'r dydd yn dod pan na safai'r Deml. Nid oedd hynny'n bosibl pan ddelai'r Crist i hawlio'i orsedd. A dyna fi nôl gyda'm gofid am y cyfle a gollwyd ddoe i herio'r arweinwyr a hawlio'r orsedd.

Ni allwn i beidio â meddwl i Iesu golli cyfle euraid i ryddhau Israel o afael y Rhufeiniwr.

GWEDDI:
Rwyt ti'n ein herio ni'n gyson â'th athrawiaeth, ac mewn amryw o ffyrdd eraill, Arglwydd. Cymorth ni i ymateb yn gadarnhaol i'th her. Amen

Y trydydd diwrnod

Wrth deithio eto tua Jerwsalem y bore 'ma aethom heibio i'r ffigysbren a felltithiodd Iesu ddoe. Roedd wedi crino'n llwyr. Tynnwyd sylw Iesu ati, ac ailadrodd wnaeth ef na ellid gorchfygu ffydd gref. 'Rhaid cofio', meddai, 'mai pethau bach mewn bywyd sy'n erydu, lleihau a gwanhau effeithiolrwydd ffydd a gweddi. Mae ffydd sydd wedi ei chwmpasu â gweddi yn anorchfygol'.

Ar ôl diwrnod arall yn Jerwsalem, aethom yn ôl i Fethania, lle roedd gwledd sy'n rhan o ddathliadau'r Pasg, wedi ei threfnu yng nghartre Simon, y Gwahanglwyfus. Tra'n bwyta, llithrodd gwraig i'r ystafell a chanddi ffiol o ennaint gwerthfawr, ac fe'i tywalltodd ar ben Iesu. Roeddwn i'n grac o weld y fath wastraff costus, ac fe'i cheryddais hi. Gwell defnydd o'i harian fyddai ei gyflwyno i helpu tlodion y ddinas.

Fe'm ceryddwyd innau gan Iesu a ddywedodd rywbeth od nad wyf yn ei ddeall. Galwodd y weithred yn brydferth, a dweud y deuai cyfleoedd eraill i helpu'r tlodion, ond bod yr ennaint a dywalltodd y wraig arno ef wedi paratoi ei gorff ar gyfer ei gladdedigaeth. Ychwanegodd y cawsai'r wraig hon ei chofio am ei gweithred drwy'r byd i gyd.

Rhaid i mi gydnabod nad wyf yn deall llawer o bethau mae Iesu'n ei ddweud wrthym - ac roedd hwn yn un ohonynt.

Wedi inni ddychwelyd i Fethania, bu nifer ohonom ni'r Disgyblion yn trafod digwyddiadau'r wythnos. Dywedais fy mod yn eitha' siŵr fod Iesu wedi colli cyfle euraid i gyhoeddi ei Frenhiniaeth dros Israel ar ddiwedd yr ymdaith fuddugoliaethus i mewn i Jerwsalem echdoe. Roedd y dyrfa yn ei alw'n 'Fab Dafydd' ac yn barod i'w ddilyn i unrhyw fan. Ni chytunodd neb â'r hyn a ddywedais, er fy mod yn synhwyro fod gan Iago fab Alffeus, Thadeus a Simon Selotes gydymdeimlad â'm geiriau. Yn fras, rŷm ni'n pedwar o'r un argyhoeddiadau gwleidyddol, er nad ŷm yn perthyn i'r un garfan o genedlaetholwyr.

GWEDDI:
Arglwydd Iesu, wrth chwilio'r ysgrythurau, cyfaddefwn nad ydym bob amser yn deall yr hyn a ddywedi wrthym. Gad inni sylweddoli y gall gweddi fod yn allwedd i agor y drws i'r gwirionedd. Amen.

Y pedwerydd diwrnod

Danfonodd Iesu Pedr ac Ioan y bore 'ma i ddechrau paratoi ar gyfer Swper y Pasg. Fe glywes i Iesu'n dweud wrthyn nhw ei fod wedi trefnu defnyddio goruwch ystafell yng nghartre un o'i ddilynwyr yn Jerwsalem fel man i ymgynull a bwyta. Nid oedd neb ohonom ni'r Deuddeg yn cofio'r teulu nac yn gwybod ble roedden nhw'n byw. Y cynllun oedd y byddai gŵr y tŷ yn cario stenaid o ddŵr yng nghanol y dre a byddai Pedr a Ioan yn ei ddilyn i'w gartre. Yn sicr, er y byddai miloedd o bobl yn y ddinas ar gyfer yr ŵyl, ni fyddai unrhyw ddyn arall yn gwneud gwaith y ferch o gario stenaid o ddŵr!

Ataf fi, fel trysorydd y Disgyblion, daeth Pedr i ofyn am arian ar gyfer y bwyd.

Nid oedd dim wedi ei gynllunio ar gyfer gweddill y dydd, ac felly fe ês i am dro ar fy mhen fy hun i geisio clirio fy meddwl. Roedd methiant Iesu i ddal ar y cyfle a gafodd i gyhoeddi mai ef oedd y Meseia, mab Dafydd, pan oedd y dorf yn gweiddi 'Hosanna!' yn dal i gorddi yn fy meddwl. Pam, tybed, na fanteisiodd Iesu ar y cyfle a gafodd yr adeg honno a chyhoeddi dyfodiad y Deyrnas yr ydym wedi hir ddisgwyl amdani? Mae'r bobl wedi hen flino ar fyw dan sawdl y Rhufeiniwr ac yn barod i ddilyn y gwir Feseia; dyna pam y gwelwyd sawl meseia ffug yn y blynyddoedd diwethaf hyn wedi twyllo llawer mai hwy oedd y Meseia, dim ond i'w siomi wedyn. Gwn nad twyllwr yw Iesu, felly pam...?

Daeth yr ateb imi yn sydyn. Sylweddolais mai ef a wyddai orau pryd i gyhoeddi ei deyrnas. Nid pan oedd popeth yn edrych yn ffafriol y byddai'r amser gorau i wneud hynny, ond pan ddeuai argyfwng. Bryd hynny byddai ei allu a'i rym yn dod yn amlwg. Nid oedd y diwrnod hwnnw wedi cyrraedd eto. Euthum yn ôl i ymuno â gweddill y disgyblion, gan ofyn i mi fy hun a allwn i helpu i greu'r argyfwng?!

Roedd Pedr a Iago wedi dychwelyd a chlywsom eu hanes hwy, a dywedwyd wrthym ble byddem yn bwyta gwledd y Pasg.

GWEDDI:

Fe wyddom, Arglwydd, fod ein hanffyddlondeb ni yn gallu creu argyfwng yn yr Eglwys heddiw. Rho inni argyhoeddiadau cryf a'n gwna yn gefnogwyr brwdfrydig i waith ac addoliad dy Eglwys di. Amen

Y pumed diwrnod

Diwrnod tawel oedd hi heddiw wrth inni ddisgwyl i'r haul fachlud a chyfle arall i rannu yn Swper y Pasg gyda'n gilydd - y Deuddeg a Iesu.

Tua chanol y bore pan aeth y gweddill am dro, fe wnês innau esgus fod eisiau prynu rhywbeth ar gyfer y Swper a mynd fy ffordd fy hun. Anelais yn syth am y Deml a llwyddo i gael mynediad i swyddfa'r Archoffeiriad. Roeddwn wedi penderfynu ceisio creu yr argyfwng a roddai i Iesu'r cyfle i ddangos i'r byd paganaidd allu a grym y Meseia.

Wedi imi ddychwelyd, deellais fod gweddill y cwmni wedi mynd am dro i ardd Gethsemane gerllaw - lle yr aeth Iesu i weddïo pan oedd yn Jerwsalem cyn hyn.

Fe ddaethom ynghyd yn yr Oruwch Ystafell cyn y Swper i gymdeithasu. Y traddodiad ar adeg felly yw i'r mwyaf distadl yn y cwmni i olchi traed gweddill y cwmni. Wedi treulio diwrnod mewn sandalau ar heolydd llychlyd tref neu bentref, neu hyd yn oed mewn gardd, mae'n weithred sy'n gwneud person yn fwy cyffyrddus ac yn help i ymlacio. Y cwestiwn oedd, pa un ohonom ni'r Deuddeg oedd y mwyaf distadl a di-nod yn y cwmni? Gwyddwn nad fi oedd hwnnw.. Os oeddem i gadw traddodiad golchi'r traed, roedd eraill, heblaw fi, yr unig Ddeheuwr ymhlith y Disgybion, a ddylai wneud hynny.

Tra roeddwn yn meddwl fel hyn cododd Iesu a rhoi lliain amdano, tywallt dŵr i badell a mynd ati ei hunan i olchi ein traed. Wrth gwrs fe aeth Pedr dros ben llestri, fel arfer, gan wneud protest a cheisio gwrthod gadael i Iesu olchi ei draed ef. Yna gofynnodd i Iesu olchi ei ddwylo a'i ben hefyd! Ond dywedodd Iesu fod golchi ei draed wedi cerdded ar hyd llwybrau llychlyd yn ddigon iddo. A dyna a wnaeth.

Wedi iddo orffen gwneud, dywedodd Iesu wrthym iddo wneud hyn fel esiampl a gwers i ni. Ni ddylai neb o'i ddilynwyr ystyried ei fod yn well na rhywun arall. Dyna rhywbeth inni ystyried tra'n disgwyl i'r haul fachlud.

GWEDDI:
Arglwydd, rwyt ti'n ein hadnabod yn well na ni ein hunain. Mowldia ni i'r hyn y caret inni fod, a gwna ni'n falch o bob cyfle i helpu eraill, fel y gwnaethost ti. Amen

Y chweched diwrnod - Oriau'r Nos

Unwaith fachludodd yr haul a'r diwrnod newydd yn dechrau, aethom ati i fwyta gwledd y Pasg. Yn ystod y wledd cymerodd Iesu'r bara croyw, ei dorri a rhoi darn i bawb ohonom a rhannu cwpan â ni ac wrth wneud hyn, soniodd rywbeth am ddryllio'i gorff a thywallt ei waed, a'n hannog i'w gofio tan ddeuai yn ôl atom. Roedd yr hyn a ddywedodd y tu hwnt i'n deall ni. Dyna pryd gadawes i.

Munudau cyn imi fynd, trodd Iesu ataf a dweud: 'Cer, a gwna yr hyn sydd ar dy feddwl di'. Roedd fel pe bai Iesu'n gwybod beth roeddwn yn bwriadu ei wneud. Fe roddodd clywed hyn hyder newydd imi fy mod yn gwneud y peth cywir. Mae'n *rhaid* mai ef yw'r Meseia.

Brysiais i'r Deml ac i swyddfa'r Archoffeiriad lle roedd heddlu'r Deml yn disgwyl amdanaf. Er mwyn medru arestio Iesu heb dynnu sylw atynt eu hunain, roeddent am i mi fynd â nhw i'r lle ble roedd Iesu a'r lleill yn bwyta. Dywedais fy mod yn siŵr mai yng Ngethsemane y byddent erbyn hynny oherwydd eu bod eisoes wedi ymweld â'r lle yn y prynhawn. Ond sut allent adnabod Iesu yn y tywyllwch? Penderfynwyd y byddwn i yn mynd i fyny ato a'i gofleidio.

Felly bant â ni, ac erbyn i ni gyrraedd hoff lecyn Iesu, roedd digon o olau imi yn ffagl yr heddlu i nabod Iesu gyda thri arall, gan gynnwys Pedr, yn cysgu gerllaw. Fe ês i i fyny at Iesu a'i gofleidio. Gafaelodd yr heddlu ynddo. Neidiodd Pedr i fyny, a'i ddagr yn ei law yn barod i amddiffyn Iesu, ond dywedodd yntau wrtho am ei roi i gadw - prawf pellach i mi ei fod am gael ei arestio.

Ffodd y Disgyblion a dilynais yr heddlu yn ôl i'r Deml a mynd i lety a baratowyd ar fy nghyfer yno. Nid ês i'n agos at Iesu rhag ofn y dywedwn rywbeth yng nghlyw un o'r heddlu a fradychai beth roeddwn yn ei wneud. Gwyddwn mai'r bwriad oedd mynd â Iesu gerbron Caiaffas a'i dad-yng-nghyfraith, Annas, a'r Sanhedrin. Mynd gerbron Pilat fyddai'r cam olaf.

GWEDDI:
Cyffesaf, Arglwydd, i mi fy hunan dy fradychu a'th siomi droeon yn y cylch bychan lle rwy'n troi. Collaf gyfle i sôn amdanat a chyflawni fy nyletswydd i weithio drosot. Amen

Y chweched diwrnod (Y Pasg) - Bore a Phrynhawn
Cedwais draw o brawf Iesu gerbron y Sanhedrin rhag ofn y cawswn fy ngalw'n dyst yn ei erbyn. Ond codais yn gynnar ar fore'r Pasg i fynd draw i'r Praetoriwm i weld beth oedd yn digwydd. Ar y ffordd draw clywais fod y Sanhedrin wedi danfon Iesu i ymddangos gerbron Herod a ddigwyddai fod yn Jerwsalem ar y pryd. Oddi yno y danfonwyd ef i'r Praetoriwm.

Roedd tyrfa fawr yno'n barod yn gwrando ar Pilat yn holi Iesu. Gofyn wnaeth ai Iesu oedd 'Brenin yr Iddewon'? Wrth iddo'i holi daeth hi'n amlwg na welai Pilat unrhyw fai ar Iesu, a chwiliai am ffordd i'w ryddhau gan osgoi'r cyhuddiad ei fod yn annheyrngar i Gesar. Gwelodd gyfle i weithredu hyn drwy ddilyn arferiad o ryddhau un carcharor adeg y Pasg.

Rhoddodd ddewis: Barabbas, neu Iesu? Llofrudd a lleidr pen-ffordd oedd un; gwneuthurwr daioni oedd y llall.

Synnodd Pilat a rhyfeddais innau at yr ateb: "Barabbas!' Ond fe dybiais hefyd fod yr amser y byddai Iesu'n cyhoeddi ei frenhiniaeth yn agos iawn nawr. Pan ofynnodd Pilat beth wnelai â Iesu, gwaeddodd y dyrfa: 'Croeshoelier ef!' Roedd yr awr y disgwyliwn amdani wedi dod!

Arhosais - ond ddigwyddodd dim. Trosglwyddwyd Iesu i ddwylo'r milwyr Rhufeinig. Fe ddychweles i i'm llety yn y Deml, ond ni allwn ganolbwyntio ar ddim, a phenderfynais fynd allan i weld beth oedd wedi digwydd. Deellais fod Iesu eisoes wedi cael ei gymryd i Golgotha i gael ei groeshoelio, ac ês i fyny yno. Erbyn imi gyrraedd, roedd Iesu ar y Groes. Gwisgai goron. Coron Ddrain ydoedd. Roedd yno dair croes: un Iesu yn y canol a dau leidr y naill ochor a'r llall iddo. Tybed ai dau leidr o fintai Barabbas oedd rhain?

Nid ês yn agos at y Groes. Ni fynnwn i Iesu fy ngweld os oedd yn dal ar dir y byw. Rheswm arall pam nad ês yn agosach oedd fy mod yn gweld ymhlith y bobl oedd wedi casglu wrth droed y Groes, fam Iesu a rhai o'r merched a'i dilynai o gwmpas y wlad. Dim ond un o'r Deuddeg weles i. Hwnnw oedd Ioan, yn cefnogi mam Iesu. Trois yn ôl am fy llety i feddwl.

GWEDDI:
Arglwydd, cadw ni rhag pwyso ar ein rhagfarnau wrth ystyried y bywyd a welwn o'n cwmpas. Amen

Y seithfed diwrnod - Y SABOTH
Ês i ddim i addoli heddiw, er bod fy llety yn dal yn y Deml. Rwyf wedi bod wrthi drwy'r dydd yn meddwl am yr hyn sydd wedi digwydd imi yn ystod y tair blynedd ddiwethaf.

Gwyddai Iesu mai cenedlaetholwr oeddwn pan alwodd fi i'w ddilyn - *fe* alwodd fi. Nid oedd bod yr unig Ddeheuwr ymhlith y Deuddeg yn hawdd i mi bob tro, ond cefais fy nerbyn gan y lleill ac arwydd o'u hymddiriedaeth ynof oedd iddynt ymddiried gofal am yr arian ddeuai i'n rhan. Cwynwyd weithiau fy mod yn rhy ofalus ohono!

Roedd hi'n fraint i gael bod yng nghwmni Iesu wrth inni deithio o gwmpas y wlad, ond nid oedd hi'n hawdd deall ei ddysgeidiaeth bob tro. Credais, ac nid wyf yn rhydd o'r gred o hyd, mai ef oedd y Meseia. Mae'n rhaid fy mod wedi methu deall rhyw bethau y meddyliais fy mod yn eu deall - a gwneud cam â Iesu.

A oes unrhyw beth y gallaf ei wneud i unioni'r cam? Nac oes! Ond penderfynais cyn cysgu fod dau beth y mae'n *rhaid* imi eu gwneud fory.

GWEDDI:
Cyfaddefwn, Arglwydd fod llawer o bethau yn yr ysgrythurau na ddeallwn. Ni allwn eu hosgoi ac felly gofynnwn i ti am agor ein meddyliau wrth inni ymgodymu â hwy. Amen

Yr wythfed diwrnod - dydd cyntaf yr wythnos
Y mae'r cyntaf o'r ddau beth a benderfynais neithiwr wedi ei wneud. Fe ês i at y prif offeiriaid a'r henuriaid ben bore 'ma a dweud imi bechu drwy fradychu dyn dieuog. Chwerthin wnaethant hwy a dweud mai mater rhyngof fi a'm cydwybod oedd hynny. Teflais yr arian a dalwyd imi atynt a dod yn ôl yma. Rwy'n gorffen y nodyn hwn am yr wythnos ryfedd hon a fwriadwn i fod yn gofnod o fuddugoliaeth. Efallai y daw rhywun ar ei draws rhywbryd.

Nid oes gennyf ddewis. Nawr, rhaid imi fynd i wneud yr ail beth a benderfynes i ... a dim ond un-ar-ddeg o Ddisgyblion fyddai ar ôl

GWEDDI:
Arglwydd Iesu, gad inni gofio i ti ofyn i'r Tad am faddau i'r rhai a'th groeshoeliodd a bod maddeuant i bawb sy'n cyffesu eu pechod, beth bynnag ydynt, ac yn gofyn am faddeuant. Amen

For Pat, my brother
who has been more than a brother

Acknowledgments

Deep thanks, as always, to the poets, other writers, artists, family, and friends who make up the warm and creative web in which I am fortunate to live and work. Special thanks to Sharon Webster, Greg Delanty, and Antonello Borra for their support and invaluable comments on the poems.

Many thanks to the editors of the following publications in which some of the poems first appeared:
"Station" and "Delta Flight on Time" in *CV2 – Contemporary Verse 2* (Canada); "It would be okay" and "Thirty Robins" in *Agenda* (United Kingdom); "The Veil" and "Reply All" in *Green Mountains Review*; "Fugue" and "The Ice Man" in *Rattle*; "Love Poem with Elbow" and "Gas Up" in *The Salon*; "Ammo" in *Section 8 Magazine: International Art and Literature* (online); "All Rise" and "Winter Green" in *So Little Time, Green Writers Press* (United States).

Special thanks to Jessie Lendennie and Siobhán Hutson for the wonderful and important work they do with Salmon Poetry.

Thanks to the Canada Council for the Arts for generous grant support while I wrote some of the poems in this book.

Canada Council for the Arts
Conseil des arts du Canada

Contents

try

To be of two minds as comfortably as possible this condition must last
A lifetime.

– ALICE NOTLEY, "The Prophet"

Night Text

Ice-blue solitary star whose light seems to reach out
to me by the speechless window in January on Sunday when the mind
is able to slow just a smidgen and a glass of wine takes time to be visual –
burgundy in a glass bulb with a stem to hold up the wonder.
That astral powerhouse may be long gone by now
and what I'm seeing is the brilliant tale of its *sayonara*,
or a message it had to deliver before rushing off to re-arrange
itself for another generation. Nobody just hangs out much anymore.
It's all OMG, gotta go, I'll text you. In the flickering meantime, this is me
texting me not to forget whatever I fancy that star was trying,
maybe desperately, to say. Something blazing clear and cold.

Customs

“Anything to declare?”
asks the border guard.
Oh my. Where to begin?

Behind the Plate in Montreal, 1964

The little *anglais* with bad eyes peers
through the cage of the catcher's mask,
moves by instinct as much as sight
toward the hard slider of the wild-ass
southpaw till it pops into his mitt
behind the flummoxed batter.
Atta boy, Mike, way to go. Deux
hommes morts, les gars, deux hommes.

Bantam baseball in the hardscrabble
north-end parish of St. Bernardin de Sienne.
I was the little *anglais*, though it seems a cool
tableau to me now, set there by memory,
which calls the pitches and queers
the outcomes. Mostly alone he was,
hardly anyone to talk to, afraid to try
French except for the *franglais* mishmash
of monosyllables the game gave him
to hide behind: *Heads up, les gars, heads up.*

Otherwise silent in the field, on the bench.
Made his way with body language
since his tongue was tied. Would dive
for the pop-up behind the plate and come up
full of dust, scrapes, the ball and, what
he really wanted, the gratitude of the pitcher
behind on the big hitter. Or throw a rope
to nail a runner sliding into second, and feel
for an instant so connected to arm, head,
air, the cheers, so entirely right there.

Talking French was a sea too deep, yet
he didn't belong with the few other *anglais*,
either – their sureness, bravado, not caring
they were outsiders. Why were they so often

made pitchers and not outfielders, and why
did they expect it? He was working-class
Irish Catholic, they were English Protestant,
working class, too, but with remnants or dreams
of Westmount and NDG, the hills of the well-to-do
that lorded over the city lingering in their slouch.
With him it was the blood memory of tenements
in Point St. Charles, where his father grew up meanly,
scared. "The Point" they called it, a fist of land
thrust against the great river, all its decrepit
alleys and stoops crowded into his crouch
behind home plate, where he took refuge
calling the game, taking it all in. He never
thought of himself as lonely, just alone.

Or so I seem to recall, or maybe now imagine.
Cut off from the Catholic French by language
and a politics none of them understood or had
words for yet, from the English Protestants
by religion and something stiff he couldn't
recognize, like a frost fence, but solid.

When it came to hitting he could bunt and run
and punch countless grounders to short.
That was about it. Except, with the odd combo
of lousy eyes and catcher's sense of the strike zone,
he could foul-tip a pitcher to distraction,
till he started missing the corners. He became
king of the base on balls. *Atta boy, Dave,*
un walk, c'est comme un hit, let's go, les gars.
Then fierce for a steal he was, streaking for second
with the pitch, arriving in a cloud of dust,
ball and cleats, afraid to whip himself
into a long low dive at the bag, more
afraid not to, and so a pattern formed.

He belonged by not belonging. Knew
he should feel oddly out of it, but able
to squeeze out a spot in the line-up

with hard work, quickness, and always
knowing his place. His father only once
came to a game, and it was only years later,
when he forgave his dad, that he knew
he had not forgiven him all those years.
Most likely his father was too ashamed
of his own non-French, even after torturous
years of Berlitz, to come sit in the stands
with the parents. Like me, he'd have to face
them, but without the buffer of the game.
Or was he just exhausted, too beat up at the end
of his bread-labour day of phones and freight sales?

Abashed he was, and me, too. Thoughtful
enough for shame at being unilingual *anglais*
in that city of rushing *Québécois*, Italians,
Poles, Ukrainians and and and. Ashamed
and on the outs, though more than a hundred
years of ancestral fathers, mothers, and children
had sweated, bled on farmland near Ormstown
and in the clattering factories of Montreal. We
knew we were out of sync in that city, even as
we loved it, yearned. We never talked about it.

I, he, me, then, there. Who's to say what
really went down? In another country now,
I wonder am I hunkered still. My eyesight's
worse, though vision has improved. The pads
and mask are lighter weight. I'd toss them
off, come out from behind, but still need
them time to time. Sometimes I'm left to lug
history's loaded sack of balls and bats.
Mostly, I'm lucky beyond telling, well ahead
in the count. I scan the field, glance
at the stands, nod toward the mound,
flash a sign, get ready for the next pitch.

Whatever you do,

leave it all on the field, don't
    hold back,
earnest coaches urge.
    Good advice
unless you happen to be
    a stay-at-home type.
In that case you can leave
    it all by the chair
in the living room.
    A pile of books
part-read not by neglect
    but by darting
enthusiasms. A water glass,
    an open notebook
overturned. You can hesitate
    until you're lost
and until you find
    your way again.
You can read the morning
    news on the 'Net.
You can call on all the gods
    you've loved,
left, longed for. You can squint
    at early light
that bursts on the frosted pane.
    You can face it
like never before. You can wait
    for a hush
that swells. Whether it comes
    or not, whether
you make your move or not,
    you find
one day a choice has been
    made
that takes, and gives, your all.

Ammo

$28.99 for 20 rounds at GlockWorld.com.
    At less than $1.50 per round, $9.00 buys you
    a dead 3rd grader in Tucson, a dead judge,
    a dead 79-year-old great-grandmother,
    a dead community outreach worker,
    two dead retirees.

You can tell what they have
    in common.

For a buck-and-a-half you can put
    a congresswoman into ICU with hole
    through left lobe and part of skull removed.
    Owns a Glock herself. "I'm a pretty good
    shot," she once told the *Times*.

Yesterday I bought 3 undershirts at Penney's.
    Cost all of the above and then some –
    a schoolteacher's worth, a mechanic,
    maybe my next-door neighbor.

No getting around it, costs a lot these days
    to live.

In 2011 nineteen people, including U.S. Representative Gabby Giffords, were shot by a single gunman in the parking lot of a supermarket in Arizona. Six people died.

Station

Waiting
to leave
in a train
beside another
train waiting
to leave
in the opposite
direction,
at a particular
instant
determined
by a signal
you're not
privy to, you
notice through
the window
you seem
to be moving
forward in
the smoothest
possible way.
No jostle,
sway, no
creak of axle,
no scrape
of wheel.
It dawns
you're not
moving at all.
Perhaps this
is what death
is like: an odd
but not unpleasant
failure of
perception.
Just another train
gliding away.

Fugue

for Ken

Death whips with perfect indifference, flays
feeling to the bone. My brother's gone. Day

barrels implacably on, just like Auden said
of Brueghel's painting: nobody twigged,

not even on the passing ship, as Icarus
screamed out of the sky into a silent sea.

Now taxis keep pulling into traffic. An email
from the boss still sets execs in motion.

A homeless woman slumped like a played-out
oracle by the pharmacy wall still holds up

her sign: "Anything will help." I doubt it.
Fabric has been torn. His last full weekend,

we gathered round his bed. Talk somehow zigged
to the notion of a fugue state. Someone said

what's a fugue? He listened to us fumble for a while,
then broke in, breath sawing, said how layer

builds on contrapuntal layer, returns at last to theme.
With rasping lung, finger tracing time in air,

he dum-da-dummed ascending tiers of Beethoven,
stopped and breathed, "That's it."

~

To hell with art. To hell with Breughel, Auden,
this mess, too. But he would not say so. He loved

the sublime – the Sistine splendors, basilica'd
expanse of the Piazza San Marco, Austen's subtleties,

the gardens of de Lotbinière, a fine Bordeaux.
Nurtured dream the way achievers must.

A masted yacht just off the coast still takes
no notice. Billowed sails, an unfamiliar flag,

the captain's wheel glinting like a sundial, the bow
slicing the blue-green shimmer underneath it all.

My brother stands alone by the gleaming rail.
A flash of white through air to sea. A gasp

as he points. Was that a boy? He strains for
the merest splash. Waves fall back into their theme.

Kind eyes bright, he leans into his astonishment.

Thirty Robins

My heart's a saggy split-rail fence,
winter-worn, spring-heaved,
gappy and propped, but still a fence.

You with your laugh somehow
make latch, make creaky
gate of me, but still a gate.

Thirty robins wheel, a whoosh,
from black-branched crab and March's
mad berries, iced, unfallen berries.

The Veil

I would cut
out the poems
from my own body
so that flesh cannot
veil them.
– BUD LAWRENCE

Tried that. A bloody mess it was,
a back-alley botch with a dirty catechism.
But I get it – the impulse, the swelling
urge for an enchanted thorn to tease the skin.

Flesh is a doorway. Flesh is a sea.

Someone needs to get practical.
The first thing is to screw practicality.
Fixing a car does not fix the road. Fixing
the road does not get anyone anywhere.
Deciding on anywhere does not mean
you can go there. Thinking you can't go there
doesn't mean you can't. And so on.

The first thing is to see that the first thing
is complex. Then do something.
Those are all the instructions
you get. Thanks be to God. Let's
have a mass. As for the veil elegantly
draped over the doorway:

A syrinx is the vocal organ of birds.
Turkey vultures don't have one.
Buzzards, then, circle and swoop
in silence. No buzz. Like I said, complex.
Black vultures are monogamous. They
attack the philanderers among them.
Pretty much everybody else fucks around.

An old aluminum screen on an older wooden window,
a gash in it, inadvertent, perhaps inevitable,
an opening nobody banked on.

A shirt chosen carefully to hide and, thus,
unintentionally reveal contour
that changes the moment you move.

Eyeglasses (*les lunettes*) behind and through
which two moons beam a cool reflection
of and upon. I'd like to say that again
so I can think about it twice: beam
a cool reflection of and upon.

A job that bolts upright and together
the fragile frame of days. A buttress
that seems necessary but does not fly.

In case you were wondering, I am not
going to fill in the blanks. I have not
memorized the answers, and not
because I don't care or don't know
them, although I mostly don't.
It's because fixing the car does not
fix the road, etc. See above.

The veil beguiles, the veil betrays,
the veil begets. The veil is what we have.

If you want a momentary stay
against something, confusion, let's say,
the worst thing to do is stop up the works
with a quick answer. You can squelch
a ruptured, gushing oil well by shooting
mud and cement into it, but the reason
for the spill in the first place?
Something ucky-er that plugged up
the heart/mind continuum. I'm all
for the continuum. I vote for
the Party of the Unplugged Continuum.

I would understand if you chose
a convenience store instead. I'm sorry.
I'm afraid we don't carry snacks. But
have you considered this refreshing
doorway, or one of the several oceans
behind the curtain over there?

Muse

Cheat, whine, lie white, lie black, the poet
will do most anything when the flow stops
to bring it on again and beat back the dry heaves.
Schemes and manoeuvres in the name of naming –
a junkie scratching at the back door of the muse.

So what, slams you. You live your life, wrap
small capable hands around a watering can,
a steering wheel, a jar of brushes.
Don't call you that, don't rope you to that wagon,
even if it does ride the sky in a blue moon.
You are no goddess or slave of metaphor. You are
not like anything else, not even the rangy
cosmos gracing our yard by the road.

You planted them yourself one Sunday
on one knee, from seeds you believed in.
When many did not grow you took it hard,
fretted it might be a sign. When some flew
white and wine-colored flags you beamed
back your delight. The bloated, indifferent sun
could take lessons but does not. It keeps up
appearances, seems to roll across the sky,
when really it's the earth where you stand
that day to day turns and moves on.

The Chase

Chase a question long enough it gets winded,
pants, a bent-over query. Hits the wall.
It bonks. Just about done in yourself,
bug-eyed, hunched over, grabbing your shorts,
what was it you wanted to know?

Whether your life makes any sense,
maybe. Run that one down
every other day. Never a word
out of it. Gaping mouth, flicker of ironic
smirk between heaves. Eye to wary eye,
the poser and the posed both
spent, used up, *nada* to say.

Or whether you've done her wrong.
Or whether you chose your life's
work out of weakness, and weakness
turned – some miracle – to meaning,
and the years gathered anyhow,
the way skin grows over a wound,
or bark knobs over a rope tied
around a tree. That kind of question.

Or whether you've done her wrong.
That one again. It straightens up,
sucks in a lungful, fires a laser look,
says you wanted to catch up to me? Well
here I am, asshole. What do you want?
And you, still gasping, not ready, after all,
to face the crux. All these years, you really
wanted to keep a bit back of it. The rush
of the chase, yes, but not the up-close
shove against the wall – like a cat
chasing a squirrel, better not to catch it.
So the answer to the question you thought
you were chasing: you don't want an answer.

No go, says the question – you're shocked
to hear its soft, sure voice – that's no answer,
just a condition of the chase, that's just you
fabricating a reason, living your way into it,
like a fence forcing a tree to grow around it.
That's just you hating to be a fence,
but that means nothing to the tree, says
the question – and bounds across a meadow.

Meteor

We fuss over the kaput
kitchen radiator, who to call,
cost, etc., before drifting
bleary to bed-time rituals –
cat, doors, curtains, lights,
teeth, earplugs, alarm.

Backdrop radio drizzles
something about a rock
the size of China
hurtling toward earth so fast
it's shedding bits of itself
like sweat off a runner
pushing hard for the finish.
No one will say if it'll burn
itself out or blast our sweet
world into sprinkles.

Best get the rad biz figured
right, winter coming on.

All Rise

Ladies and gents, a case is to be made.
We call to your attention. Let the evidence show.
We hereby call to the stand. We call Herr Auto.
We call King Coal. We call Madame Vélo.
We call Dr. Frack. We call Old Sol.
We all do solemnly swear to sell the truth.

Herr Auto's on a roll today. He's burning
rubber all over. King Coal is in the dumps.
He smokes. His clouds hang low. Mme. Vélo
spins her wheels. She says it's very simple.
Dr. Frack assures and assures. He knows
the drill. Old Sol quietly collects himself.

Members of the jury, you have your instructions.
The facts are clear. They speak for themselves.
Ignore the clamor in the lobby. Take a deep breath
if you still can. Don't mind the heat. The choice
is yours. We await your verdict. Finally
the sentence, as you know, will be handed down.

Remorse Code

I apologize for my apology. I didn't mean it.
Or, meaning it, I meant to add nuance,
astute explication, to show depth of character,
not just mealy-ness. "You see, I really had
no choice because...." Instead I let that sorry
sit there like wet laundry draped over a chair,
so that you probably think me weak,
which I most certainly am but which I nobly
try to rise above or deviously try to mask,
and mostly every day do. But when the chips
are down, or the action too quick to calculate,
I sometimes stoop before I know it,
scoop them up and swallow (you see how
mixed up I can get) to my surprise, my horror,
my *uh oh here we go again*, another
mea culpa hanging its sour self between us.
For all of that, for everything, I am so sorry.

Winter Green

The green grass of January
shocks softly, warns
even as it cheers,
more news than the news,
cracks a frigid smile.

It would be okay

if death were like these flaming fall
sumac leaves, orange-yellow prayer flags

the wind whispers through, or feathers
riffling on an elder's spear, and not
the dragging, baffled cat.

It would be okay if death
were like the heron landing and not
the mangled jay on a busy road.

It would be okay if death were not
a ragged curtain dangling off the rod
but a smooth wooden bowl of understanding.

Gas Up

Bone-dry Subaru, SUV, Ford-tough truck
all hooked
up to unleaded IVs dosing the open veins.
Attending humans
unmasked, ungloved, look away, almost
incidental.

Human thinks how odd to find a minute
here suspended.
Some part of him is waiting for
$15 per gallon,
so the price won't matter anymore,
and the cost will.

Digits flip manic as a slot in Vegas
or Awkwesasne.
Human looks blank as pavement. Mind
clunks. Full
stop. From the stolid pump, eventually
nothing.

Credit receipt emerges like a tongue
stuck out slow.
Says how 'bout that, says we all
return to fossil
by and by. Says have a nice day.

Apocalypse and Thou

> *Since we have almost reached the limit of our global food resources, and given our accelerating rate of energy and resource consumption, we seem to be well set up for an environmental coup de grâce in the second half of the twenty-first century. To put it another way, we are facing precisely the same conclusion that all mammal plagues eventually face – a hormonally orchestrated autodecline followed by an environmental backlash that cleans up most of the stragglers.*
>
> – Reg Morrison, *The Spirit in the Gene*

Morning with coffee bleeds into dire
considerations. A crazed plague we are,
buzzing with gray matter. We swarm
and swallow all on the path to collapse.
Swollen with swagger, a knack for yak,
and a 200,000-year hard-on, Big Brain
bought the god of More. Made more
than More could dream. Put words
in More's mouth. The Law of More.
Now we're on the brink of Nomore.

One room over, you take on the day,
detail after detail massaged into a pattern
you don't insist on seeing right away.
A broken wine glass, a student's collage,
a rumpled bed. Patience. Something
I want to learn. A way to reach you
as the climate wrenches further. A path,
a doorway, some energy that renews.
Above all, no more harm. Thin
December light swathes the naked
maple by the road outside our window.

A way to connect. Border/barrier, you/me,
soil/self, sin/salvation, sense/sentence.
Where da line between, and what
it mean? Old *homo* run way low
on *sapiens*. No time now for subtle.
If soon we all to get gone or live grim,
I'd another morning in your arms.

I'd another morning and no more
wishful. Big Brain done itself in.
If the tree live, we be happy sprigs.
Meantime lucky if your eyes on mine.
Eye to eye mean love still love.

No Tomorrow

says the sage, as in: Live
as if there is none. Guilt
surges like a river at flood stage.
You know there's not nearly enough
no-tomorrow as-iffing around
in your life. Except what's with
the "as-if"? As if there were anything
but no tomorrow! Every time you sidle
up to tomorrow, it shape-shifts
into now, and up comes another
morrow you can never get closer
than near to. Flirt with it if you like.
Play footsie. It's flirting, that's all,
a tease in a busy bar with a woman
you'll never see again except to tease
in a busy bar and never see again.
Sage's pants on fire. No amount
of as-ifs can make for any less now.
Guilt in your gorge just is, I guess.
No need to feel bad about it.

Love Poem with Elbow

Here's to raw love
as if scrawled
by an elbow,
the work-a-day joint
you turn to
each morning,
all the weight of
your night-time torso
rolled onto that blunt
and humble bone,
once again willing
to carry the load
as you hoist
from your tossed
and tangled
dream.

Here's to the impossible:
naming the unnameable,
tending the unknown
plant with the unknowable
roots, where they
come from, where
they go, twining
round rock, other
roots, nosing
into foundations;
marking and remarking
the texture of the particular
air you move
through, sidewalk
you saunter, water
that puddles
and eventually
becomes you.

Henry and Jess

Blind Henry and blind Jess walk arm in arm,
white sticks with red tips swinging side to side,
twin sweepers testing out the way.
They slice slo-mo the downtown marketplace,
the blur and din of traffic, the come-on
lights of stores, protruding café tables,
darting dogs on leashes, paused strollers,
the blaze and buzz of buy-and-sell.

Tempting to call them seers in the old way,
tell us what shipwrecks lie ahead,
what fortunes, speak in marbled
tongue of towers and sea beasts,
warn in riddles what's to become of us.

They chat comfortably with each other.
"Glad I wore my scarf. My shoelace is undone."
"That's your M.O., not mine." They relax
in their deep dark. Calmly find
their route. They seem to be in love.
Share an ease who knows how won,
tap-tap a private plateau, map
a territory so many would weep to see.

Now and Then

Afterwards,
the hollow and hillock of your belly and mound,
small fall and rise
with breathing. Decades ago like a slow-motion slap
the sight stunned me,
god, so beautiful. Stuns me still.

Do you recall? Spooning, you pull my arm
lazy with lovemaking
over you, snug my palm against your navel.
Soft and stirring
as ever. When you half-turn and smile
any minute it will be
like nothing else I've already never forgotten
then or now.

Reply All

I meant it to be funny – a wry riposte viewed only by the Maker, not even that, mostly my unbeliever's blurt into the ether, why all the wars, hunger, illness, I mean, we've got the message, you call that intelligent design? Instead it went to All. Now loads are in a lather over their Inbox and, to go by the crashing waves of woe, the One is really pissed. Been beating myself up ever since. Could guilt be One's reply, delivered on the sly, the hot poker behind it all, the Mr. Mayhem in the works? A divine old dodge that goes all the way back to the Big Boot out of the Garden. But return to the keyboard calamity. Can't figure how it happened. That hair-trigger "Send," of course, plus the usual human hash I never can sort out – mischief, error, carelessness, yearning thwarted, meanness, even wayward good intention, before the flat-out stupid impulse and the irretrievable OMG "click." Maybe that's what happening! Stunned, like me, by power, possibility, and colliding, cascading motives, the One cannot resist another what-the-hell "Reply All" in its closed, eternal system. Or maybe in a panic One keeps pounding the wrong key, pleading "Stop, please stop!" to the whole teeming mass of us, the billions furiously scrolling down, deleting.

Neil Armstrong R.I.P.

8/5/1930 – 8/25/2012

The night Neil Armstrong died
a half-moon rose above black branches.

For years when the yard crew came to the house,
he'd ask them to leave a bit un-mowed
so he could cut some lawn himself.
Sometimes he carved a crescent without knowing.

The way he played out back with his grand-daughter
was no giant leap at all, just a romp
with squeals and laughs on a brilliant Sunday
morning while a sliver of pale yellow

still hung graceful, calm and sure
across from the sun embossing the sky.

Leaving the Retirement Home

after Gerry Murphy

Hoisted from his rocker
on the old back deck,
Neil Armstrong steps
gingerly into his afterlife,
takes a skeptical gander.
A bit cheesy, he radioes
himself. Might as well
be on the moon.

On the Rocks

Massive bergs collapse and merge
        with swelling sea.
                A country-sized slice of Greenland sheers away.
            Like ice in a Manhattan
                says the anchor. Just
        like a Manhattan.

Double Down

Mirror facing
mirror in the weight room means
the muscle guy with 80-pounders
grunts himself into infinity. He's
busting to get somewhere
he already is.

~

Middle-aged drunk
stops me for spare change.
Hot foul breath up close. A sudden
test of worldview.
Worth a buck and then some.

Zip Lines

The boy lived off the grid but didn't know it.
Thought he was wired like everyone else.
Shock after shock began to convince him otherly.

Holiday porch lights swoop and cut
a cheery slit in a frigid eve.
Light and night just trying to get along.

At Christmas Jesus shops
madly for a tree
to trim in the eye of a needle.

A little light, please,
to see what we can see.
January so dark with expectations.

The superhero backpacks
of the six year-olds skipping along
to school. All those ancestors to haul.

The teacher nailed Jesus
on a standardized test. Hung up
on spelling "forsaken."

Grass doesn't care for the mower but doesn't get
too excited, either. "The long and short of it,"
blade says to blade, "Get back to me in a few days."

A parking lot seems
definitive
for a little while.

Hard-falling snow
disappears
on tepid pavement.

A tree splits in wind and abruptly visits
through the roof. You never know
when you won't get to finish your coffee.

Relax. There's plenty
of high blood pressure to go around.
You'll get yours.

Jesus doesn't drive a Subaru
but he still shows up
for the kids' soccer.

If you buy a cup of normal,
chances are
you'll have to drink it.

One foot in front of the other
gets you somewhere
you have to leave behind.

If a bathtub rolls down
Main St., the best place to be
is in it.

No way you can see
in the dark
if the lights are always on.

Paint your house a new color
called apocalypse. Party
on the back deck as long as you can.

A roll of the dice gets you past "Go,"
$200 and, whaddaya know,
another roll of the dice.

What I want is not so interesting
except in an instant – excuse me
for saying – already gone.

What really blows out my windows
is the line between "want" and "wanted."
Where did it come from, go?

Let's call it the beautiful slippery urge.
Let's call it the line
between me and you.

White Collar Crime

Day in is his day out. Other than the habit of money,
he can't recall why he's still at his desk. His tie
sports rich colours and is just a tad tight. At meetings
he does not speak his mind except a little, and only
when little is on the line. What he cares about is no more
than a vague presence, like the faded print of pine trees
he hardly ever notices on the light-blue wall.
This morning's commute, solo in the car
with windows shut and news from far away,
was yesterday's, tomorrow's, and tonight's.
His co-workers find him okay, and likewise
he finds them, obliging enough, effective
enough, with a joke or two in the hallway to get by.
His monitor flashes often and will not let him be.
He plots and plots and does not make his move.

Skating on Mallett's Bay

The blade etches a near-perfect crescent in the ice
a quarter mile from shore as I try a fast turn just to see.
Muscle memory of after-school hockey played
half a century ago in a city of raucous outdoor rinks.
The lonely earnestness there. The faith of thighs,
all that thrust. The soft crackle of tempered steel
searing the skin of foot-thick frozen lake. The glint,
grace of the sweeping, frosted scar it leaves behind.

The Hunt

On the Easter before there was Easter,
Jesus rolled back a rock and went home
looking for something perfect, like an egg,
to hold up to his dad delighted.

Then came thousands of Mondays with their
here we go again. But oh that pop-up Easter
urge to heave back the stone, race free
and find the hidden treat, scour behind couches
or the silent trees out back for something
we're not even sure is there. To find

is sweet, but the pulsing drive to seek,
the giddy hope of... Here, Dad, see
what I found! Take it now, the lost
egg of endless urge, eat and rejoice.
Let's do it again in memory and in need.

The Beautiful Men

My nephews, holding their beautiful babies,
   a whole new cartography of caring.
These men more pioneers than any
   westward-ho horseman. The fields and far
mountains of gentleness they've fumbled for,
   found. The tease, the tickle,
so one child giggles and one, still
   serious, leans sideways
against her dad. The ridgeline widens,
   details, fills our view as we draw near.

A Walk Downtown with You

An arm, a hand that holds a hand, the other's
arm – here is enough mystery to hold me
for a while. The fact of focus, the filter of my eye's
eye, is another thing. Not mystery, exactly, but
the blaze of the divine, and not divine, exactly,
but bigger – the vibration of the swelling universe
distilled into a single line of sight that chose me
for a small commotion, wonder at an arm, a hand…
don't let me forget palms touching, fingers lightly twined.

The Death of Cursive

Who can make out Grandma's recipe
now that cursive isn't taught?
The Declaration of Independence may be
gibberish for all we know.
Do you trust the monk who copied
that *Bible* you're swearing on?
History is a flicker, a screen, the unshelved
shreds of trees.
You're blank slate whether you like it
or not. Start from scratch
every time. What did the brain embed
in those curves so like
its own twisty ways? What did the swoops
send back up the line
to etch the neural maze?

~

Okay. Let's not get all gooey about it.
Remember the baby-
blue copybooks lined specially for cursive,
stacked in grade two's closet.
Make sure you write between those lines,
slant the letters just so,
or stay after school, forget about ball games
until you get it right.
Loop after curlicue loop, no jerky
moves, you're seven
years old, god's sake, grow up.
You'll write this way
for life. See Melissa over there. Just
like that.
Do it again, just like that, exactly like that.

~

Write this down then: Screw nostalgia.
        My cursive's a travesty
anyway. Dear Miss Di Stefano, I failed.
        So what?
We don't use quills or calligraphy, do we?
        Now keyboarding.
There's a skill for the ages. Why, today,
        with a flutter of fingertips,
I Googled "voice recognition software."

~

Psst. This was first written in cursive.
        It said, "Slaves
would risk flogging to secretly
        learn how to read
and write. They knew it was their ticket."
        You'll just
have to take my word for it.

Delta Flight On Time

Not Alpha or Omega Airlines – no
straight talk of the beginning
or the end. We're Delta types
belted for take-off and deep sky
to knife through, mega-bowl of blue
on the way from one where
to another where. Tick tock is how
we think inside our silver bullet. A few

ticks later, the wedding we've flown for
slides into funeral because a dear mother
of someone dear has stroked away to a blue
realm uncharted. Everyone agrees –
keep the honeymooners in the dark.
Let them jet away to their own horizon
in a dream of unmade babies.

Homeward, the sky at 30,000 feet
is still blue – a bland, unblinking eye.
Reminds us we are the delta crowd,
the huddled in-betweeners hurtling
through refracted light, bits of it
glinting off us as we doze or chat,
gaze into cloud banks beneath us,
briefly attend to briefly allowed
electronic devices, even as we watch
our watches and, without believing, believe.

Shades

The color of grief
is not black
or white
but a maelstrom
of gaudy
oranges, blues,
blood-reds at war
with everything
simple and
not gone.

Anhinga

When my brother came upon the creature
nonchalant on a branch poking out of water,
designer wings spread to dry in the sun,
he holy molied to his knees and shot 14 times
as it kept on not moving and he re-loaded
the camera (yes, 35 mm film as old as the bird)
for another try. Time came it took flight
with a slow, heavy beat of wings and the man
processed into image what he and the anhinga made,
transfered to digital data, then to screen for us to see.
All those removes and gizmos, yet still the black span
streaked with white and wide as a Merlin's cloak
draws down the ancient heat and shivers us new.

Chimes

hang cock-eyed on the porch for years,
still ring with each breeze, thin and off-key
at first until the ear adjusts and finds
a whole new register, a pleasing post-melody
loosed from the weathered pipes by the faithful
wooden clapper, a persistent minor song
with ease given back to the ruffled air.

Like Oil and Water

You mean, says Canuck, that we don't mix?

I mean, says Yank, I want 'em both.

Hey, says Canuck, no problem. Write me a cheque.

No problem, says Yank. Got a piece of paper?

No problem, says Canuck. Got forests of it.

Great, says Yank. I'll take 'em, too.

Fine, says Canuck. Nice TV you got there.

Got it from China, says Yank. Wrote a check.

Don't say, says Canuck. Here you go, all yours. Thanks for the cheque.

Don't mention it, says Yank.

"Canada's landmass contains about seven percent of the world's fresh water."

– Environment Canada website

"Canada has become America's No. 1 source of imported oil. The country supplies the United States with more petroleum than all of the nations of the Persian Gulf combined."

– Elizabeth Kolbert, *"Unconventional Crude,"* The New Yorker

Can-Am

If I get up with my Canuck
face on, I'm supposed to be
nice to you, no matter what.

If I get up with my Yankee
face on, you're supposed to be
nice to me, no matter what.

No matter what, then, we have
getting up, face on, being nice,
and supposed to be.

Fuck you.
I'm going back to bed.
Wanna come?

Neither/Nor Nation

Born Irish Catholic *anglais* in east-end Montreal,
I've trolled for years in U.S. waters for a reason

and some reach. Decades into it, still divided,
still unsure where I'm casting or what for.

I meet so many with a lost but knowing look,
Bosnia, Brooklyn, Congo, Cali, even townies

who stayed put. Cut loose. Working out some
wonder. Angling in the dark. Playing out the line.

Our strength an open eye, our flaw a frequent
stutter and a crippling second guess, sure only

that those so sure of where they stand are sinking
on shore sands. And one thing more: no going back.

Waters rise, heartlands harden, small brave flags
of compassion flutter. Home is an idea.

In love we are or lost in the lure. Hoping to hook
some kilter. The nation of neither-here-nor-there.

Straddle

Every day new borders to cross,
some fraught as steel barriers,
stern signs, harsh lights, flash photos,
dark booths, badges, monotones,
the hope of pulling away
free on the other side.

And every day the choice:
Back off without checking in, or face
the necessary questions. Where
are you going? Where have you been?
What are you bringing with you? What
will you leave behind?

The Ice Man

In 1991 he was found inside a glacier of the Alps.
Seems he had been out walking. An x-ray found
an arrowhead in his back. He was 5,300 years old.

If he had known his stroll by an alpine lake
would be his last, how the arrow
from behind would thud into his daydream,
how the lake would claim him, harden,

how anthropologists would pore over
his Neolithic self the way his own kin
hovered with stone knives over a kill,
ready to skin, dismember, eat....

If he were fast-tracked five millenia,
would he say, what are you looking at,
what do you want to know, where fire
comes from? Or, hey, where can I

get some of those sneakers? Or, I am
no source, I am an omen. The way one
of us, blindsided, mangled by a muscle car
running the light, might face the Maker

calmly, nothing more to prove, might say,
I don't want in, just want you to know what
I've been through in case you want to learn
something. You gods, such know-it-alls.

Most of all, would he have wanted
a word with his mate left that morning
by a hearth? What tenderness, what worry
might have furrowed that big brow?

Acquired

When the guard asks if I acquired
anything in Canada and I say no
and she says pop the trunk
and I say sure and walk back there
with her, I can scarcely believe…

shoeboxes, loads of 'em, roped tight.
Slit open, a major spill of catechisms,
sex mags, phone numbers, scratch-outs,
conversations never had, stupid worries,
bottles of avoidance, wads of afternoon,
missed chances, hopeless yearnings,
tears, bank tallies, too clever barbs,
unread classics, imagined slights,
a tangle of yellow caution lights,
empty stubbies, broken bike parts, loads
of why'd-I-say-that?, why-didn't-I?,
foul sneakers, balled-up trepidations.

"Well now," says she, and gives me a look.
"Forgot they were there," I say, right
shaken. "Paid full duty on all of it."
"Is that so?" says she. "Is that so?"

Earlier books by DAVID CAVANAGH include *Falling Body* and *The Middleman*, both from Salmon Poetry, and *Cycling in Plato's Cave*, from Fomite Press. His poems have appeared in leading journals and anthologies in the U.S., Canada, Ireland, and the U.K. Born in Montreal, he is a dual citizen who lives in Burlington, Vermont, not far from the U.S. / Canadian line.

PRAISE FOR *Falling Body*

"The poems are quietly eloquent and precise, working separately to lift up the banal episodes of living, but as they proceed we see the connections being made between the observer and the observed."

Lori Cayer in *Poetry Quebec*

PRAISE FOR *The Middleman*

"These poems suggest…the line that all 'middlemen' walk between silence and ambient cultural noise, trying in their own faltering ways to express the truth. It's a high-wire act at which Cavanagh succeeds."

Margot Harrison in *Seven Days*